NF文庫
ノンフィクション

新装解説版

中立国の戦い

スイス、スウェーデン、スペインの苦難の道標

飯山幸伸

潮書房光人新社

まえがき

大上段に振りかざした言い方は好きな方ではないが「平和と水はただではない」という表現は言い得て妙と思ったものである。防衛力を有さないことが平和維持につながるとみる平和ボケに対する反論であろうが「強すぎる力は平和のバランスを崩す（争いを招く）」がそのまた対極となる。そこで出てきたのが「節度ある防衛力」という言い方であろう。

個人的に、ヨーロッパでドイツの再軍備がヨーロッパの平和な時代を崩してゆくさまに関心を抱いてきたのは「強すぎる力」による周辺国への災厄という事態が繰り返されることを懸念してきたからでもあるが、過去十年、二十年というスパンで自ら居住する東アジアをみても、決して杞憂とは言えないことがわかる。「忘れられたときに繰り返されてきた歴史」には空恐ろしさも感じられる。「争いがなくならないから力が必要」という考え方も、ゆき過ぎたところには落とし穴がまっているはずである。災禍の繰り返しという落とし穴が。

人口や国民経済からして規模が小さかった国家群は、ナチス党が政権をとったドイツの再軍備に恐れおののき慌てふためいたが、その経済力ゆえに有効な対抗手段が講ぜられず、戦端が開かれたときにとれた態度は対外的には「中立」の表明にとどまり、多くの国々は後の戦争の激化に際しては戦渦に巻き込まれるしかなかった。例外的に、全面戦争を回避して国土の荒廃を免れることができたのは本稿の中心部分で記述させていただいたスイス、スウェーデン、スペインといった一部の国々に限られ、それも「必ずしも占領を要さない状況」にもってゆく外交努力の末のことだった。

「外交努力」と言ってしまえばそれまでだが、無理難題ともみられる交戦中の軍事大国の要求は「受け入れなければ武力侵攻し占領支配」と恫喝に近く、受諾すればそうしたで「中立違反」と指さされかねない内容だった。被占領国となった近隣各国からは「見棄てられた」と白眼視……戦争を回避せんとするがゆえにともなう苦難には筆舌に尽くし難いものがあった。「中立国ならば戦争の局外にいられる」というのは平和ボケ極まれりで、周辺との関係の大部分が断たれてほぼすべてを独力でこなさなければならないつらさをともなったのである。

二十一世紀一年目に起こったニューヨーク・ツインタワーの凶事は、今世紀も世界が戦争の災厄から逃れられないことを予感させたが、東アジアの不安定さも、太平洋戦争後の時間を十年刻みでみた場合、最もきな臭い期間となっているのがこの十年ではないだろうか。次の十年も楽観することはできないだろう。これより前の十年の間、自衛隊活動が海外に及ぶかどうかが世間の関心になっていた時期に、ご縁があってお話をお聞かせいただいた航空自衛隊の高射部隊の指揮官の方が「日本の領土問題は北方領土だけではありません。尖閣諸島や竹島にも関心を向けていただきたい」と述べられたのを聞きかじり、にわか勉強して書きものをさせてもらったことがあったが、それからの十年間が早かったこと。次の十年間を早いと感ずるか、ゆっくりという印象を受けるか。

おそらく何もしないで指をくわえていたら「早い十年」と感ずるであろう。今回の原稿の下準備をしていた際に中立国に対して「ほとんど孤立国」という印象も抱いたが、軍事大国からの軍用機買い付けが難しくなったスウェーデンが国産化に切り替えてから自らの装備によって対領空侵犯措置ができるようになるまでの数年間は、戦争の危機に苛まされる日々が一日千秋にも匹敵する大変長い時間に感じられたことだろう。

本邦の場合、日中戦争～太平洋戦争という禍根の歴史を有するだけに（節度があるとしても）防衛力の整備には周辺国の警戒の念をともなわざるをえない。しかしながら、すでに予告無しで領空上空を通過する飛行物体が発射される事態を招いており、国内で領海と認識されている海域への認識が隣国各国とかなりかけ離れている状況に直面している。これからは平和ボケのみならず外交下手も次第に脱却してゆかなければならないだろう。「優れている」と自認するアタマで考えるだけではなく、過去の歴史、同様の問題に対する他国での取り組みをも洗い直してみて「今後をどうすべきか、どうしなければならないか」を検討すべき時期に来ているのではないだろうか。

中立国の戦い——目次

中立国の戦い

――スイス、スウェーデン、スペインの苦難の道標

第一章　それぞれの国史・中立政策への途

州の集合体国家スイス

端緒はアルプス三地域の軍事同盟

「スイス連邦」という国名にも示される、今日に続いている連邦制がスイスにおいて成立したのは一八四八年九月十二日のことだった。しかしながらスイス国内では、一二九一年にスイス中東部渓谷地の有力三地域だったウーリ、シュヴィーツ、ウンターヴァルデンが「永久同盟」（原初三邦同盟）を結んだ八月一日を建国の日としている。当時のヨーロッパ大陸で強大な力を持ち、領地拡大を続けていたハプスブルク帝国による支配に対抗するために、アルプス山脈に近い三つの地域（邦）による相互援助関係が結ばれたのである。

一般に言われる国名のスイスはこれらのうちのシュヴィーツに由来する。これら三邦は農業技術の発展によって力をつけたが、南北ヨーロッパの交通の要衝となるザンクトゴットハルト峠の通路として経済力を高めた。永久同盟は中～近世ヨーロッパで権勢をふるってきたハプスブルク家から自由と権益を守るための一種の軍事同盟だった。同盟の趣旨は「互いの生命、財産を守り通すための」同盟で「援助の必要があればいずれも他の共同体のために出向く」など無償の相互援助を誓約するものだった。

この同盟は次第に拡大して「誓約同盟」と呼ばれるようになり、加盟地域数を拡大してゆくが、各地域は個々の自治裁量権を強めて比較的緩やかな同盟関係を国の枠組みにしたところがスイスの特殊性の下地にあった。このスイスの基となった同盟諸邦を守るとともにハプスブルク家、サヴォイ家に支配される東西の諸地域解放の戦いを挑んだのがシュヴィーツを中心とする先の三邦と、ハプスブルク家の支配で苦境に陥ったルツェルン、さらに市民の参政権獲得と変革期にあった帝国都市・チューリヒだった。

スイスという国についてあらためて調べると、ほかの国々にはあてはまらないことがいくつもあることを知ることになる。「湖はあっても海岸線を有さず、急峻なアルプス山脈が大部分の国土を貫く山岳国」「多民族、複数の文化で成り立っているだけでなく、四言語が公用語として認められている」「政治体制においても中央集権制が忌避され、連邦制というよりも分権制が近いほどの強い地域主義」「直接民主制、半直接民主制が重視され、国民投票で重要事項を決定」などである。

外交、軍事政策の観点からみるとスイスといえばどうしても「永世中立国」という印象が強いが「スイスを手本に」「極東のスイスをめざす」と声を上げても、スイスという国の特殊性にまで踏み込んであらためると、ほかの国では容易には同一視できないことがあまりにも多いことに気づく。もとより「特殊ではない国などない」のが現実なのだが、少なくとも極東に位置する本邦においてはスイスのやり方をまねできない、適用不可能のことが多すぎるであろう。また昨今は、近・現代史において与えられてきたクリーンなイメージとは裏腹に、スイスにおいても少数民族迫害やナチス協力などがなされていたことも指摘されている。

盟約者団の拡大

史的にみても当然のことながら、スイスも幾多の戦乱の歴史を歩んできた。古くは古代ローマ帝国による支配や異民族（ゲルマン諸部族）の侵入と移住、中世になってからも様々な戦乱に巻き込まれた。多民族から成り、公用語が四つもあることがこういった歴史の名残と言えるだろう。ハプスブルク家、サヴォイ家と対峙する有力五邦による闘争が続けられた十四世紀はじめ、一三一五年には原初三邦の同盟軍がモルガルテンの戦いでハプスブルク家に勝利して、その力は周辺諸国に認識された。ここで成立した「盟約者団」というのが、今日でも憲法上のスイスの国名とされている。後の首都になるベルンも同盟に加わって十四世紀半ばまでに八邦同盟が成立し、さらに十六世紀初頭までに誓約同盟は十三邦に拡大する。けれども誓約同盟内では中央政府も設けられなければイニシアティブ獲得をめざそうとする同盟参加邦もなく、各邦がそれぞれ主権を有し独自の自治を保持していた。同盟参加の約定にも、そのときの事情などから差異がみられた（同盟関係に強弱）うえ、複数の同盟体が並立している状態だった。

これらの代表者から形成される「同盟会議」（一四〇〇年に設置）が軍事問題や各邦間の紛争調停にあたった。代表者たちも出身邦政府の命令に服し、決定事項も全員一致にでもな

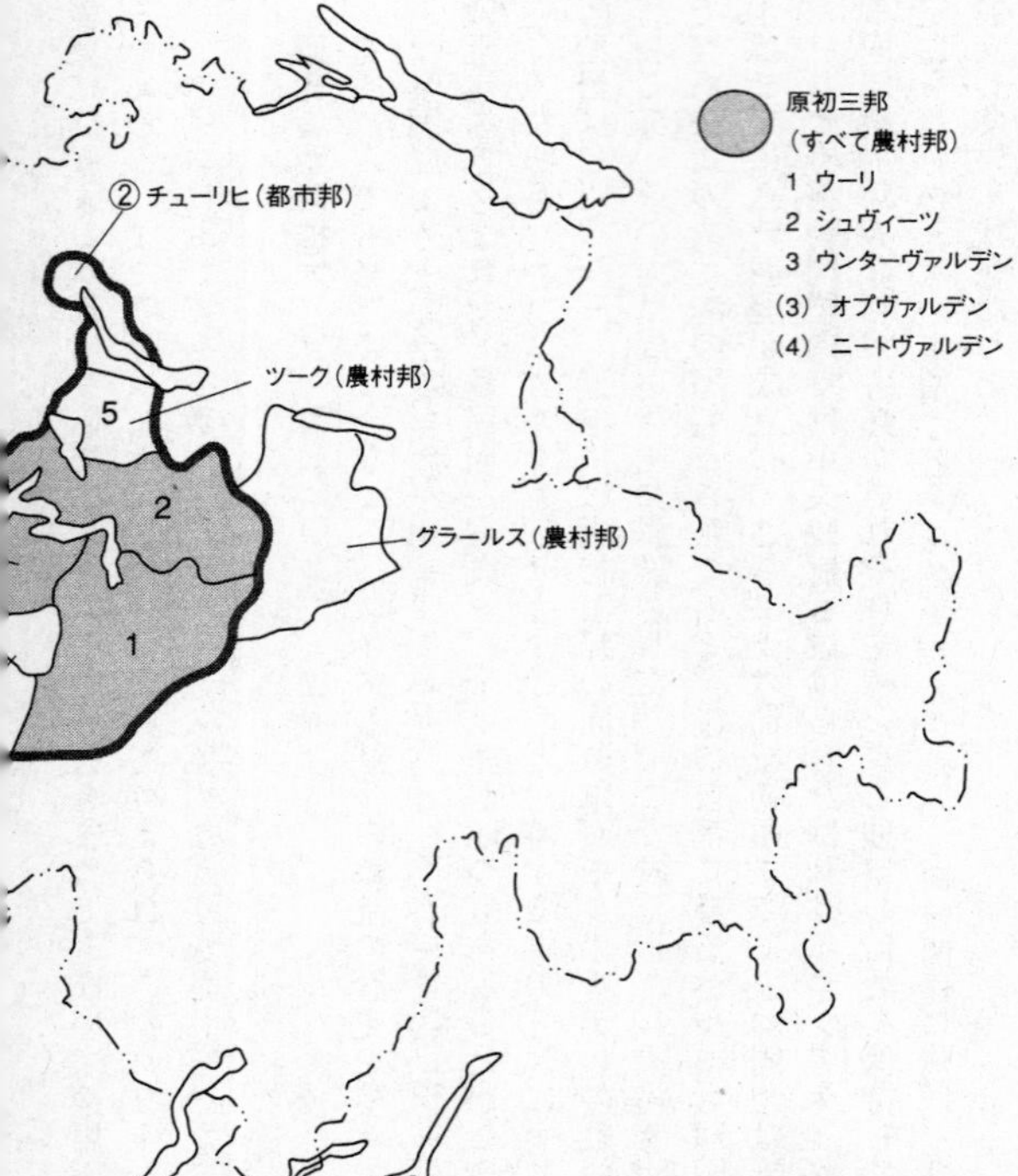

原初三邦（四邦）に都市邦のチューリヒ、ルツェルン、ベルンおよび農村邦のツークが加わり、「八邦同盟」が成立し、グラールスが保護領として加えられた。

スイス原初3邦（13世紀）から
8邦同盟（14世紀）までの変遷

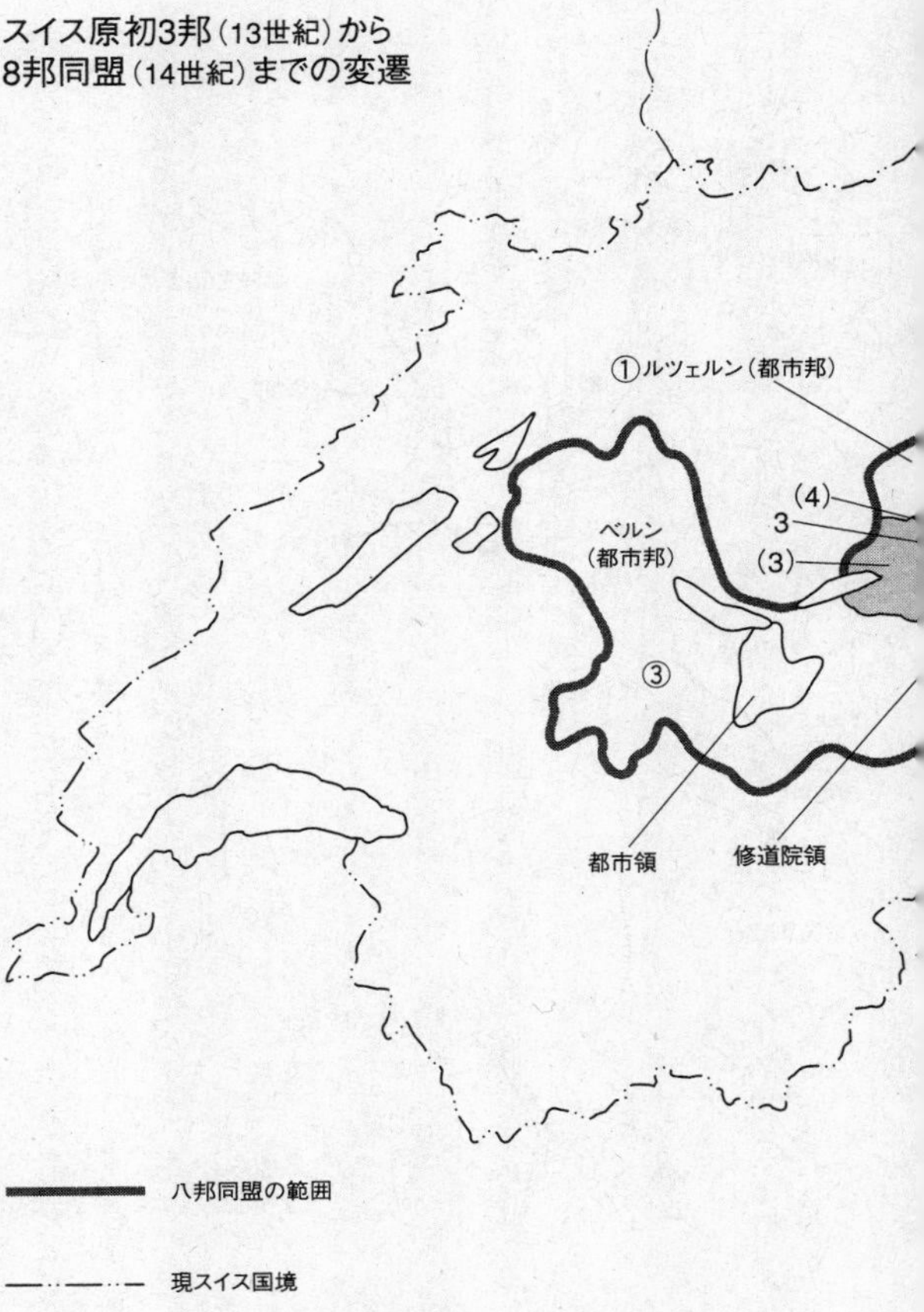

シャフハウゼン
（都）
共同支配地
共同支配地
チューリヒ
（都）
ザンクトガレン
アペン
ツェル
（農）
共同支配地
修道院領
修道院領
共同支配地
ツーク
（農）
シュヴィーツ
（農）
グラールス
（農）
ウーリ（農）
ニート
ヴァルデン
（農）
農村従属邦
グラウビュンデン
都市従属邦
共同支配地
従属邦

13邦同盟と従属邦

ウーリ、シュヴィーツ、ウンターヴァルデン（オプヴァルデン＋ニートヴァルデン）、ツーク、アペンツェル、グラールス、ルツェルン、チューリヒ、ベルン、フライブルク、ゾーロトゥルン、バーゼル、シャフハウゼン

らなければ決定事項の拘束力は緩やかだった。誓約同盟は十五世紀はじめから歴史は築いてきたが、寄り集まり的で中央政府に類する存在は無きに等しかった。

だが、ハプスブルク家、サヴォイ家に対抗するにはそれ相当の軍事力を組織化し、保持しておく必要があった（一三九三年のゼンパハ協定）。その後、同盟参加邦の増加による膨張の時代を迎えるのだが、支配地域拡大や権益を巡って参加邦間での紛争もおこった（十五世紀なかばの古チューリヒ戦争）。

さらにその後も周辺諸国、諸勢力との戦乱も繰り返されたが（一四七四年のブルゴーニュ戦争や一四九九年のシュヴァーベン戦争）、誓約同盟の軍事力は外敵に対してもかなり精強だったので周辺国にとっては軽視できない存在になった。また戦乱を経たことにより、同盟参加邦の結束も次第に高められていった。

シュヴァーベン戦争後には誓約同盟が神聖ローマ帝国から事実上の独立を果たす結果になった。シュヴァーベン戦争の際は中立を貫き、戦争後に誓約同盟に参加したバーゼル（一五〇一年）は同盟内で紛争が起きた際も中立を保ち、調停に努める義務を負ったが、これは連邦国家形成後のこの国のあり方を暗示するものでもあった。従属邦扱いだったシャフハウゼン（一五〇一年）と農村邦アペンツェル（一五一三年）が参加して十三邦同盟になり、一七九八年のスイス革命までその形態を維持することになる。

またこの時期の誓約同盟地域は、人口の増加が顕著な時期でもあった。当該地域の概算人口は、一五〇〇年に八十万人だったところ一八〇〇年には百七十万人に達したという。農業、技術の発展が緩やかだった時代ではこの人口の増加を吸収できず、相当数の国民が生活の場を求めて周辺諸国へと流出し、また流れた先でも精強な誓約同盟出身者を傭兵として求めた。ミラノの領有をめぐって争われた一五一〇年代のミラノ戦争を経て誓約同盟はフランスと「永久平和」を結ぶが、その一方でフランスはスイス人傭兵徴集の権利をナポレオンの時代まで有することになった。

周辺国から中立国として認められるが……

十六世紀は宗教改革とこれに抗う対抗宗教改革の対立の時代となり、同盟参加邦間も一五二九年には「カペル戦争」と呼ばれる内紛状態になった（カペル＝チャペル）。各邦の宗教的な立場から、宗教戦争に突入した国々に傭兵が派遣され、また、カトリック邦は英国と戦ったスペインを支援した。ゆえに一五八八年のアルマダ（無敵艦隊）の敗戦は、改革派と対立したカトリック邦に影を落とした。両宗派並立を期したが対立関係が激化し、カトリック派と改革派との二邦が分裂したアペンツェルのような例もあった。十七世紀前半には、欧州の列国を巻き込むことになる「三十年戦争」に突入した。

ところが誓約同盟は、ハプスブルク家との長期戦による疲弊と同盟邦間の軋轢の発生を避け、国としては中立を保った。この戦いへの同盟の参加の求めはハプスブルク家を共通の敵とするスウェーデンからも呼びかけられた（スウェーデンは「スイス人とスウェーデン人は共通の祖先」と主張）が、同盟邦としてはこれに応じなかった。けれどもすでに数千、数万人もの同盟邦地域出身者が傭兵としてこの戦争の参戦国で働いていた。

もっとも誓約同盟邦の領地も参戦国の武力侵攻を免れられず、十三邦同意の国防規定「ヴイール防衛軍事協定」が結ばれて連邦軍が編成され、指揮レベルの参謀会議も設置された（一六四七〜八年頃）。同盟邦が割り当てられた兵員を出し合って、中立を貫くために領地への侵入を阻止する＝後のこの国の武装中立の雛形のような軍事組織だったが、三十年戦争は終わりに近づいていた。

だが長期戦でも中立を守り続け、かつ連邦軍を組織できた同盟邦のつながりは各国からも国家組織として評価され、ウェストファリア条約が結ばれた際に国際法上の独立国・スイスと認められるに至った（一六四八年）。その一方ではスイスからの傭兵提供を各国はスイスの中立保障の見返りと考えていたのではあったが。スイス人傭兵をもっとも利用したのはあの永久平和を結んだフランスだった。

フランスのルイ十四世（在位一六四三〜一七一五年）は、フランドル戦争、オランダ戦争、アウクスブルク戦争にスペイン継承戦争と侵略戦争を四回も引き起こしたが、この間に徴用されたスイス人傭兵は十二万人にも上った。これら四件の戦争は独立成ったスイスの武装中立体制形成にも深く関わった。戦争の危機が直接に波及しかけたフランドル戦争に際してはヴィール防衛軍事協定が見直され、参謀会議が有事における臨時政府を務めることとされ、オランダ戦争中には武装中立が明確に宣言された（三十年戦争の際には領内の通過は認められていた）。

アウクスブルク戦争ではフランスへの傭兵、オランダへの傭兵（チューリヒ出身者）というスイス人同士が直接に戦う苦難を経験したが、ルイ王朝に弾圧された改革派のフランス人技術者たちが多数スイスに亡命した。これら亡命仏技術者たちが、後のスイスの精密機器製造業の基礎になった。スペイン継承戦争ではさらに多方面に渡っていたスイス人傭兵たちがこの戦争で戦った。国家としてスイスは中立国としての体を固める一方、傭兵は苦難の途を歩まされたが、先にも述べたとおりこの時代のスイスでは賄いきれる国民人口を上回っていたので、必要悪の制度でもあった。

スペイン継承戦争後もヨーロッパにおいては戦争が相次いで起こったが、スイスの国土が戦乱に巻き込まれることはなかった。それだけに国内産業の発展がみられたが、これは社会構造の変容につながり、各邦では少数の有力者、貴族が政治を牛耳る体制（寡頭制支配、門閥支配）に変わっていった。市民権も制限されるようになり（十八世紀中の参政権者比率はわずか十四・一パーセント、全邦平均）、市民権を得られずに不当な扱いを受けた住民の不満は高まった。

スイスの永世中立＝西ヨーロッパの平和という認識

フランス革命後、その革命の理念とされた「自由と人権」は閉塞状態にあったスイス国内にも伝えられ、一七九〇年代には武装蜂起が起こったところもあった（シャフハウゼン、チューリヒ、ジュネーブなど）。フランスも北イタリアの占領地（ミラノ方面）との往来確保のためスイス領内に武力侵攻し、実質的には傀儡政権の中央集権新体制・ヘルヴェティア共和国を樹立させた（スイス革命、一七九八年）。このフランスのやり方は「革命の輸出」とも言われるが、それまでのスイスの伝統や風習を無視したフランス革命勢力仕立ての政変がうまくゆくわけがなく、スイス国内は内戦状態になってお仕着せの中央集権体制は一八〇〇年には崩壊した。

スイスの混乱はその後も拡大して一八〇二年秋にナポレオンは各邦（Kanton：カントン＝邦、州、地域に類することば）の代表者をパリに呼び「スイスは自然発生的な連邦制国家」と認めて、調停条約を示した。旧来の十三邦はフランスの侵攻前の体制に戻されたが、新たに「自由と人権」を謳う六邦が設けられて十九カントン制になり（レマン、シンプロン、モン・テリブルはフランス領から、ヌシャテルはプロイセン領より）、いくつかの邦が締結した複数の同盟体の寄り集まりではなく、一国としての同盟組織（連邦制）に改められた。これが今日の政治体制となる「スイス連邦」の始まりとなった。

しかしながらナポレオンも、スイスの傀儡国家化は断念したもののフランスとの同盟関係を強要する「軍事協定」を結ばせた。スイス（盟約者団会議）の武装中立宣言は認めてあげたが、本来はフランス陸軍の役割である対オーストリア防衛をスイスに肩代わりさせることにした。

ナポレオン戦争に敗れたフランスはスイスの中立宣言をもってオーストリア軍の侵攻を免れようとしたが、両国ともオーストリア軍の侵攻を受けてナポレオン体制は崩壊、スイスも敗戦国扱いされることになった。この時点ではフランス寄りとみなされていたため、スイスの中立宣言は周辺国（ハプスブルク体制）から尊重されていなかった（一八一三年）。

これを機にスイス連邦の親フランス政策は一変して、最後の巻き返しを図った「百日天下」のナポレオンに対して敵対勢力に回った。この転換によってヨーロッパの国々はスイス連邦が意図するところを認めて、一八一五年十一月のウィーン会議において「スイスの永世中立とスイス領土の不可侵性の承認と保障」がなされ、国際法として承認された。これが「武装中立国スイス＝永世中立」のはじまりだった。スイスの安定が基本的には西ヨーロッパ各国の平和につながると認識されたということだった。

二十二カントン制と中央政府機構

だがフランスの対外侵略政策復活を抑え、かつオーストリア帝国が中心となるウィーン体制下での承認だったため、フランス領の三州およびヌシャテルがスイス領に組み入れられ、スイス東南部のヴェルトリーンがオーストリア帝国領とされた。共同支配地も独立したカントンとされ、これらの措置により、互いの自由と独立を認めつつ外国の侵攻に対して安全を守り、国内の平和と秩序を司ることとする「同盟規約」を締結した二十二カントンから成る連邦制となった。

周辺の列強諸国においては十九世紀前半当時まだ君主制が続けられており、例外的な共和制を採ったスイスへの被弾圧亡命者が増加したため、永世中立を認めた列強国もスイスへの干渉が強められることになった。一方スイス国内では、これに抗する愛国主義運動や全スイス団体の動きが一八二〇年頃から盛んになった。スイスの統一国家化に向けての議論が盛んに戦わされ、結局この方向には向かわなかったものの、一八三〇〜四八年は「新生運動の時代」を迎えた。

スイス連邦の永世中立が対外的には認められたが、十九世紀前半は社会体制の民主化が求められると同時に、産業革命により工業化が急速に進められる時代でもあった。スイスの場

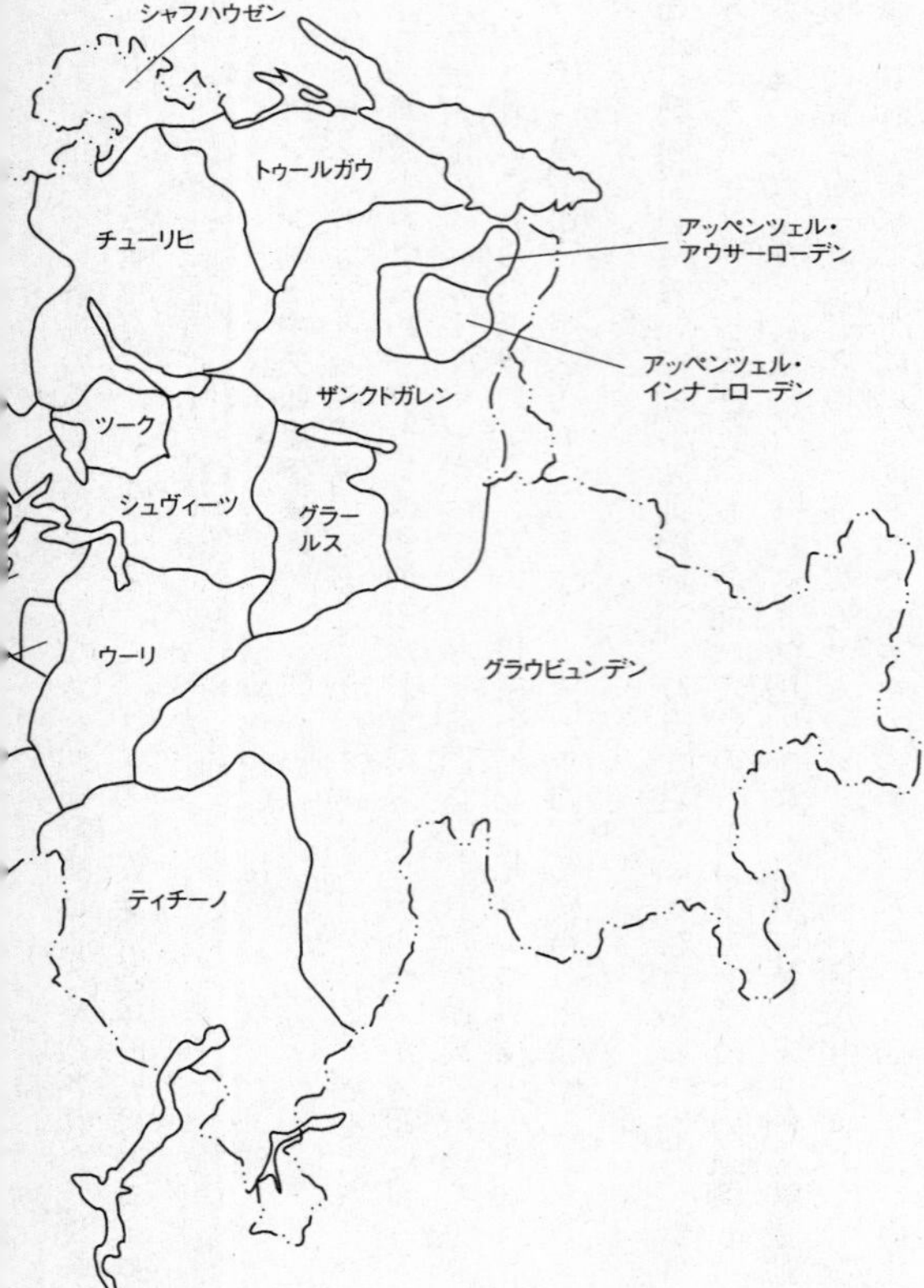
シャフハウゼン
トゥールガウ
チューリヒ
アッペンツェル・
アウサーローデン
アッペンツェル・
インナーローデン
ザンクトガレン
ツーク
シュヴィーツ
グラー
ルス
ウーリ
グラウビュンデン
ティチーノ

現スイス各カントン州境

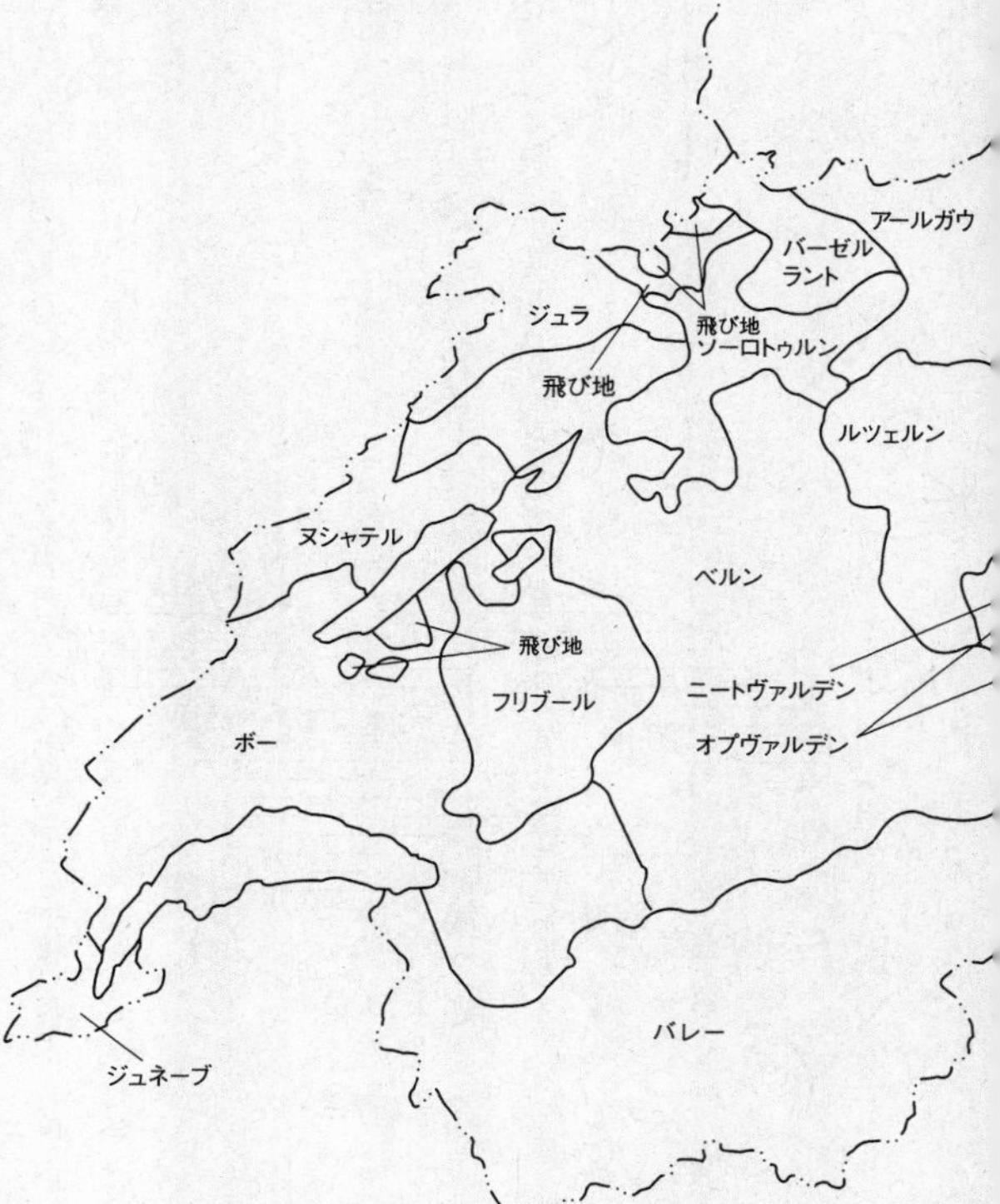

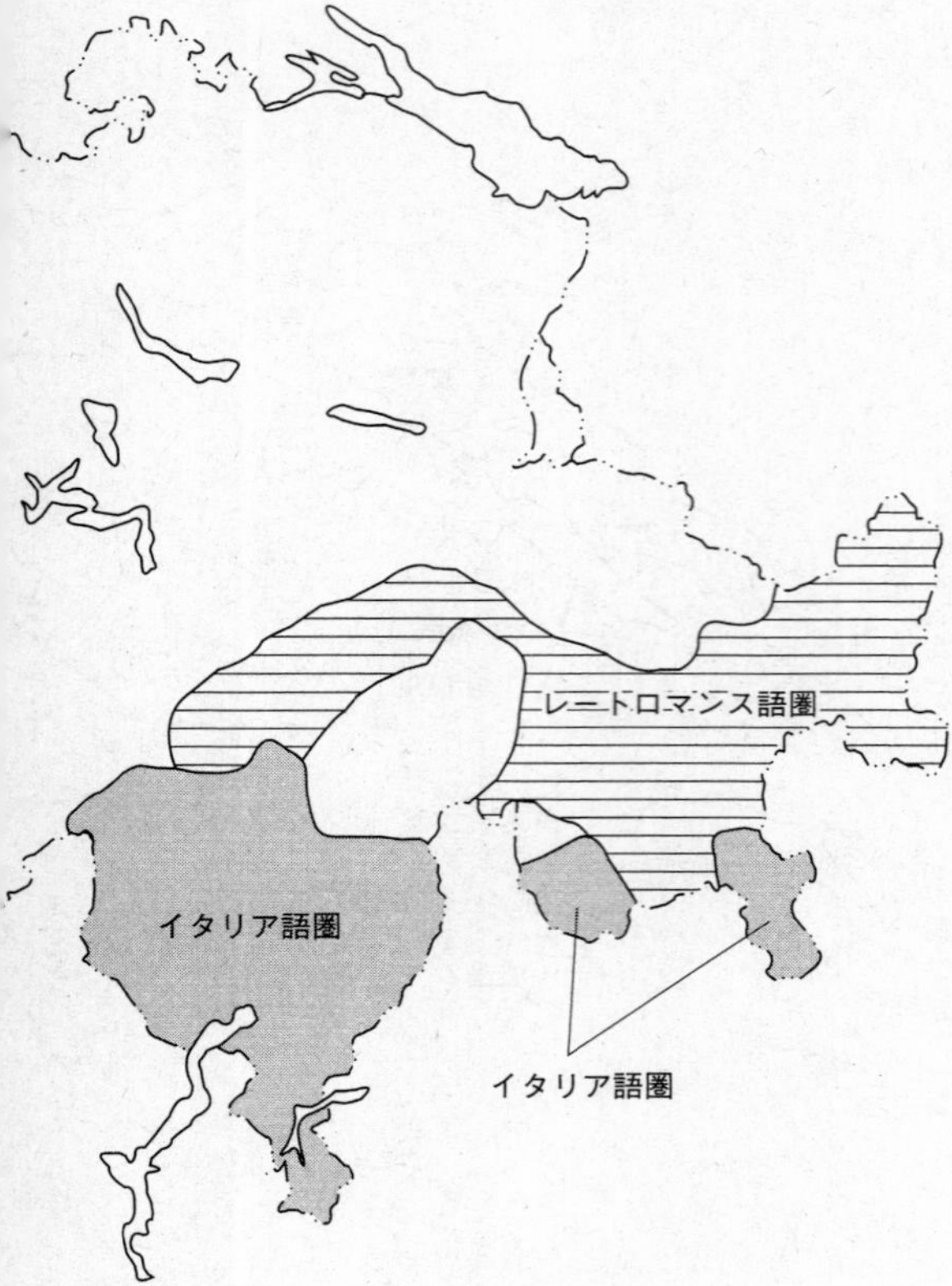

レートロマンス語圏
イタリア語圏
イタリア語圏

スイスの4つの公用語の分布

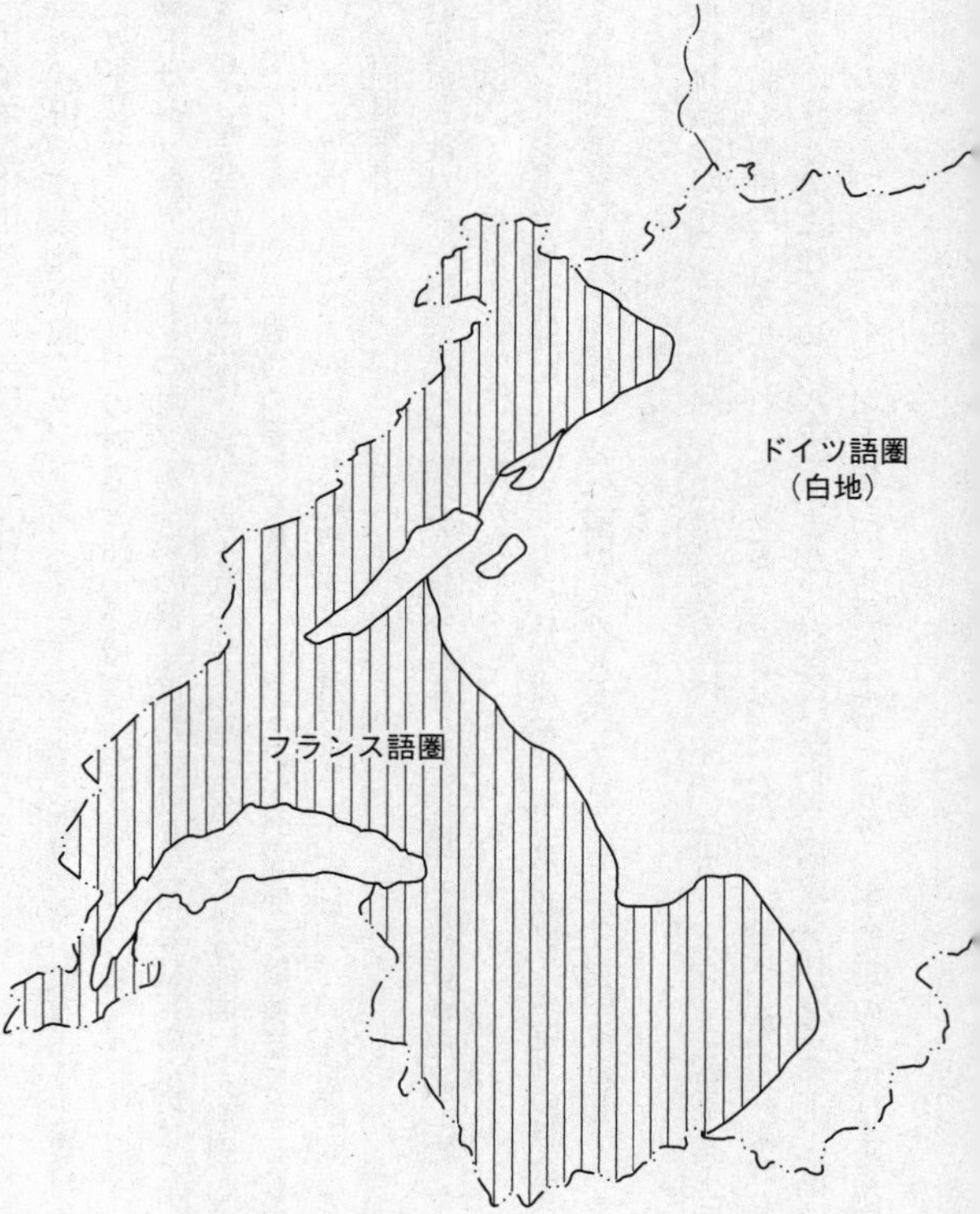

合、一八〇〇年で百八十万人の人口が一八四〇年で二百二十五万人へと急増していた。これだけの人口急増を吸収するために産業の工業化と貿易の拡大が急がれたが、旧体制の社会構造がスイス近代化のネックになっていた。

この状況が産業化を急ぐカントン（プロテスタント＝急進派・改革派）と農村地域のカントン（カトリック＝保守派）との対立を招いた。

カトリック側カントンのルツェルンの保守反動の動き（中等教育のためにカトリックの聖教者を招聘）を発端に対立は深まり、カトリックの諸カントンは分離同盟を形成した。急進派・改革派にしてみれば「盟約にそむく意図のカントン間の関係」は容認できるものではなかった。両派の思惑や力関係から一八四七年十一月には二十六日間という短期間ながら内乱状態（分離同盟戦争）になった。

急進派・改革派と保守派との戦力差は大きく、短期間で急進派が勝利したことから一八四八年にはスイス連邦の新憲法が制定されることになった。

各カントンの主権は保たれたが縮小され、連邦（中央の政府と二院制の議会＝国民議会の下院と州代表議会の上院）には、諸外国の政府と渡り合えるように国家としての主権が与えられることになった（外交や軍事など）。

軍隊組織に関しては、連邦では常備軍を保持せず、各カントンも三百人を上回る規模の常備軍保持が原則的に禁止された（一三条）。それでいながら、国民一般の防衛義務（国民皆兵）が条文に盛り込まれた（一八条）。また、有事に際して編成される連邦正規軍は、各カントンからの全人口の三パーセント相当の兵員によって成り、予備軍の規模は正規軍の半分（一九条）とされた。

だが新憲法制定の時点でも連邦の範疇に移されていなかった事業がまだ多く、郵便事業はこの翌年、鉄道の敷設や事業化を定めた鉄道法の施行は一八五二年となった。教育——大学の設置もフランス語圏とドイツ語圏の線引きの難しさからチューリヒ工科大学のみが連邦によって設立される高等教育機関となり、それ以外の教育関連事業は各カントンの裁量となった。司法や財政なども各カントン内の仕事とされていた。

個々のカントンの民主化は新生運動の時代には成されていたが、国民の主権も住民から請求された際の住民投票が実施されることになって、国民・有権者の政治参加の可能性、機会は維持された。また憲法の改正も、発議にも改正の賛否にも厳格な国民投票の手続きを踏まなければならないが「連邦憲法はいつでも改正可能」（第三章一一一項以下）とされた（議会からだけでなく、国民の側からの憲法改正の発議が可能になったのは一八九一年の改正後のことだったが）。

このスイス連邦独特とも言える、議会制に頼りきらない国民投票の制度（地域主義と中央集権を統合したような政治形態、国民合意の民主主義）は、憲法の硬直化を招かなかっただけでなく、自治権が強めの連邦国家でありながら国政の重大事への国民の無関心を防ぐことにもなった。十九世紀は産業革命、工業化の進展といった背景などもあって、近代国家の成立に向けて国際関係も短期間で大きく変動した時代だったが、スイスにおける国民投票による国政の見直しは、新憲法制定からさほど時間が経過していないこの世紀の後半においても実施されている。

十七世紀は大国・バルト帝国

ヴァイキングの実態は行動圏の拡大と移民

自らの呼び方と他者の呼び方が異なることは、国名においてはごく当たり前であろう（日本とJapan、USAとアメリカ、United Kingdomとイギリス、というように）。今日では、ヴァイキングというと食べ放題の食事の方が想い浮かびがちだが、主にスカンディナヴィア半島に居住した北方の民族は自ら「ヴァイキング」と称したのに対して、フランスの基となったラテン語圏では「ノルマン（北方の人）」と呼び、アングロサクソンの文献には「デーン人」と記されていたという（デンマークの方からきた人たち、ただしデンマークだけを指していたわけではない。なお、今日のユトランド半島を中心とするデンマークはヴァイキング活動の際にデーン人が入植した一地域なのでそのように称された）。

また、一九四四年六月に連合軍の大陸反攻作戦が実施された激戦地・ノルマンディーは、九世紀半ばからフランスを襲った一種の海賊、略奪者集団の一部（デンマークヴァイキング）が十世紀にはいってから北フランスに定住し、そこがノルマンに拝領されたのでノルマンディーと呼ばれるようになったとのこと。なおヴァイキングということばの由来としては、入り江（ヴィーク）に潜む人たちという説が有力視されている。

ヴァイキングはその出身からスウェーデンヴァイキング、ノルウェーヴァイキング、デンマークヴァイキングと類別されたが、八世紀の終わり頃から十一世紀頃まで続けられたヴァイキング活動は、アイスランドを含むヨーロッパ全土から西アジアにまで遠征先が拡大した。十世紀中には大ブリテン島のロンドンほか中心部がノルウェーヴァイキングに制圧され、これら占領者たちはノルマン・コンクエストと呼ばれた。

ヴァイキング活動に関しても、侵攻、略奪から占領といった蛮行に類する活動が強調されることが多いが、実態は商取引（貿易）や諸外国沿岸部の漁業基地化なども少なくなかったとも伝えられている（遺跡や出土品などからの分析）。ヴァイキング活動は移住にも及んだが、他の地域に先駆けて数百年にわたって行なわれた理由としては、北欧では賄いきれないほど人口が拡大したという説が有力とされている。さらに造船技術（いわゆるヴァイキング・シップの建造）や航海術も他の地域より進んでいたから、そのような活動が可能だったと見られている。

スウェーデンヴァイキングはバルト海を横断してドニエプル川に沿って南下して黒海へ、またボルガ河からカスピ海に抜けてさらにそこからトルコ、バグダッド方面に向かった。その途中の今日のモスクワ方面やキエフに植民地を作ったが、モスクワ近傍に入植したヴァイキングの一部族「ロスラーク」が地元では「ルース」と呼ばれたことから後に広大な国土を有する国「ロシア」と称されるようになるという（部族長のルーリックがロシア王朝の基を開いたとも）。はるか約千年の後にスカンディナヴィア半島に残った子孫たちがロシアの革命後に成立した世界初の共産主義国家を相手に苦難に曝されることなどは、当然ではあるが夢想すらしようもないことである。

このようにヨーロッパ全土から西はアイスランド、グリーンランド、東はロシア、西アフリカへと拡散したヴァイキングらではあったが、占領、植民した先から元のスカンディナヴィア半島に帰ってくることもなく、ヴァイキング活動はやがては行なわれなくなった。外地に散っていったヴァイキングらも現地の風俗、習慣に馴染んでゆき、早くも十二世紀頃には自分たちがノルマン、デーンだったという意識すら消えていった。

大きかったキリスト教、聖書の影響

ヴァイキング活動が鎮められた理由には、植民した先での蛮行を鎮まらせるためのキリスト教布教の影響も大きかったと見られている。まだ出身地と往来することもあったヴァイキングらに付いてやってきた宣教師らも北欧にキリスト教を伝えた。北欧神話の神々などを崇拝する独自の信仰もあったのだが、植民した有力部族(族長)がキリスト教に改宗した影響は大きかった。十～十一世紀にかけて植民者およびその出身地、部族でのキリスト教の布教や占領地のヨーロッパ文化の伝来が進められて、十二世紀にはスカンディナヴィア半島のほぼ全域がキリスト教圏に取り込まれていたということである。

ところで今日、北欧の国々として思い浮かべられるのはスカンディナヴィア三国とデンマーク、それにかなり離れてアイスランドだろうが、地図上の線引きは十二、三世紀当時と今日とではかなり異なっていた。もとより二十世紀になってから建国されるフィンランドはまだスウェーデンの一部であり、この頃はデンマークもスカンディナヴィア半島に位置していた。

すでに王制が確立されていたスウェーデン、デンマーク、ノルウェーは内戦、領土争奪戦の時代を迎えていたが、スウェーデンの王家・フォルクング家が姻戚関係や和議によって北欧地域を統一（フォルクング家内では闘争に明け暮れていたが）。一三〇〇年代半ばにはスカンディナヴィア半島も黒死病（ペスト）の大流行に見舞われてスウェーデンの人口は三分の一、デンマークとノルウェーでも半分が失われたが、十四世紀末には三王国の同君連合「カルマル同盟」が結ばれた。

この同盟により中央集権制が確立されて、中世の北欧が安定する時期が続いた。だが、一五二〇年代にスウェーデンの騎士グスタフ・ヴァーサが反乱を起こしてスウェーデンの独立戦争に突入し、カルマル同盟は一五二三年に崩壊した。同盟からの離脱が成ったこの年の六月六日がスウェーデン建国の日とされている。

ヴァーサ（グスタフ一世）による統治は一五六〇年まで続くが、その後スウェーデンでも宗教改革が行なわれ、プロテスタント優勢になり、カトリックの権力は失われた。この宗教改革は、スウェーデン国内においては国民意識の形成および使用言語の統一（スウェーデン語の新約聖書が一五二六年に刊行）に寄与したという。各言語の統一に新約聖書が役立ったという事情は、デンマークやノルウェー、それにフィンランド地域（当時スウェーデン領）においても同様だった。

後のスウェーデンにつながる兆し

外交面ではグスタフ一世の治世においては大きな動きは見られなかったが、ヴァーサ王朝となった頃から紛争時でもバルト海での通商上の自由と権益を確保するための中立政策が採られることがあった。さらにエーリク、ヨハン、カールといったグスタフの息子たちの時代はその後のスウェーデンの大国化につながる予兆のような外交政策が行なわれた。

グスタフ一世はロシアとの対立を懸念してロシア（イヴァン雷帝）やポーランドの脅威に曝されたドイツやエストニアからの支援要請に応じなかったが、エーリク（在位一五六〇～六八年）は積極的にバルト海沿岸に進出。ドイツのタリン市を併合、エストニアを占領するが、これはデンマークとの長きにわたる対立の要因となった。クラウス・ホルン提督（フィンランド出身）率いる艦隊を擁してデンマーク、ノルウェーなどの連合軍の艦隊をバルト海で撃破したが、このときに用いられた水色の地色に黄の十字の艦隊旗が後のスウェーデン国旗の基となる。

後を継いだヨハン（在位一五六八～九二年）は宗教改革を果たしたが、領内に侵攻してきたデンマークとの戦い「北方七年戦争」を痛み分けのかたちで終わらせたものの、ロシア相手の当方での戦いではいくつかの勝ち戦をものにして、フィンランド地域を拡大させた。ヨハンの後継は、その息子・シギスムンド（在位一五九二～九九年）だったが、ポーランドにいた期間が長かったうえカトリック国・ポーランドの王位継承権を得ていた。シギスムンドはスウェーデンでもカトリック復興をめざしたため、ヨハンの弟で叔父に当たるカールと戦うことになって敗れ去った。

代わって王位についたカール（在位一五九九～一六一一年）はシギスムンド派のカトリック貴族の処刑を繰り返して、スウェーデンのプロテスタント化を定着させた。カールの治世においては周辺各国（ロシア、デンマーク、ポーランド）が敵国になるほど厳しい外交関係に陥っていたが、その一方で鉄や銅などの生産、輸出といった具合に後のこの国の産業・貿易立国化の下地も芽生えはじめていた。そして大国として飛躍するスウェーデンの「北欧の獅子王」ことグスタフ二世アドルフの時代を迎えることになる。だが、カールの死後に王位を継いだときの息子・グスタフはまだ十七歳という若さだった。

ヨーロッパ随一の大国「バルト帝国」へ

グスタフ二世は若年時から聡明さが諸国に知られ、またカールの生前からその仕事を補佐していたので、王位継承後もスウェーデンの国政が大きく変わることもなければ掌握に手間取ることもなかった。ただ外交の厳しさを乗り切るために、王権、中央集権制（官僚制）と常備軍の強化に努めた。一六一八年には「三十年戦争」に突入していたカトリック・ドイツがバルト海沿岸方面に進出したので、これに対抗するためにスウェーデンはまたも長い戦にはいった。

戦争の長期化による国力の低下も懸念されたため、クリスチャン四世の治世のデンマークとの戦いも終わらせ、ロマノフ王朝が成立したロシアとの戦争もカレリア地峡、イングリアをスウェーデン領にするかたちで終戦にさせた。ポーランド国王のシギスムンドは相変わらずグスタフ二世の王位を認めず、ポーランドとの戦いは長期化していたが（途中三年間休戦）、商港リガやバルト海沿岸のエストランド（ラトビア、エストニア付近）を一六二一年に攻め落とした（和平は一六二九年）。

一六三〇年にはハプスブルク帝国に対抗するかたちで三十年戦争に積極介入した（プロテ

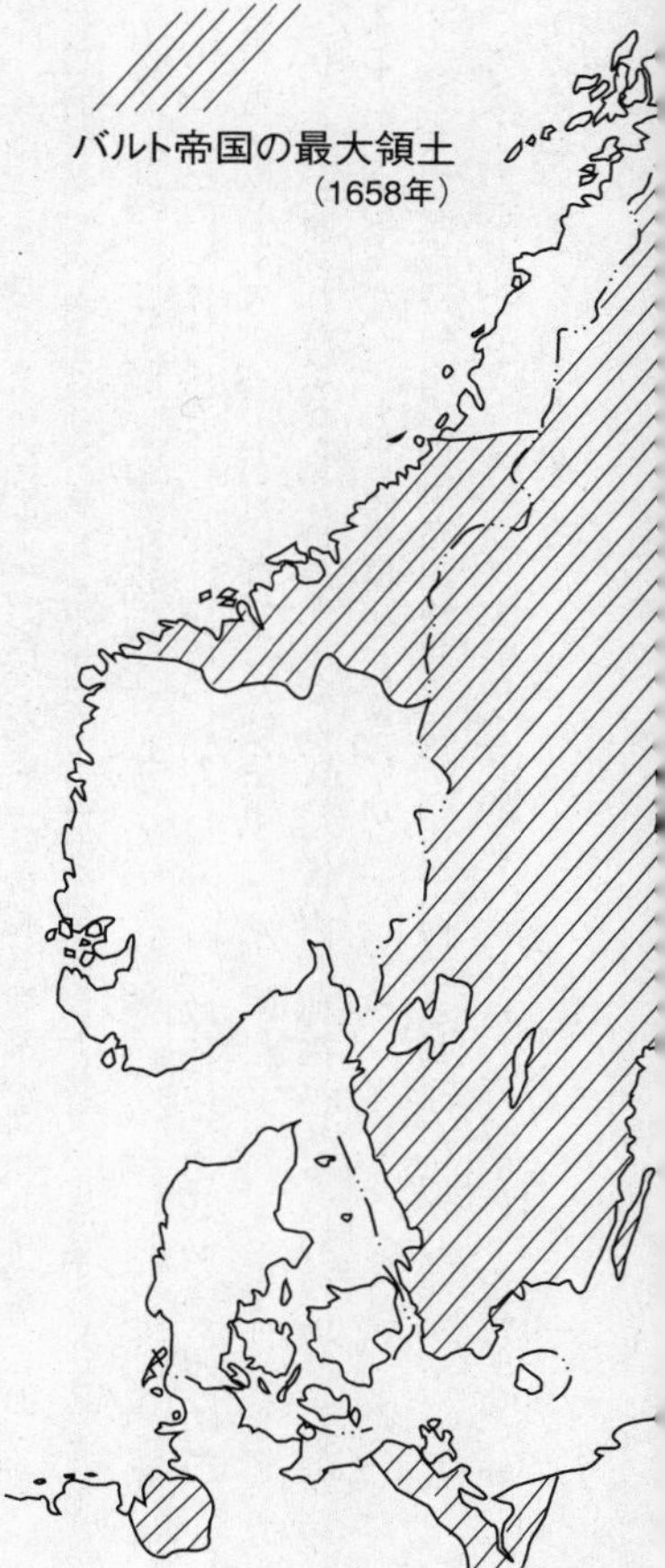
バルト帝国の最大領土
（1658年）

スタントが優勢なスイスとの軍事同盟を画策したのもこの頃)。しかし一六三二年には、グスタフ二世は落馬事故に遭って命を落とし、スウェーデンは幼い(六歳)女帝クリスティーナを国王に迎える危機的状況に陥った。

だが、この頃にはドイツでも国内の諸邦が相次いでこの戦争から手を引きはじめて、カトリックの介入も薄まってきた。フランスがスウェーデンと連合して参戦すると今度はスウェーデンの軍隊が退き(エーアソン海峡を巡るデンマークとの戦いに突入)、一六四八年にウェストファリア条約(前述のスイスを国際法上の中立国と認めた条約)が締結されて三十年戦争も終結をみた。

講和条件に従い、スウェーデンはバルト海沿岸だけでなくドイツ領内の一部の支配権も得て、「バルト帝国」こと北方の大国となった。なお、この長い戦乱のスウェーデンにおいてグスタフ二世を支え、かつクリスティーナ女王(一六五四年にカトリックに改宗して王位を退き、イタリアに移住)に代わって事実上国政を仕切ったのが宰相のオクセンシェルナで、戦いの最中の一六三四年にはスウェーデン憲法の原型とされる「政体法」を成立させるなど、ある意味、皇族以上にスウェーデンに寄与した政治家だった。

ヴァーサ王朝が開かれた頃から、バルト海での貿易の自由と利益を守るための中立条約が結ばれることがあったが、十七世紀半ばから後半にかけてはオランダ、デンマーク、英国、フランスなどと通商維持のための中立国通商条約が順次、締結された。しかしながら、これは防衛、外交上の取り決めとなる国際法上の中立条約からすれば、内容的にも限定的な、初期段階~過渡期のものに過ぎなかった。

女王の退位の後を受けたのがカール十世で、その治世の一六五八年がスウェーデン・バルト帝国の領土最大面積に達した年であった。この前年の厳冬で何ヵ所もの海峡が氷結したため、精強さを誇ったスウェーデン軍がデンマークを容易に制圧できたという要因もあったが、スウェーデンは紛れもなくヨーロッパ有数の大国になった。

民主化・自由な時代から外交失政の時代へ

この時代には絶対王政も確立されたが、カール十世（三十八歳）、十一世（四十一歳）、十二世（三十六歳）と君主が相次いで早世したうえ、カール十二世は十八世紀初頭のロシア侵攻「北方大戦役」でピョートル一世が率いたロシア軍に敗れ、自身も戦場で命を落とし、大国の領土も次第に失われていった。一七二一年にニースタッドで結ばれた条約により、バルト海沿岸のエストニア、カレリア地峡等をロシアに譲り渡した。権力の拡大を急いだ絶対王政もその信用を失った。その結果、絶対王政は廃止されて王権は大幅に制限され、国王も元老院を尊重することになり、元老院は議会を重視するなど民主化が進められた。

この体制見直しは古来、工業、貿易などで実績を挙げてきたスウェーデンの民業を活発化させることになり、北方大戦役による痛手は比較的短期間で挽回された。一七四一年にはロシアに再戦を挑んで大敗を喫する失敗もあったが、一七五一年にアドルフ・フレデリックを新国王とするホルシュタイン・ゴットルプ王朝が始まった。民間の活動が活発化したこの時代は「自由の時代」とも呼ばれ、農業の面でも顕著な進歩がみられた（寒冷地でのジャガイモ栽培。これを機に、スウェーデンには農業国としての側面も備わる）。

ところが一方では、身分制の議会においてメッソナ党、ハッタナ党が政争を続ける時代でもあった。ところがハッタナ党を資金援助したのがフランスで、メッソナ党に政治資金を送ったのがロシアだったことから、不本意な戦争参戦（プロイセンに派兵した「七年戦争」）、ロシアの属国化と失政が続いた。両政党とも近代政党の体にはなっておらず、インフレ経済の悪化によって民間活動を進歩させたこの時代も終わりを迎えることになった。

アドルフ・フレデリックが亡くなった一七七一年、パリに滞在していたグスタフ三世が帰国し王位を継承すると、翌年夏には王権を復活させるクーデターを起こした（自由の時代の終焉）。文化面での業績が評価されるグスタフ三世だが、フィンランド、バルト海沿岸での失地回復やデンマーク制圧の野心もあれば、折から起こったフランス革命の北欧への影響波及も懸念していた。対外的に好戦的な政策を採り、かつ絶対王政復活を果たしたがゆえにグスタフ三世はスウェーデンの貴族層から狙われた。その結果、舞踏会での暗殺未遂事件で負った傷がもとで一七九二年に命を落とした。

十三歳で父の王権を継いだグスタフ四世の時代は停滞した経済に農業の不作、それに親交があったフランスで王制否定の革命が起こったことから不安に満ちた時代になった。フランス革命のなかからナポレオンが新たな独裁者の途を歩みはじめたが「ナポレオン戦争」の時代に突入すると、主たる貿易の取引相手であり、スウェーデンの海上通商路の安全確保を約していた英艦隊を頼れば海洋におけるナポレオン軍の脅威を免れられると考えられていた。英国はロシアの友好国でもあったため英国と同盟関係にあれば、ロシアはスウェーデンに敵対しないと見込んでいた。

ところがロシアのアレクサンドル一世がナポレオンとの会談で大陸封鎖同盟への参加を決めると、ロシアの敵対化は避けられなくなった。一八〇八年にはロシアがフィンランド地域に侵攻を開始し、翌年にはデンマークも参戦の様子を見せた。大敗北を喫するかたちでスウェーデンは交戦中の各国と和平するしかなくなっていた。フィンランド地域は北欧にキリスト教が伝えられたときより五百年も昔からスウェーデンの領土の一部だったが、この地域およびオーランド諸島のロシアへの割譲が和平条件（人口の四分の一、国土面積の三分の一を手放したことになる）という、いささか厳しい和平となった。

グスタフ四世は外交の失政により王位を追われて叔父に当たるカール十三世が継いだが（一八〇九年）、そのときに制定された新統治法がその後二十世紀にいたる、立憲君主制を内容とするスウェーデン国政の基本法となった。内政面ではカール十三世の代において変革が強いられたが、すでにスウェーデンはかつてのスウェーデン・バルト帝国の時代の復活は望めなくなっていた。

非軍事外交に切り替えたカール・ヨハン

カール十三世には世継がいなかったため王位継承者の決定までに曲折があったが、後継者に指名されたのはナポレオンの部下でたたき上げの職業軍人だったジャン・バプテスト・ジュールズ・ベルナドッテ将軍（ベアルン出身）であった。ナポレオン戦争の最中、不安定極まりないスウェーデンの国情を反映した次期国王決定だったが、ベルナドッテは皇太子として迎えられるとスウェーデン流に「カール・ヨハン」と名乗り、徹底的にスウェーデンの国体維持を重視する政策を採るようになった。

ナポレオン・フランスはスウェーデンに対して対英参戦を要求したが、カール・ヨハンはこれを書面上の参戦にとどめ、貿易は従前どおり続けられた。これを看過できないナポレオン・フランス軍は一八一三年にポメラニアや北欧に兵を進めた。その年、スウェーデンはロシア、プロシアとともに連合軍を編成してライプチッヒでフランス軍を、翌一八一四年にはノルウェー軍を破った。

結果的には、この時期の戦いがスウェーデン軍にとっては最後の積極介入の対外戦争となった。戦後処理のキール条約によって、カルマル同盟の古からデンマークと連合国家扱いだったノルウェーが分離して（独立を希望したが果たされず）一九〇五年まで続く同君連合という国家体制になった。

フィンランドを失って以来、スウェーデンでは防衛力、軍備の充実よりも、外交交渉重視と国内産業充実に転換しており、貿易立国をめざす方向に向かっていた。北欧の国としてはなお有力で、領土の面積においては依然ロシアに次いではいたが、当時の三百五十万人という国民人口はロシアの十分の一にも満たなかった。

軍事強国化はすでに不可能なところまで減退しており、貿易、産業重視は自然な流れでもあった。一八一八年に王位に就いたカール・ヨハンはカール十四世としてナポレオン戦争の荒波の中で国力を消耗させる危険を避ける政策に変えたため、スウェーデンの弱小国家転落への危機を乗り越えた。

元が政治家ではなく軍人の出で、スウェーデン語にも不自由したカール十四世は、議会の改革の動きや親ロシア政策に対して疑心暗鬼になって対抗勢力の閣僚を相次いで罷免し、国政の混乱を招いたこともあった。けれどもスウェーデンが最大の危機を乗り越えた際の指導者はカール・ヨハンであり、カール十四世としての在位二十六年というのはそれまでの最長記録だった。

なお、カール十四世の子息のオスカル一世はクリミア戦争では中立を宣言したが、国内港の使用を交戦国に認めた（事実上使用可能だったのは英仏の艦隊）。これは父以来の「英国とはどんな事態でも交戦せず、ロシアとは最後の場合にのみ戦う」という姿勢を示すものでもあった。

中立宣言後の武装中立体制

連邦の国防軍の試練と中立保持の努力

これまでみてきたように、スイス連邦では（国民の一部が傭兵として外国軍に参加しようとも）十七世紀の「三十年戦争」の時代には国としては参戦を極力避けて、国防のための武力のみ潜在的に保有する武装中立を宣言した。しかしながらその武装中立も、当初は手探りだったうえ、また想定したとおりのものにはならなかった。

プロイセン王の所領だったヌシャテル州では同盟分離戦争の翌年一八四八年に共和主義革命が起こったが、プロイセン国王のフリードリッヒ・ヴィルヘルム四世は領地の共和主義化を認めなかった。そのため、スイスの一カントンでありながらプロイセン国王の所領となる不自然な状態になった。その後、英仏はヌシャテル州をプロイセン領とみる見解を示した。けれどもこれは、ヌシャテル州の実情を理解したものではなかった。亡命してスイスに逃れた技術者たちが興した時計産業など精密工業が高度化し（技術者、職人、労働者の増加）、封建的主従関係を下地とする王制はヌシャテル州にはそぐわなくなっていた。

ヌシャテル州の王党派旧勢力は復古を意図したクーデターを試みたが成功には至らず、フランスによる仲裁も実ることなくその年の末にはプロイセンはスイスとの国交を断交した。間もなくプロイセンは、大規模軍事演習を行なってスイスを威嚇し、スイス側も連邦議会が臨時の軍隊の編成を指示してプロイセンとの紛争突入に備えた。

これにはナポレオン三世が再度の仲裁に乗り出して、スイスには王党派クーデター逮捕者の釈放を求める一方、一八五七年のパリ会議においてはプロイセンも列強国に説得されてヌシャテル公の名目だけを残すことにして支配は断念した（このほかにもスイスでは、サヴォイのフランス帰属が経済的、軍事的にも懸念される問題になっていた）。

一九世紀後半の西ヨーロッパの国際情勢下、プロイセンはドイツ第二帝国として統一され、南方のイタリア半島も統一国家となった。そして東西はオーストリア・ハンガリー帝国、フランスと隣接し、スイスは四方から列強国に囲まれるかたちになった。そのため普仏戦争（一八七〇〜一年）勃発時には、スイス連邦でも総動員令が布告され、スイス北部の国境線防衛のために有事にのみ召集される国防軍が編成された。

ところが、この防衛軍は必ずしも機能し得なかった。国土を守るには不備が多すぎることが露見したのである（編成上の問題や装備、運搬・補給、通信・連絡上の欠陥等）。そのため、一八四八年制定の憲法で定められた武装中立の体制が早くも疑問視されはじめた。結果的に外交交渉により普仏戦争に巻き込まれることは免れられた。だが多すぎた不備を解消するために、実効性ある防衛力を整える軍制改革が求められ、またカントンによって軍事予算にばらつきがあったことが国立銀行設置のきっかけとなった。

そこで改革派の間では「ひとつの法、ひとつの軍隊」を標語として、憲法改正の動きが活発化した。連邦の権力や事業を拡大して中央集権化を推進させる国内の動きは、普仏戦争より十年も前の一八六〇年頃から高まっていた。憲法改正は一八七二年の国民投票では僅差で承認されなかったものの、一八七四年には改憲反対派に譲歩した改正案が再提出されて賛成派が圧倒的多数になって通過。懸念されていた防衛力の関連法規制定、軍事力の育成が連邦の権限となった。このときに改正された連邦憲法により、スイスの連邦制は国の体制が維持されるものとなり、そしてそれは激動の第一次、特に第二次世界大戦期を乗り切るためのスイス国民の拠りどころとなるのだった。

これらは防衛力を高めるための動きであったが、国際的にスイスの中立性を認知させるために、一八五九年のイタリアのソルフェリーノでのオーストリア軍とフランス軍の会戦の終戦交渉をチューリヒで行なわせた。これ以降、スイスはしばしば戦争の仲裁役を務めることになる。だが中立政策の公認を目指すスイスの活動はこれだけではなかった。

ソルフェリーノの戦いにおける救いの無い戦場の惨状を目の当たりにしたアンリ・デュナンは、敵味方の別がない救援団体の必要性を訴えた。これが国際赤十字活動の始まりだったが、この活動の推進こそ中立国・スイスの本分であった（本部はデュナンの出身地のジュネーブに設置)。一八六四年にはヨーロッパの十六ヵ国とアメリカ合衆国が参加して「ジュネーブ協定」が結ばれて国際赤十字が設置。その旗印はスイスの国旗の赤地に白十字の逆になる、白地に赤十字とされた。

帝国主義化、軍事介入を拒否する勇気

このようなスイス連邦に対してスウェーデンの方は、有事の際も第三国(交戦状態になる当事者ではない国)としての貿易の自由と権益を守るところからの中立条約締結が出発点だった。外交としての中立政策はナポレオン戦争の時代(カール十四世の治世)になってからということになる。この違いは、やはりスウェーデン・バルト帝国という大国として過ごした時代があったことに由来するのだろう。大国への復帰という夢の放棄は、フランス出身の国王・カール十四世ならではの大手術だった。

この時代の中立政策が外交に影響を及ぼした例としては、ロシアの武装中立宣言に同調したヨーロッパの各国を英国も尊重せざるを得なくなった一七八〇~八三年の「第一次武装中立同盟」が挙げられる(一八〇〇年の第二次武装中立同盟は不成功)。スイスもスウェーデンも武装中立政策を執るようになってから何度か、その政策の維持が危ぶまれる状態になる。もとより中立宣言は、関係各国(特に有事の際の交戦国)から中立的立場を尊重してもらわなければならないうえ、宣言した側も外交に偏りがあっては反対側からの非難(悪くすると軍事的制裁)が免れられない。

先に挙げた、クリミア戦争(一八五四~五五年)での交戦国のスウェーデン港湾の使用許

可は、立場を逆にするロシアにすれば、スウェーデンが「国防の一環」と主張しても認められるものではないだろう。ロシア軍によるゴトランド島攻撃が噂されることもあり、スウェーデンとしてはどうしても潜在的脅威として想定せざるを得なかった。

国防の一環ということなら、デンマーク領南ユトランドを巡るシュレスウィヒ事件（第一次シュレスウィヒ戦争・一八四八～五二年）が発生した際も、プロイセン軍の武力での侵攻に備えて四千五百名から成るスウェーデン軍を派遣していた。だが外交交渉重視の方針は保たれて、もっぱら紛争鎮圧のためプロイセン・デンマーク間の調停役に努めた。

スウェーデン側でも中立政策の維持には我慢と忍耐を要すると実感させられることになったのが第二次シュレスウィヒ戦争（一八六四年）だった。スウェーデンの大国化断念は、十九世紀になってからいわゆる列強国諸国にみられた帝国主義化（海外の植民地開拓など）とは逆行する政策でもあった。

オスカル一世は当時の北欧の知識人らの間で活発化した北欧の政治、文化の共同体運動「汎スカンディナヴィア主義」にも同調して、実現のための北欧の各国に対して外交交渉にも一役買った。この運動は実現することもなく、熱情に駆られた社会運動の域から出ることはなかった（なおシュレスウィヒ事件の発生は、汎スカンディナヴィア運動が活発化してからのこと）。

このようなスウェーデンに対して、オットー・フォン・ビスマルクを政治指導者に得たプロイセンは南ユトランドへの侵攻を再開させたが（第二次シュレスウィヒ戦争）、ビスマルクの外交手腕はオスカル二世が国王の座に就いていたスウェーデンのはるか上をゆくものだった。ビスマルクは列強国各国を外交によって介入しない傍観者たらしめ、かつオーストリア（ハプスブルク体制）を友軍に引き入れて軍事支援（大砲など火器類の提供）を引き出していた。

そうなるとスウェーデンも第一次シュレスウィヒ戦争のときのような動き（わずかな義勇兵のみ参加した）はとれず、事態を静観するしかなくなっていた。あの汎スカンディナヴィア主義運動も画餅に過ぎなくなった。デンマークはシュレスウィヒ地域を失い、ユトランド半島の北側に追いやられた。当然、大敗を喫したデンマークのスウェーデン（およびノルウェー＝同君連合だったから）に対する失望、落胆は大きかった。「中立であること」は戦乱への介入の拒否でもあるが、友好関係にある周辺国の無支援、不介入（見殺し）にもなりかねないこともわかってきた。

事実上、この戦いでデンマークは中立国・スウェーデンに武力支援を得られずに、ユトランド半島北部ほかカデカット海峡からバルト海にかけてのシェルラン島ほかの島嶼部というごく限定された国土となってしまった。あれほど謳われていた汎スカンディナヴィア主義はどこへいったのか。デンマークにとってはプロイセンだけでなくスウェーデンに対しても恨みが残った。だが中立を宣言し、かつ関係国からも中立国として認識されることを望む以上、スウェーデンにとってこれは致し方ないことでもあった。この戦いから約八十年後の二度目の世界大戦争の際には、中立、非交戦の状態を維持するために、スウェーデンはさらなる苦渋を強いられることになる。

第二章　二十世紀大戦下の中立政策

中立外交の難しさ（第一次世界大戦～戦間期）

大戦以前の国際法としての中立

中立外交というのは先に述べたようにスイスにおいては十七世紀半ば頃には傭兵の提供と引き換えに中立保障というやり方が認識されていたが、まだ法的な規定は整っていなかった。そしてその後に、交戦国と第三国の貿易の保障の取り決めがなされはじめた。中立国に関する国際法でのとらえ方の史的変遷については、武田龍夫元東海大学教授著の「北欧の外交」（東海大学出版会）に論じられているが、ここでは同資料に基づき以下、ごく手短にその変化について追ってみた。

十七世紀はじめのフーゴ・グロティウスの時代に「不正な目的で参戦した交戦国を支援する一切のことはしない」「正当な交戦国の活動を妨げない」「正当な理由が疑わしい戦争の交戦国に対しては同様に扱うべき」といった、戦争中の交戦国に対して慣習となるような、道義的な距離の置き方を示す初歩的な考え方が生まれたという。三つめの「同様に扱うべき」というところは、領内の通過や軍隊への食糧支援などは両陣営に公平に為すべきと考えられた。そしてまた、敵が望むことを為すものもまた敵＝戦争を敵方の有利に導くものは敵方に含まれる、とされた。

また十八世紀中には「戦争には参加せず、両交戦国と等距離に接するのが中立国」と解釈され「領内通過の拒否もしくは許可も両交戦国に公平に為さなければならない（公平性）」（E・de・バッテル）と考えられた。

その後いくたびの戦争を経て、スウェーデンも中立外交に切り替えた十九世紀には近代国際法において定義されるようになり（L・F・L・オッペンハイム）「中立国は交戦国に対して公平義務を負う＝他の国家間の戦争に参加しない国だが、交戦国から中立な第三国と認められることを要するので、そのような中立国は交戦国に対して公平な距離で接する権利を得、またその義務を負う」「中立国は避止義務および防止義務を負う＝交戦国が中立国の領土や資源を戦争目的で活用することを阻止しなければならない」「不正な交戦国に対する嫌悪は中立を犯すものではない。また一方の交戦国に対する人道的な救済行為（負傷者の救護や捕虜への慰問等）は公平に反しない（黙認義務）」などとされた。

ここで気をつけるべきことは、交戦国から中立な第三国と認められ、かつ交戦国の軍事活動に巻き込まれないように自らの責において阻止しなければならないということであろう。中立を宣言すれば戦争とは無縁でいられる……わけではないということである。

これらの考え方も踏まえられ、クリミア戦争の後のパリ宣言「戦時海上法に関する宣言」

（一八五六年）および二回のハーグ平和会議（一八九九年、一九〇五年）を経て、中立国の地位に関する五条約という国際的秩序が整えられた。しかしながら、交戦国と中立国の海上通商関係を定めた「ロンドン宣言」（一九〇九年）は批准されなかった。

このように二十世紀初頭には考え方のうえでは中立国のあり方、その態様と交戦国の中立国に対する扱いが定められた。その定めのとおりに対中立国外交がなされていたならば人類もなかなかのものであった。ところが、その定めのとおりにゆかないのがまた人類の所業でもあった。

古の時代の戦は古式ゆかしい騎士道、武士道に則っていたが、科学技術の進歩や武器類の発達は戦闘を高度化させたが、戦場の道義はかなぐり捨てられて仁義なき、道義なき戦いへと移り変わってゆくのだった。そのような戦いの場においては、中立国に関する交戦国の考え方もそれぞれの立場や都合に支配されて勝手な手段に出ることになった（何らかの理由をつけた強引な宣戦布告や保護占領など）。そうなると中立国の側も、自らの立場を守るために長く検討された末の枠組み、定めから踏み越えた存在になるしかなかった。

また、主要海軍国の間で議論されたロンドン宣言が批准されなかったことは、来る複数国家間での大戦争における中立国のあり方の苦難を暗示するかのようでもあった。事実、第一次、第二次世界大戦においては中立を宣言した国々も交戦国からの軍事行動を受けて、戦渦が免れない事態に陥ることになる。国家間の力関係により、中立的な態度を示しながらもどちらかの陣営に参加して交戦国となることも相次ぐようになるのである。

第一次世界大戦が各国に及ぼした戦禍

十九世紀は後の列強国と言われるようになる国々が海外に統治領を拡大する帝国主義強化の時代と言われるが、旧制度の王制大国が終焉に向かう時代でもあった。植民地の拡大は大航海時代を経てアジア、中南米などで英仏やスペイン、ポルトガル、オランダなど旧海洋国が実施してきたが、十九世紀後半～末期においてはアメリカ合衆国、ドイツ、日本といった新興国の勢力圏拡大が目立った。

これに対してロシア帝国やハプスブルク帝国、オスマントルコ帝国などは工業革命、近代化の波に乗ることができず、制度的な軋みが顕著になりはじめ、財政的にも厳しさに直面するようになってきた。ギリシア正教の権利拡大をロシアがオスマントルコに対して主張したことから起こったクリミア戦争（一八五三年）でトルコは戦費の捻出もままならず英国から借款を受けた。ところがこの借入金は再生産に結びつくような経済活動への資金投入にはならなかったため、返済されることもないまま財政破綻に向かった。

ロシア帝国軍はナポレオン戦争で勝利してポーランドを領土としたところで目を見張る存在になったが、パリ入城を果たしたロシア軍将兵は西欧と自国との違いに衝撃を受け、これがまたロシア国内の封建制強化につながった。クリミア戦争ではトルコを支援した英仏ほか連合軍に苦杯を舐め、二十世紀にはいって間もなくの日露戦争では戦略の誤りなどから日本海海戦、旅順攻防戦と大敗する戦いが続き、ロシア帝国およびロシア軍の弱体化は内外に知られることになった（ロシアからの独立を希望していたフィンランド、バルト地方の各国などを勇気づける結果）。封建的な帝政に苦しめられてきた国民たちの不信感、不満はさらに高められ、共産主義革命に向かう下地も醸成されつつあった。

多民族で広大な領土という点はハプスブルク帝国（オーストリア・ハンガリー帝国）もロシア帝国と同様だったが、この両帝国は第一次世界大戦突入時の国際関係においては相対する陣営に所属していた。オーストリア・ハンガリー、ドイツ、イタリア（イタリア半島で統一国家となり、ハプスブルク帝国から分離・独立）は「三国同盟」を形成し、ロシアは英仏と「三国協商」という同盟関係を結んでいたのである。この二大陣営の対立を背景として、一九一四年七月のセルビア訪問中のオーストリア皇太子夫妻暗殺事件が契機となって各国は次々に宣戦布告し、いわゆる列強各国は第一次世界大戦へとなだれ込んだ。

帝国として末期状態にあったオーストリア・ハンガリー、ロシア両帝国とも、この史上初の世界大戦争は過剰な負担以外何ものでもなかった。また「三国同盟」とはいっても一枚岩ではなく、戦争勃発当時には静観の姿勢を採ったイタリアは英仏の働きかけを受けて同盟国から離脱、敵対していたはずの連合国陣営にはいった。

イタリアは「三国同盟」を結んではいても、チロル、トリエステの領有権（未回収のイタリア）を巡ってオーストリアと対立状態にあったうえ、第一次大戦直前の時期にはオスマントルコ領に武力進出して領土を拡大するなど、同盟国側としては異質な存在でもあった。さらにまた、三国同盟側に加わって参戦したオスマントルコ帝国とブルガリアは、そのむかしかなり長期間にわたって占領・被占領の関係になっていたことがあった。

ベルギーは隣国のオランダと同じく中立を宣言したものの、宣戦布告した翌日のドイツ軍に侵入され、この日に英軍が同盟軍に対して宣戦布告した。ベルギーやブルガリアと同様、大戦勃発時には中立を宣言していたルーマニアは連合軍側に参加した。オーストリア・ハンガリー帝国の支配と対立して、第一次大戦突入への引き鉄が引かれたバルカン半島のセルビア、モンテネグロやその南のギリシア、日英同盟を結んでいた極東の日本も連合軍側に加わった。

このように戦争初期の中立国には、ベルギーのように中立宣言の意に反して領内に踏み込まれて戦争に巻き込まれた例もあった。このほかの各国は、戦争のなりゆきによって受けるであろう影響を考慮して、もしくは戦いを勝利で終えたときの戦果・報奨を持ちかける密約が結ばれてどちらかの陣営に加わったともみられている。

スカンディナヴィア半島では一九〇五年にスウェーデンとノルウェーが離別しており、この両国並びにデンマークが北欧三国となっていた。十九世紀までの戦争と比べて技術的にも大幅に進化した武器、戦い方が持ち込まれた世界最初の総力戦・第一次世界大戦に直面した北欧三国は、一九一四年十二月十八日にグスタフ五世が音頭をとって、旧制度から抜けた考え方による相互協力での中立の共同宣言を発した。

しかしながらバルト海への英艦隊の進出を阻止するためにドイツ軍はデンマークに機雷の敷設を強要、従わない場合はデンマークへの武力侵攻もほのめかした。デンマークにとっては英独とも輸出入の相手国だったため、外交交渉によってこの窮地をなんとか乗り切れるよう努めた。

これに対してフィヨルドに沿う国土のノルウェーは、農業産品の輸入量減少から食糧難に陥りかけた。船舶も機雷接触やUボートの攻撃によって喪失数が増えたので、代替の船舶を建造しなければならなくなった。

その後ノルウェーは漁獲物の買い取りを巡って英独の板ばさみになり、英国側の全面買い取りが原因で国内経済のインフレ、またドイツ軍によるノルウェー船攻撃という事態をも招いた。一九一七年初頭からのドイツ海軍の無差別潜水艦戦実施によって喪失船舶はさらに拡大し、結果的にノルウェー船籍の船舶の約半分が第一次大戦中に失われた。

第一次大戦下のスウェーデン、スイスほかの中立国とアメリカ合衆国の参戦

このようなデンマーク、ノルウェーの両国に対してスウェーデンに関しては、連合国、同盟国両陣営とも相手側陣営に付いての参戦が危惧、警戒された。カール・ヨハンの時代に始められたスウェーデンの中立外交は英露の間の中立的存在という考えが根底にあったが、この時代は連合国と同盟国の間での中立に変容していた。英仏とロシアを連結させる存在となりうる一方、反ロシア陣営への参加が考えられたからである。

このような周辺諸国に対して、依然としてロシアとの戦闘突入を最大の脅威としていたスウェーデンは厳正中立の外交方針を示した。スウェーデンにしてみれば厳正中立を保つためのことだったが、フィンランド（当時ロシア領）地域の臨時軌道とスウェーデンの軌道とを連結させるというロシア側の要求をのんだ際も、スウェーデン領内を通過する連合国側の武器運搬要求を断わった際も、相手側の不信感を招いた。ともに対峙する交戦対象国（前者ではロシア、後者ではドイツ）にとって有利な措置になったからである。

けれども中立政策を採ってから約百年、スウェーデンは貿易立国に変わっていたため戦争

に巻き込まれることだけでなく、輸出入への悪影響や国内経済の悪化、船舶の損害が問題になった。国内物価も輸出入難に起因するインフレにより、大戦突入時の約二倍に上ったという。海上での戦いによる喪失船舶も二百七十隻に達した。

中立政策堅持の方針はスウェーデン国内に挙国一致体制を強いたが、軍事動員令までは発せられなかった。これによりロシアはフィンランド方面に戦力を割かなくて済み、ドイツ軍は動員をかけなかったスウェーデンへの不信感を強めた。しかし両陣営のスウェーデンに対する思惑とは別に、戦争の長期化と移りゆく戦況により、スウェーデンの対外政策の方針(どちらの陣営を重視するか)は次第に揺らぎはじめた。

この揺らぎは内閣、議会に対する国民の評価(第一次大戦中にスウェーデン内閣もハマーショルド、シュヴァルツ、エデーン内閣と三代交代した)および国内経済への悪影響にもつながった。けれどもスウェーデンからの四十万トンもの船舶貸与と引き換えに、一九一八年春以降には、英国からは農産物や石油など五十万トンの輸入が保障された(対独輸出は制限)。

アルプス山脈の中立国・スイスは国土が戦場になることはなかったものの、国民の相当部分がドイツ語圏、フランス語圏から成っていたことにより、内政面で深刻な影響を被った。有事に際して任命される軍最高司令官として任命されたのは親独派のヴィレだったが、フランス語圏や内部諸州から物言いが付いてシュプレッヒァーが軍参謀総長とされ、一九一四年八月四日に中立が宣言された。

ところが、緒戦のドイツ軍優勢の戦況がドイツ語圏を沸かせる一方、中立宣言したベルギーへの侵攻はフランス語圏を激怒させ、両派の対立はたちまち深まった。ロシアからチューリヒに逃れていたレーニンを共産主義革命直前に帰国させる密約があったことが明るみになると、外務大臣のホフマンはフランス語圏、イタリア語圏から中立違反として弾劾された。以後、政府の閣僚は言語圏による地域間対立を解消するために自発的な比例制が採られることになった。

だが戦争の長期化が臨時の国防軍組織の編成維持を継続させ、それがまた連邦の財政を圧迫するようになってきた。これは臨時の戦時税制の導入（国民投票で決定）でしのぐことができたが、北欧の中立国と同様、輸出入が打撃を受けた。食糧や生活物資の輸入は南仏の輸入路が乱されなかったため最悪の困窮は免れたが、ドイツへの工業産品の輸出が原材料不足などにより危機に陥った。また、国内インフレの長期化は戦時利得層（農業従事者）とそれ以外の一般市民との経済格差を拡大させた。

こういった社会的背景やロシアでの共産主義革命（一九一七年）などによる労働者層の不満、農業者に対する権利意識の高まりが、労働運動を指導する活動委員会（編成された場所に因み、通称「オルテン委員会」＝委員はドイツ語圏の労働者）を誕生させた。オルテン委員会は労働条件の改善を連邦政府に訴え、ゼネストの実施も示唆した。戦時下でもこのような労働運動が行なわれたこと自体、中立国ならではの現象と言えるだろう。

だがオルテン委員会もゼネストの実施には慎重だったうえ、活動目標が拡散、社会主義が漂う活動が一般市民から必ずしも賛同を得られなかったことから一九一八年十一月のゼネストは失敗に終わり、オルテン委員会も逮捕された（軽い刑で）。スイスは山岳国なので北欧三国のように船舶が戦争被害を受けたような実害は免れることができた。けれどもそれでもこの種の労働運動は、大きな戦争がいかに通常の（非戦時、平時の）生産活動、経済活動に悪影響を及ぼし、国民生活を乱すものかを示した実例とみるべきだろう。

第一次世界大戦を中立国として乗り切れた国々にはほかにもイベリア半島のスペイン、ポルトガルがあった。スペインの場合、王族や地主、教会、軍部は同盟国側に理解を示し、資本家層は英仏と利害が一致するといった具合に（スイスとは別の意味で）国論が二分する恐れがあった。しかしながら西ヨーロッパの戦火がイベリア半島までは及ばなかったこと、またスペイン軍もモロッコ支配のため余計な消耗を避けなければならなかったので、大戦争に関しては中立を貫くこととされた。けれども国内の階級対立は深まり、アナキストの活動も活発化。それにスペイン領モロッコの拡大は、一九三〇年代後半に迎える重大な局面への下地となってゆくものだった。

中立を宣言しても戦争に巻き込まれた国々、国土が戦場になることこそ免れられたが影響が及んだ中立国を追ってきたが、長期戦となった第一次大戦の趨勢を決定付けたのも皮肉なことに中立を宣言していた国だった。アメリカ合衆国である。

主戦場となったヨーロッパ大陸とは離れていた南、北米大陸も一九一七年初頭からのドイツ海軍の無差別潜水艦戦の被害を免れることはできなかった。もともとこの作戦は、主要交戦国である大英帝国への海運による物資供給をストップさせて、この年の夏までには屈服させようという意図があった。この無差別攻撃作戦でアメリカの参戦を招く懸念もあるにはあったが、それより前の英降伏が狙いだった。けれども考えたよりずっと早く一九一七年四月にアメリカは参戦を決めて、ヨーロッパ大陸に兵力、軍事物資（武器類）を大挙して送ってきた。

その後、同盟国側は共産主義革命が起こったロシアと講和して西部戦線での戦いへの注力を図ったが、アメリカ参戦による連合軍兵力の増強は大きかった。やがてブルガリア、オーストリア・ハンガリーが連合国側と講和し、ドイツでも経済の困窮や無謀な戦いの長期化への反乱から国内が革命状態になり、一九一八年十一月には休戦せざるを得なくなった。

泡沫と消えた国際連盟

列強国の主導による第一次大戦の幕引き

第一次大戦終了による戦時の交戦状態は解消に向かったが、まだ戦いは終わっていなかった。帝政ロシアからの離脱を望んでいた旧スウェーデン領のフィンランド地域やポーランド、それにバルト海沿岸の諸国（ラトヴィア、エストニア、リトアニア）が独立のための戦いを続けていた（自由独立戦争、白衛軍と赤軍の戦い）。またロシアのドイツほか同盟国との大戦休戦前の単独講和は連合国側からは背理行為と受けとめられ、共産主義化への不信感を抱く列強国との「干渉戦争」にはいった。こういった対外戦争が一九二二年頃まで続き、ようやくソビエト連邦として認識されるに至った。

第一次世界大戦の戦後処理も戦勝国・列国にとって大きな課題となっていた。国家として成り立たなくなっていたオーストリア・ハンガリー帝国はオーストリア共和国、チェコスロヴァキア共和国、ハンガリー王国、それにセルビア、モンテネグロと合邦させたユーゴスラヴィア王国にと細分され、西部の一部はイタリアに、東部の相当部分もルーマニアに割譲された。

複数の小規模国家に分割されただけではなく、旧体制に対立していた複合新国家・チェコスロヴァキアが戦勝国扱いになった。その一方、やはり複合新国家となった第一次大戦勃発の発火点・ユーゴスラヴィア（開戦当時・セルヴィア）は、その後も紛争の火種となり続けた。民族的にも文化的にも大きく異なる部族の合邦化だったため、対立、分割の懸念が内包されていたからである。

新国家の樹立はオスマン帝国体制が崩壊した西アジアでも行なわれた（イラクやイラン、クウェートなどの建国）。だがここにおいても領土策定や国境線の線引きが列強国主導で行なわれたことは、この地域の民族に恨みを残した。その後二十世紀末になっても解消されないどころか、二十一世紀にはいるとさらに重大問題が噴出することになる中東国際関係の問題点を隠し持っていた。

このような新国家化体制の建設には、戦勝国側の都合や意図（中東での石油利権など）も反映されていたため、新たな国際問題の火種がいくらでも隠されていたのである。さらにまた、アフリカ大陸や東南アジア、オセアニア地域でも続けられていた列強国の植民地支配を、公然の国家事業として認めたようなものでもあった。

「中立」が無意味になるはずだった国際連盟

実質的には戦勝列強国の視点で、またそれらの国々の権益を損ねないようなやり方で戦後処理が進められた。だが、史上初の世界大戦争を経験した各国がめざしたところは、やはり再度の大戦争を発生させない新たな国際秩序づくりだった。アメリカから提案された「国際連盟」が国際社会の新体制として注目された。

一七九五年にフランスとプロイセンの間で結ばれたバーゼル平和条約を「戦争の先延ばし」として自著の『永遠平和のために』のなかで暗に批判したイマニュエル・カントは、永遠平和を実現するためには「各国の市民体制は共和的（民主的）」でなければならず、かつ「国際法は自由な各国の連合制度を基礎とすべき」と説いた。

二十世紀の幕開けまでに前述の国際法として認められた制度的な「中立」が第一次世界大戦においてかくもたやすく踏みにじられた経験を反省すると、ヨーロッパ協調が目標となった時代は経たものの、カントが述べた各国の連合制度の構築が必要とみられるに至った。第一次大戦後の国際関係はヨーロッパの新秩序となったヴェルサイユ体制、環太平洋地域のワシントン体制が新たなルールとなった。

アメリカ合衆国のウッドロー・ウィルソン大統領は、国際平和を実現させるための新たな国際秩序「国際連盟」の設立に向けての議論は、パリ講和会議の席上（一九一九年春）においてなされるべきとした。

けれども提唱したウィルソン大統領のアメリカ合衆国では外交よりも内政が重視され、またアメリカが連盟に参加するための留保条件を突きつけたため多くの反対を招き、音頭を取るはずだったアメリカ抜きの発足となった。この時点ですでに「画餅にしかならない理想体制」の不吉さを醸し出していた。それでも連盟の組織は主要戦勝国（英仏伊日）が常任理事国となり、それ以外の非常任理事国が理事会を構成することになった。

提唱者のウィルソン大統領は国際連盟発足の目的を「将来の戦争防止」としていた。もしも実現できるならば「中立」という考え方や「中立国」の存在、また「中立宣言」さえも意味をなさなくなるはずだった。ところがパリ講和会議開催に際してクレマンソー仏首相が戦争防止の前提として挙げた「人種的平等の宣言と強化」「移民の自由と確立」「全世界にわたる自由貿易」という基本原理はアメリカの国情から観てもことごとく否定された。この時点で第一次大戦を中立の立場で乗り切った国々からは眉唾な国際秩序と見られたであろう。アメリカ抜きの新組織だが、帝国主義の雰囲気を漂わせながらスタートした。当然、共産主義革命直後のソビエト・ロシアも対象外とされていた。

だが、以降の国際体制を変化させる新しい原則「集団安全保障」が国際連盟には盛り込まれていた。国際連盟体制下の国々は対立関係にあるとしても武力攻撃の否定を約束し（集団としての平和維持に協力）、この約束が破られて武力が行使され平和が乱されたのならほかの国々が共同して集団で平和な国際関係の修復に努める（平和が破られた際の集団としての平和修復のための協力）という考え方である。

これは、戦争もしくは戦争の脅威が発生したときに国際連盟の事務総長が理事会を招集し、戦争行為実施国に対する経済制裁（通商、金融関係の断絶など非軍事的措置）を決めるというものだった。軍事的措置に関しては各国軍隊の戦争参加・戦力分担規模を提案する義務を連盟が負うというもので、重要な箇所での曖昧なところも少なくなかった（何をもって侵略とみなすか、利害関係による黙認はあり得ないのか、世界中の国が国際連盟にはいるべきではないか、など）。

国際連盟へのスイス、スウェーデンの対応

多少の問題があろうとも国際平和の実現をめざして出発した国際連盟に対して、スイスは共鳴こそするも孤立的中立の立場を崩すところまではできなかった。そこで国是となった中立政策を維持しながら国際連盟への加盟を希望したのだが、国際的な連帯によって永続的な平和を確保できると考えた当時の国際社会はスイスの姿勢に対してなかなか理解を示そうとはしなかった。

それでもアメリカ不参加が決定するとスイスに対する見方もやわらげられて、一九二〇年二月のロンドン宣言ではスイスの参加が容認された。

スイス側でもそれまでの絶対的中立を修正して歩み寄っており、軍事活動に関しては「国際連盟の軍事活動には不参加」「外国軍隊のスイス領内通過を認めず」「スイス領内での戦争準備を不許可」と譲れないものを主張しながらも「経済制裁の義務は負って、集団安全保障の連帯責任をとる」こととした。「絶対中立」から「制限中立」への転換である。

スイス政府が国際連盟参加を前提として中立政策を見直したのだが、これも規定により国民審査にかけられた（一九二〇年五月）。ドイツ語圏のカントンではそれまで続けてきた絶対中立政策へのこだわりが強く、州票では一票差というきわどさで制限中立への移行が承認された。

北欧の中立国・スウェーデンはもう少し複雑な第一次大戦の戦後に直面していた。共産主

義革命によってソビエト・ロシアが混乱した際に、十九世紀初頭までスウェーデン領でその後百年強の間ロシア領として過ごしたフィンランドが独立を求めて戦争状態になっていたのである（前述の自由独立戦争）。当然、フィンランドは旧領主のスウェーデンに武力支援を求めたが、中立政策に転換していたためデンマークを助けなかったかつての第二次シュレスウィヒ戦争のときと同様、公式には不干渉を貫いた。

これはスウェーデンの中立政策の意志の強さを対外的に示したが、デンマークのときと同じく隣国への冷淡さ、見殺し政策とも受け取られかねなかった。フィンランドにとっては忘れられない隣国の冷ややかさであったが、非公式の黙認されたスウェーデン義勇軍の支援も忘れてはならない援助となった。独立が成ったフィンランドでは、陸、空軍の機材に青いカギ十字（スワチカ）をインシグニアとして描いたが（第二次大戦末期にソ連軍と休戦するまで）、これはスウェーデンからの義勇軍に加わった皇族のフォン・ローゼン家が用いていたマーク（幸運の青十字＝エリック・フォン・ローゼン伯が愛機のツーリンD水上偵察機に描いたマーク）に由来した。

だがスウェーデンにしても有事における中立政策の堅持が難しいだけでなく、外交面でも内政においても混乱を引き起こすことを第一次大戦（および自由独立戦争）で痛いほど経験させられていた。中立政策と相容れないと見る反対意見も国内では強かったが、結果的に一九二〇年には国際連盟加盟を決め、集団安全保障の考え方にも賛同することとした。

その一方でそれまでの経験から、武力使用をせずに交渉によって国際間のトラブルの解決をめざす「ハーグ国際法廷」の設置に向けて尽力した。スウェーデンはその後の戦争においても、交戦国間の調停役を買って出ることになる。

二十年経たずして無力化した国際連盟

国際連盟への参加に当たってスイスはあれだけ内外でもめたのだが、その成果とも言える西ヨーロッパの平和は結果的には二十年と続かなかった。第一次大戦の敗戦国ドイツも一九二六年に国際連盟加盟を果たしていたが、世界中を大混乱に陥れた世界大恐慌（一九二九年以降）を経て、その後のナチス党が台頭したドイツではすでに別の途を歩み始めていた。国内経済のゆきづまりから中国東北部に意図的に満州国を建国させた（一九三一年）大日本帝国も国際連盟から非難の対象とされた。この帝国日本とヒトラーを元首に据えたナチスドイツは一九三三年中に相次いで国際連盟から脱退。

ドイツでは再軍備を明らかにするとともに、徴兵制復活に引き戻し、以後、領土を拡張する恫喝外交に転換させた。ムッソリーニの独裁体制が続いていたイタリアも一九三四年にアビシニア（エチオピア）に武力侵攻した。この侵略行為が国際連盟による経済制裁の対象になったが、加盟国の制裁実施が不徹底だったためほとんどイタリアへの圧力にはならなかった。これらファシズムの軍国主義諸国は限定的な戦闘行為（スペイン市民戦争への義勇軍派遣や日中戦争など）を経て、次の世界大戦へとなだれ込むのだが、無力化した国際連盟に非戦の状態に押しとどめる力は残されていなかった。国際連盟の経済制裁が無効化していたこともあるが、連盟にとどまっていたイタリアが脱退するのは一九三七年までずれ込んだ。

各国の右翼運動、左翼運動は世界大恐慌による失業者増加問題の落とし子のようなものでもあった。スイスでも一九三二年には左翼団体「国民同盟」の鎮圧をめぐる流血の事態となった「ジュネーブ事件」が発生したが、もともと共産主義は相容れないお国柄でもあった。一方、翌一九三三年は右傾化が顕著になったが、ドイツ語圏では「国民戦線」「新戦線」というように「戦線」と名乗った右翼運動が盛んになった。

経済の混乱に苦しむ市民が社会構造の再編を願った運動で、これらは周辺諸国の右翼活動等に倣っていたとされるが、この種の運動はスイスにおいてはマスコミの批判に曝されたうえ、多数派の一般市民の賛同が得られなかった。それでも「戦線」の運動によって一九三五年九月には憲法の全面改正を問う国民投票が実施されるところまでいったが、労働者、農民層からの反対票が多く、改憲提案は大差で否決（五十一万対三十万票）。以後のスイスにおける右傾化運動は急速に下火になっていった。

これに対して南北に国境を接しているイタリア、ドイツのファシズム化、軍国主義化にはスイス国民も「戦争発生の危機」と捉えて敏感になるのが必然だった。一九三〇年代後半には、独伊両国ともスペインの内戦に介入してそれぞれの軍事力の力試しをしているではないか。

この両国が国際連盟と袂を別つと周辺の国連加盟国はフランスだけになったうえ（オーストリアは一九三八年三月にドイツに併合されていた）、すでに国際連盟も弱体化。フランスや英国にしてもナチスドイツによる横暴とも言える領土拡張やオーストリア、チェコの併合を黙認している状態に近かった。

スイス自身もやはり一九三八年には国際連盟から脱退して、自らを守るためにかつての絶対中立政策に戻らざるを得なくなっていた。

イベリア半島の中立国が見舞われた戦禍

スペインを包み始めた不穏な空気

ある意味において、スペインも第一次大戦中に中立政策を採ったがゆえに、その後の激動を招いた国のひとつでもあった。そのことが、次の大戦争でのこの国の立場を決めることにもなったからである。

さかのぼって大航海時代の十六世紀半ばにはポルトガル人宣教師とともに極東の島国・日本にキリスト教を伝えたスペインもその世紀の終わりには、無敵艦隊がオランダ独立を支援した大英艦隊に敗れて没落の途を歩みはじめた。またスペインは歴史的に長くイスラム圏との抗争を続けてきたが、ギリシア・ローマ時代から知られていた、イベリア半島とアフリカ大陸がはさむ地中海への入り口のジブラルタルは、古くから貿易港、軍港として栄えた。そのためジブラルタルを巡っては、スペインとイスラム教徒の間で激しい争奪戦が繰り返されてきた。

十八世紀に切り替わる時期に起こったハプスブルク家とブルボン家のスペインの王位をめぐる争い（ブルボン家が王位を継承）は、フランスと英国、オランダが介入するスペイン王位継承戦争となった。この戦いはフランス・スペイン軍の勝利に終わるが、ブルボン王朝の支配を拒む諸都市の対応を決めた一七一三年のユトレヒト条約によって海峡の重要な拠点港・

ジブラルタルは英領と決められた。この状態は今日にまで継続されているが、重要な港・ジブラルタルが英領になったことが、二十世紀にはいってからスペイン、イベリア半島、北アフリカから地中海にかけての地域に、非常に重要に関わってくる。

そのジブラルタル海峡が大西洋への接点となっている地中海の対岸に位置するモロッコの支配を進めていたため、スペインが第一次世界大戦中にはどちらの陣営にも参加しなかったことについては先にごく手短に触れた。むしろこの大戦争は、スペインに好調な特需景気による資本の拡大（資本家層の台頭）と国内産業の発達をもたらした。

またその他方において、ソビエト・ロシアの共産主義革命も、この国の労働運動の激化に結びついていた。先の大戦で交戦国にならなかったため国力が疲弊することなく国内産業が発達する一方、モロッコ北部の武力支配のための軍事予算も拡大した。モロッコの支配は隣国のフランスも行なったが、第一次大戦直前の一九一二年にはフランス、スペイン間で領地の区分けまでなされていた。

しかしながら大戦争が終わると特需景気は一気に冷え込み、参戦しなかったスペインの得るものはもうなくなっていた。資本が蓄積されたところで労働運動が激しくなったが、歴史的にスペインの労働運動はアナキズム、テロ活動に彩られてきた。これに対抗するために資本家側も暗殺者を（用心棒的に）多用し、テロ対テロの要素が強くなった。このことは後の「スペイン市民戦争」における、戦死者よりもテロ活動での犠牲者の方が多いという異常事態につながる。

かくして一九一二年にはスペインはモロッコ北部を保護領としていたが、大戦終戦直後の一九一九年には現地のベルベル人によるモロッコ解放運動が起こり、派遣されたスペイン兵一万二千人のうち八千人もの戦死者を出して押し返された。この大敗は軍組織の腐敗による弱体化が主たる原因だったが、スペイン国内での政情不安を引き起こした。労働団体もモロッコ支配に反対する立場を採ったからである。

アナキストのテロ活動も続くなか、一九二三年にイタリアでベニトー・ムッソリーニが政権を握ったことから、批判を浴びていた国王のアルフォンソ十三世は、マドリード軍事政権を樹立して国内の混乱を抑えようとしたプリモ・デ・リベラ将軍にムッソリーニの役割を担わせ、王政の存続を期待した。プリモ独裁政権は一九二〇年代に派手な公共事業（エブロ川の灌漑や道路建設、セビリャおよびバルセロナでの博覧会開催など）で景気回復に努めたが、博覧会の開催（一九二九年）は財政支出が過大だったうえ時期的にも悪く（世界大恐慌が起こる半年前）、スペインの財政は破産状態になった。

モロッコ支配を巡る紛争については、プリモ・デ・リベラ将軍は解放軍側に譲歩してでも早期収拾を望んだが、解放軍の鎮圧、再支配を強硬に主張した派遣軍の幹部がフランシスコ・フランコ（当時、中佐）だった。フランス派遣軍とともに解放軍を押さえる作戦は成功してスペイン領モロッコも平定され、フランコは三十代前半の若さにして将軍に昇格という異例の出世を遂げる。

けれども一九三〇年代早々に破産状態になった財政から王政を否定する流れはとどまらなくなり、一九三〇年暮れにはクーデターが起こって、共和政が宣言された。その後も国政はなかなか安定しなかったが、一九三一年六月の選挙で共和派が勝利したことからこの年の十二月にはスペイン第二共和国憲法が公布された。

新たに成立した第二共和政（首相＝マヌエル・アサーニャ）では教育、軍隊、農業改革が行なわれ、カタルニアとバスク地方の分離問題にも取り組まれたが、軍隊に関しては軍備の近代化はするものの、兵員数は半分規模への大幅縮小を狙った。軍事クーデターの危険を考えたうえ、対外的には国際連盟成立による平和の永続を信じたからでもあった。

だがこれは軍人層の不信感を強めることになり、ベテラン軍人の間では共和政打倒、ファシズム国家の軍隊の研究に走らせることになった。世界大恐慌後の難しい時代だっただけに第二共和政も容易には国民からの賛同が得られず、反共和運動、ファシズムの影響を受けた「ファランヘ運動」も起こっていた（国際オリンピック委員会会長だったJ・A・サマランチも往時はファランヘ党の運動員だったという）。

一九三三年の総選挙では、今度は右派が勝利して旧特権階級（貴族、資本家、地主、教会、軍人など）が復興し、一九三六年の総選挙では前回の反省から一度は退いていたアサーニャを首班とする「人民戦線」が結成されて勝利。新たなアサーニャ政権はファシズム運動に対して対決姿勢を取った（右翼のファランヘ党を非合法とみなした）。

けれどもスペイン国内は農民を含む労働者階級によるデモやストライキの日々になっており、またアナキストによるテロ行為も活発化。右派は共和党政権の打倒のチャンスをうかがう軍組織（組織的には陸軍中心）に接近していた。そうして一九三六年七月の軍事クーデターをきっかけとして、スペイン市民戦争に突入するのだった。

スペインを襲った市民戦争の嵐

軍事クーデターそのものは軍部の反対派からの情報漏洩によって大部分が発生前に取り押さえられており、武装蜂起に成功したのはモロッコ北部のフランコ将軍およびクーデターの首謀者で、北部のナバラで挙兵したエミリオ・モーラ将軍の軍勢くらいだった。革命後の総帥に推されることになっていた、元治安警察トップのホセ・サンフルホ将軍が移動中の航空事故で急死したことは、革命軍側にとってのマイナス材料でもあった。そのため、この時点では共和国政府側では短期間で鎮圧できると考えられていた。

ところが、ここでフランコ将軍らと親交を結んでいたナチスドイツおよびファシスト・イタリアが義勇軍を派遣して武力介入（ドイツからはコンドル軍団の一万五千人、イタリアからは地上軍七万四千人、空軍六千人弱にも及んだ）。在モロッコ革命軍部隊をドイツやイタリアからやってきた輸送機部隊が大挙空輸して、スペイン南部から戦火が拡大したのである。大恐慌の影響もほとんど受けることなく、すでに軍事大国となっていたソビエト軍も人民戦線政府（共和国政府軍）を支援して、スペイン国内の戦闘は内戦としては異例の長期戦になった。

この頃にはもう国際連盟はファシズム国家の暴走を抑えられないほど無力化しており、フランス、英国、アメリカ合衆国といった自由圏の大国も不干渉の態度を取るしかなかった。下手に介入してドイツ、イタリアと戦闘状態になることもできなかったからなのだが。それでも世界中に反ファシズム運動が渦巻いており、この方面の活動家が「国際旅団」としてスペインにやって来た。当然、自国の政府の援助も受けずに、である。なかにはスイスなど中立国からの参加者も含まれていた。

ここではスペイン市民戦争の推移、個々の戦闘については言及しないが、一九三九年春まで二年九ヵ月にもわたって戦争によりスペイン国内は壊滅的に荒廃した。都市爆撃はすでに第一次大戦中にツェッペリンの硬式飛行船や大型爆撃機によって行なわれていたが、都市部以外の地域の一般市民に対するコンドル軍団（ドイツ空軍の義勇軍）によるゲルニカへの無差別爆撃は世界中に大きな衝撃を与え、パブロ・ピカソがこの爆撃作戦に抗議して大作「ゲルニカ」を発表して注目を浴びたはなしは有名だろう。

スペイン人の犠牲者も多数に及んだが、外国からの義勇軍や国際旅団の戦死者数も内戦の規模を超えた。特にスペイン人の犠牲者数は、戦死者数（十万人）よりもテロおよび処刑行為での犠牲者（テロだけで二十二万人）の方が多かったことがこの戦争の陰惨さを示していた（ほかに病死や空襲による市民の犠牲が二十数万人）。

異例の長期戦の結果、フランコ将軍を独裁者（総統）とする全体主義政権が樹立されたが、これは活発に軍事支援を続けてきたドイツ、イタリアを模した体制だった。ファシズムの両国が終始武力支援に努めたのは、当然、スペインに対するある種の期待やもくろみがあったからであり、自身もその後の大戦争を見据えてもいた（特にドイツ）。特に、地中海の入り口の軍港・英領ジブラルタルが地中海、北アフリカ圏の支配を意図していた独伊枢軸国にとってはどうしても引っこ抜きたい忌々しい棘になっていた。

国際旅団やソ連邦からの義勇軍部隊を追い返しただけでなく、人民戦線軍を破ってネグリン政権の共和政を排除し、ファシズム（全体主義）国家への革命、独裁体制樹立を支援してあげたぞ。フランコ・スペイン、今度はそちらがファシズムの先輩・ドイツ、イタリアに借りを返す番である。

しかしながら長期戦により、予期しなかったほどの大きな戦禍に見舞われて、早期の回復、復興が望めなくなったスペインである。内戦の休戦から約半年後に勃発する史上二度目の世界大戦を、どのような態勢で迎えることが期待されていたのだろうか。

第二次世界大戦突入時の中立宣言国

ドイツ軍、ポーランドに侵攻……戦争準備不充分のまま宣戦布告した当事国

一九三九年九月一日、ドイツ軍はポーランドとの国境線を破って武力侵攻を開始した。それまでにドイツは高圧的な外交（恫喝外交とも言われた）によってオーストリア、チェコを併合させてきたが、自由圏諸国は武力での反抗態度は示さず、言論のうえでの抗議にとどめられていた。

ドイツ側でもフランスとの戦いは想定しても英国との積極的な戦闘は望んでいなかった。事実上、英国のバックに控えるアメリカ合衆国が反対陣営から参戦して敗戦につながった第一次世界大戦の苦い思い出があったからでもある。ところが英仏のドイツに対するポーランドからの撤退要求が受け入れられなかったため、英仏両国および英連邦諸国は九月三日にドイツに宣戦布告し、世界中が恐れていた第二次世界大戦に突入した。

この約十日前の八月二十三日にはドイツはソビエト連邦と不可侵条約を締結。これにしたがって九月十七日にはソ連軍がポーランド東側国境から侵攻し、結果的にはわずか四週間でポーランドは独ソ両国に分割占領されてしまった。かといって対独宣戦布告した各国も突然の戦争勃発に(予想されていたとはいえ)戦争準備が不充分だったので、一方的に攻撃を受けていたポーランドの支援すらままならなかった。英、仏両軍とも、次の春の到来まで本格的な戦闘活動は避け(この状態は「ウソ戦争」「居座り戦争」とも呼ばれた)、武力充実に努めるしかなかった。この事情は英仏の宣戦布告を先のこととしていたドイツ側も同様だった。

これら書類のうえで交戦状態になった各国のほかには態度を決めかねて中立状態とした国々も少なくなかった。一方に好意的な態度を示しても、非戦の態度がとられることもあった(アメリカ、イタリアのように)。自らの国情から正直に中立を表明したのはオランダ、ベルギーといった低地諸国や英国から分裂したアイルランド、それにイベリア半島先端のポルトガル(隣国のスペインは市民戦争長期化で大戦に参加する国力は損なわれていた)で、開戦が噂される八月末のオスロでの会議でその後の態度を話し合った北欧四ヵ国(スウェーデン、ノルウェー、デンマーク、フィンランド)が厳正中立を表明した。東欧のハンガリーやルーマニア、ブルガリアなども態度を決めかねて傍観する姿勢をとった。

いずれの国々も対応の誤りひとつで国家の荒廃につながる難しい状況におかれていた。第一次大戦の戦勝国がバルカン半島に建国させたユーゴスラヴィアは、異民族の居住地区の集合体のモザイク状態だった。この国はポーランド侵攻の直前の時期にクロアチアの自治が独伊枢軸国から保障されるなど、列強国の横暴な外交の影響を受けた。

「専守防衛」で国難をしのいだフィンランド

「バルト三国」とひとくくりにされることが多い、バルト海に面する三つの主権国家・エストニア、ラトヴィア、リトアニアも、ポーランドやフィンランドと同様、第一次大戦直後の自由独立戦争を経てソビエト・ロシアからの独立を果たしていた。ところが、例の独ソ不可侵条約がらみの秘密議定書において、ソビエト連邦の勢力圏内に置かれることとされていた。これらの国々は、防衛力こそは有していたが、財政規模からしてその非力さは如何ともし難く、かつ、国土がソ連と棟続きとも言えるほど接している点も致命的だった。九月中にはエストニアが、十月にはラトヴィアとリトアニアがソ連の恫喝に屈して「相互援助条約」を結んだが、これは実質的にはソ連による軍事的制圧以外何ものでもなかった（三国の領内へのソ連軍基地設置およびソ連軍駐屯の自由と、三国のソ連以外の国々との条約締結の不自由）。いわゆる小国の主権などあって無いがごとしという軍事大国（独裁者の国）の傲慢さであった。

ソ連が相互援助条約の締結を要求したのはバルト海沿岸の三ヵ国だけではなかった。十九世紀初頭にスウェーデンから獲得したものの、やはりソビエト・ロシアから独立を果たしていたフィンランドにも要求した。けれどもフィンランドは戦間期からソ連軍を潜在的脅威と捉えてすでに防衛力整備に努めており、北欧四ヵ国の厳正中立の宣言だけで戦禍が防げるとは考えていなかった。

自由独立戦争の頃から軍事の面で稀有の才能を発揮していた「白い将軍」グスタフ・マンネルヘイムという指導者に恵まれていたこと、それに夏場の無数の湖が冬季には氷結し飛行場として使用可能になるという独特の自然環境も、軍事小国・フィンランドにとっての天恵だった。

実質的不平等条約の締結を拒否すると、一九三九年十一月末にソ連軍がフィンランドのカレリア地峡になだれ込んだ（有名な「冬戦争」の勃発）が、専守防衛に努めたフィンランド軍はソ連軍に激しく抵抗する一方、外交当局は粘り強く様々なルートから短期間の戦いでソ連と和平する道を探った。一九四〇年春までの両国の攻防戦でソ連軍は予想外の抵抗に遭い大損害を被ったため、結局、ソ連で考えられていたようなフィンランド制圧には至らなかった（詳しくはスウェーデンの中立国外交の箇所で記述）。

「保護占領」という侵攻国側の言い分

低地諸国およびフランスへの侵攻が開始される一ヵ月ほど前の一九四〇年四月八日、ナチスドイツのリッベントロップ外相は「中立国のノルウェー、デンマークを英仏の侵攻から守るために『保護占領』を行なう」旨、発表した。北欧侵攻「ヴェーゼル川演習」（ヒトラーからこの作戦の指令が発せられたのは三月一日）の実施である。以後、中立宣言国に対する武力侵攻の際には、洋の東西を問わずこの便利でこぎれいな偽りの用語が使われることになる。

ユトランド半島以北のデンマークは駐独デンマーク大使からドイツ軍侵攻の予測が伝えられていたのにもかかわらず、警戒態勢がとられることなく四月九日わずか一日（実質二時間半）の戦闘で制圧された（ベルローゼ飛行場への奇襲先制攻撃）。大戦間の二十年間を経て軍用機の能力は第一次大戦の頃より格段に進歩しており、遠くまで飛べるようになっていた。ドイツ軍にしてみれば北欧諸国の飛行場が使用可能になれば北海やバルト海の上空が制圧でき、やろうと思えば英国本島への爆撃作戦も実施可能になろうかというところだった。

戦闘が比較的長引いたのはノルウェーだが、先に手出しをしたのは英仏連合軍側だった。中立政策を採った国が等距離外交を行なうとすれば、どちらの陣営との貿易もあり得ないことではなかった。ノルウェーやスウェーデンの主力生産品のひとつ、鉄鉱石をドイツに輸出していたがこれは戦争継続に欠かせない重要な戦略物資でもあった。チェンバレン政権当時のチャーチル英海軍大臣はスカンディナヴィア半島からドイツへの鉄鉱石供給を阻止するためにナルヴィク港ほかノルウェー沿岸への機雷敷設を主張した（四月八日に実施）。これは積極的な攻撃行為ではなかったが、第一次大戦中のドイツ海軍の無差別潜水艦戦以来の敵対行為だった。当然、英国側も北欧の鉄鉱石確保には関心が強かったが、ノルウェー政府は英国に抗議した。

ところがドイツ軍は四月九日、デンマーク侵攻と同時にノルウェー侵攻作戦を開始。南部のオスロやスタヴァンゲルなどの飛行場を輸送機で空輸された空挺隊員が制圧したが、英軍も機雷での海上封鎖を開始した。両陣営が脅威となったが、隣国スウェーデンは不干渉。もうノルウェーは主権国家として扱ってもらえなくなった。

四月十日と十三日にナルヴィクで英独両海軍での艦隊戦が行なわれ、十三日には英海軍の戦艦ウォースパイトが猛威を振るってドイツ海軍駆逐艦隊に大損害を与え、これがトラウマに近い恐怖の印象となった（英本土上陸作戦立案におけるドイツ海軍の英艦隊の存在を警戒した消極的な作戦案）。

ドイツ艦隊が一掃されたことにより、英仏カナダおよび自由ポーランド連合軍はナルヴィク、トロンハイム奪還のための遠征軍（一万二千人規模）を送ってきたが、今度は精強なドイツ空軍が航空攻撃を仕掛けてきた。ノルウェーの国土の大部分はドイツ軍、連合軍に蹂躙された戦場となったが、連合軍側が西ヨーロッパ戦線での敗戦（ダンケルクからの撤退）でノルウェー戦線の維持も断念。それでも結果的には、フランスや低地諸国が見舞われた西欧電撃戦よりも長期の戦闘期間になった。五月中から六月上旬にかけてトロンハイム、ナルヴィクから撤退して、以降約五年間、ノルウェーはドイツ軍（およびノルウェー・ナチス党）による占領状態になる。

厳正中立が踏みにじられた低地諸国

低地諸国のオランダ、ベルギーは国力に応じて軍隊を保有し、宣戦布告した両陣営に対して対領空侵犯措置を実施するなど厳正中立に努めた。しかしながら一九四〇年の春、短期間での西欧制圧＝「電撃戦」に打って出たドイツ軍が低地諸国の中立を保証するわけがなく、奇襲作戦の後のほんの数日の戦闘で軍門に下るしかなかった。ドイツ軍の地上部隊の侵攻の直前に空軍爆撃機が先制攻撃を加える空陸連携作戦や空挺部隊による事前の戦略的要所（飛行場や橋など）の制圧作戦——スペイン市民戦争への義勇軍部隊派遣で得た戦訓などから編み出された電撃的奇襲作戦だった。

ベルギーはアルベール運河の要所に、予想される侵攻を阻止するためのエバン・エマールという当時としては難攻不落と評価される要塞を築いていたが、五月十日に十一機のＤＦＳ230輸送グライダーで空輸された空挺部隊による音無しの奇襲侵攻を受け、防衛体制の要はあっけなく崩壊。アルデンヌの森も突破されてドイツ軍のフランス国内への電撃的侵攻を許し、ベルギーのドイツ軍に対する抵抗は一週間程度で終わった。フランスまでのヨーロッパ西部の制圧、支配を目標としていたドイツ軍にしてみればベルギー、オランダともども中立を宣言しようとも、占領以外考えられなかった。

第一次大戦中も中立を守ったオランダでは大戦間に輸出航空産業が育つほどだったが、国力からみて限界があった。ベルギーとともに被った五月十日の奇襲・航空攻撃は中立国に対するドイツ空軍の国際法違反だったが、わずか五日間の防衛戦の間にドイツ空軍機を二百三十機以上撃墜する（大部分は対空射撃で）奮闘をみせた。

戦闘最終日の五月十四日にはロッテルダムへの無差別都市爆撃が予告されており、これを受けての降伏となったが、ドイツ空軍爆撃部隊への連絡の遅れからロッテルダム無差別爆撃は避けられなかった。この爆撃により一般市民八百人以上が死傷しており、これが英空軍爆撃機による対枢軸国都市爆撃の引き鉄になったとみられている。なおこの時点でオランダはドイツ（枢軸国）との交戦国になったため、太平洋戦争突入後のオランダ領インドネシア軍は連合軍陣営に属して日本軍と戦った（インドネシアから撤退後はオーストラリアに移動して継戦）。

枢軸国に組み入れられる中立宣言国

祖国を失ったポーランドの軍人たちには軍事同盟を結んでいたルーマニアに逃れてから自由圏に移った例も少なくなかった。ルーマニアは第一次大戦中、一時的にドイツ、オーストリア・ハンガリー軍に占領される憂き目に遭ったが、終戦時には連合国側に戻されており結果的に領土も拡大された。多民族国家になったわけだが、これがその後の内外からの不安定要因にもなった。

ルーマニアがバルカン半島に中立ブロックを築こうと努力しようとも、近隣のソ連、ハンガリーが領土を要求、ドイツもプロエシュテ油田からの燃料供給を求めるなど、ルーマニアが戦争の嵐に飲まれることは避けられそうもなかった。特に領土を要求したソ連への嫌悪の感情は強く、ソ連を潜在的な敵とするナチスドイツとも方向性が重なることになった。

英仏はルーマニアに武器等を供給してドイツ、イタリアからの引き離しを画策したが、ルーマニアにとってドイツは最大の貿易相手国。さらにまたスペインのファランへ党のように、鉄衛団という親ナチスの極右組織が形成されていた。一九四〇年六月にソ連軍が、ルーマニア領になっていたベッサラビアおよび北ブコヴィナを占領したのを機に親ナチのイオン・アントネスク将軍が独裁者に推され、ルーマニアも枢軸国の同盟に参加した。

ハンガリーも大戦間の時期は独伊寄りの政策で再軍備、またスロヴァキアの分離独立の際には国境紛争を経て領土獲得とやりたいことをしてきた。だが、西欧自由圏と親しんできた貴族出身のテレキ・パールが一九三九年二月から首相を務めたものの、一九四〇年晩秋には枢軸国の同盟に加わった。翌春のバルカン戦役時にドイツ軍がハンガリー領内を通過してユーゴスラヴィアに侵攻したことに抗議し、テレキ・パールは自殺。首相の命を張った抗議にもかかわらずハンガリー軍もバルカン戦役ではドイツ軍ほか枢軸軍と同調してユーゴスラヴィアに侵攻したのだから、右傾化、親ナチ化による参戦は避けられなかったということである。その後間もなく発生したソ連侵攻・バルバロッサ作戦においても、ドイツ軍に同調してソ連領内に踏み込んだ。

ユーゴスラヴィアは「南のスラブの国」という意味だが、同じ言語を用いる複数の異民族を集めて建国したような国だった。それゆえ民族ごとに文化、風習、考え方も異なっており、前述のクロアチアのように独立志向が強い民族・地域もあった。このような国の風土だけでも第二次大戦勃発時の対応の難しさが充分に醸し出されているが、実際、中立か枢軸国の同盟への参加かで大揺れになった。

ハプスブルク体制を否定して第一次大戦後に独立という同様の経緯があったためユーゴとチェコとは良好な関係にあったが、チェコは不戦の状態でドイツの保護領となった（一九三九年三月）。第二次大戦突入後も約一年は、バルカン地方では国境紛争などを除いては大きな戦乱が発生していなかったが、一九四〇年秋にイタリア軍がアルバニアを足がかりにしてギリシア侵攻を始めた頃から戦乱の足音が高まってきた。

クロアチア問題もありユーゴ国内の安定化も難しくなっていたが、この問題に取り組んだツヴェトコヴィチ首相が周辺諸国のルーマニア、ハンガリーに同調して一九四一年三月に枢軸国の同盟参加を決めた。これに対して都市部のベオグラード、クラグエヴァッ、リュブリヤナなどの住民が猛反発。反政府運動が起こったのに乗じてシモヴィチ将軍以下西欧自由圏に親しい軍人層がクーデターを起こし、シモヴィチ政権が樹立され中立状態に引き戻された。いったんは枢軸国への参加が決まったのが覆されたのだから、ドイツ軍以下、枢軸国軍のユーゴスラヴィア侵攻の猛威は凄まじかった。ユーゴは工業国でもあったが、ドイツから供給された軍用機やドイツ機のライセンス生産が行なわれていたことも怒りの炎に油を注いだ。

イタリア、ハンガリー、ブルガリア軍もユーゴスラヴィアに侵攻して、クロアチア独立国が新国家として樹立され（クロアチア人とセルビア人の対立がさらに深まることになる）、侵攻した枢軸諸国もその他の旧ユーゴ地域を分割占領した。

ブルガリアは第一次大戦中もドイツほか同盟国側に参加していたが、十四世紀末以来、オスマントルコに占領されてきた国土が十九世紀にロシアによって解放されたという歴史を大事にする国民性。農業中心の産業で近隣各国ほどの軍事力も保有していなかったため、国内的には第二次大戦での参戦は望まれていなかった。

しかしながら、ブルガリアが枢軸軍側の主要燃料供給源でもあるプロエシュテ油田を航空攻撃可能なところに位置していたためナチスドイツからは中立も認められず、一九四一年三月には枢軸国の同盟への参加が決められた。国民感情からソビエト侵攻作戦にも積極的には加わらなかったが（プロエシュテや近隣枢軸国を攻撃目標とする連合軍機に対する迎撃等は実施した）、連合軍、ソ連軍ともその後のブルガリアへの対応は決して甘くならなかった。

「中立法」で眠りについていたアメリカ

いまみてきたヨーロッパの各国はどちらかというと軍事大国とはみなされない「大戦に巻き込まれた」諸国といった国々だが、ドイツ軍のポーランド侵攻後、英仏とは異なる反応を示し、一応のところ不戦の態度をとった軍事大国もあった。第一次大戦において英仏連合軍を支え、参戦後は連合軍側勝利の決め手となったアメリカ合衆国と、ナチス党がドイツで誕生した際に全体主義政権としてその手本となり、スペイン市民戦争においてはドイツの盟友となったイタリアである。

第二次大戦中のアメリカ合衆国の指導者となったフランクリン・D・ルーズベルトが大統領に就任したのは世界大恐慌の打撃から癒える前の一九三三年のこと。その頃のアメリカは打ちひしがれた状態に近く、ナチスが政権を取ったドイツ、満州事変を引き起こした日本、エチオピア進出を狙うイタリアに対する関心も低く、不干渉、無関心ともいえる「モンロー主義（孤立主義）」が蔓延していた。一九三〇年代半ばには第一次、第二次中立法が制定されるような状況だった。

これに対して一九三六年に大統領に再選されたルーズベルトは翌年七月の日中戦争突入の機を捉えてファシズム国家を批判する演説を行なった。しかしながら、この頃のアメリカでは戦争に巻き込まれることを嫌がる孤立主義が深まっていた。この状態はポーランドが侵攻を受けた際も続いており、非戦の雰囲気が強かった。一九三九年九月の第二次世界大戦勃発後、英仏支援に関しては武器および戦略物資の輸出（軍艦や軍用機、燃料類などの輸出）が解禁になったものの、ヨーロッパへの遠征部隊派遣に関しては二対八に近い割合で反対派が強かった。

それでもルーズベルトは独ソ戦開戦後、太平洋戦争突入直前の一九四一年八月に大西洋上でウィンストン・チャーチル英首相と会見して「大西洋憲章」を結んでファシズム国家打倒という共通目的を確認した。アメリカはすでに中国戦線からインドシナ半島に進出（南進）した大日本帝国に対して禁輸政策、経済制裁を強化していたが、アメリカ国内の民意ではまだ三対七くらいの割合で戦争突入はあさってのこととみられていたという。

それほどまでに参戦への意識が低かったアメリカ国民が一日にして「日独伊打倒」「リメンバー・パールハーバー」に塗り替えられるほど日本海軍によるハワイ奇襲作戦の衝撃が大きかったということなのであろう。二十一世紀の幕が開けた最初の年の「九・一一ツインタワー崩壊、同時多発テロ事件」が合衆国内のメディアで「真珠湾奇襲以来の暴挙」と報道されて「まだ恨みに思っていたのか」とたまげた日本人も多かったようである。だがおそらく日米国民の最後のひとりがいなくなるまで、ハワイ奇襲作戦や原子爆弾投下は語り継がれるとみてよいのではないだろうか。

昨日まで戦争参加など頭になかった状態なのではじめの数ヵ月は思うような戦い方ができなかったが、本気になってファシズム国家打倒に打ち込みはじめた米軍の底力は強大だった。わずか五ヵ月後には日本本土空襲（空母ホーネットを発ったB-25）を果たした。その二ヵ月後のミッドウェイ海戦では日本海軍の主力空母四隻を撃沈した。結果的に太平洋戦争は三年九ヵ月に及んだが、日本海軍はこのときの大打撃を最後まで挽回することができなかった。ヨーロッパに派遣された米軍による枢軸国陣営に対する戦略爆撃も一九四二年八月には早くも実施され、以降、大損害を被りながらも継続されて、国家レベルの大戦争においては航空攻撃、制空権の確保が勝敗の行方を左右することを示して見せた。

「眠れる獅子を起こしてしまった」という山本五十六連合艦隊司令長官のことばにも示されるように、平和ボケに浸っていた大国がたった一年にして戦争のプロフェッショナルになったというところであろう。

戦争準備がままならなかった全体主義国

このようなアメリカ合衆国に対して、戦争当事者となる姿勢を延々と誇示しながら、友邦ドイツの戦争突入時においても戦争準備がまだまだ不充分で、ドイツ軍の西方電撃戦の大戦果の分け前に預かるかたちで参戦したのがファシスト・イタリアだった。三国軍事同盟をドイツ、日本と結んで枢軸国の中心的存在にも位置付けられたイタリアだったが、結論としては長期的な大戦争には向かなかった国とみられている。

第二次大戦中のイタリアの独裁者となったベニトー・ムッソリーニは第一次大戦終了からさほど時間が経っていない一九二二年にイタリアの政権を握った。その後は独裁者としてイタリアのファシズム化、国威の発揚、軍事力整備などを進めてきた。全体主義体制（ファシズム）国家の独裁者としては、まだ駆け出しだった頃のアドルフ・ヒトラーやスペイン陸軍の高級将校だったフランシスコ・フランコらが手本にしたほどだったという。

しかしながら第二次大戦が終わるまでイタリア軍は自発的には、構造的にも精強な近代的軍隊になることはなかった。平時においてはとりわけ有能な一部の軍人が世界じゅうを驚かせるような成果を挙げたが（大飛行や航路開拓、速度記録など）、後にはこれらは例外的な事業とみられた。イタリアの軍隊そのものが上層部や指揮官は貴族出身者から成っていて、大多数は戦闘行為のための訓練も不充分ならば、戦意も軍人としての意識も決して高いとはいえない平民層という具合だったという（市民に対するデモンストレーションはかなり派手だったが）。

武器、装備品も友邦ドイツよりも技術的にかなり遅れており、数量も不足していたのだから英国、英連邦からはイタリアが本気で戦争準備をしていたとはみなされない始末だった。イタリア軍が精強になるのは、一九四三年初秋にムッソリーニ政権を継いだバドリオ政権が連合軍に降伏して南北に分裂し、南部イタリアが連合軍の支援を受けるようになり、北部イタリアがドイツ軍の支配下にはいってから、と言われることさえある。

世界大恐慌後の対外進出も、軍備が近代化以前のエチオピア相手（アビシニア戦争）で、勢力圏の拡大はナチスドイツのようにヨーロッパでは行なわれなかった。リビアやチュニジアなどでの一部利権獲得にとどめられ、ムッソリーニとヒトラーの関係はやがて逆転することになる。

地中海を「我が庭の池」と呼んで強がっても、ジブラルタルとマルタ島、それに北アフリカ、中東の一部を押さえている英軍が実質的な支配者とみられるほどだった。事実、イタリア参戦から間もない時期に英海軍が実施したタラント軍港への夜間奇襲作戦で大損害を受けると、その後のイタリア海軍は音無し・不動の艦隊になる有様だった。

スペイン市民戦争の際にはドイツ軍の義勇軍部隊とともに全体主義陣営を支援したが、実戦経験はイタリア軍の強化に活かされたとは言い難かった。この戦争の戦訓から独ソ両国が性能向上の兵器開発と武装充実を志向したのに対して、イタリア軍では古い戦い方にこだわって使いやすさを極端に重視するベテラン兵士の意見が幅をきかせた。

たとえば戦闘機の開発などは、イタリア国内でもより近代的な金属製単葉引き込み脚機の開発が始まっていた。それなのに、スペインでは運動性や操縦性を重視した複葉戦闘機の方が活躍したからと、その種の旧式戦闘機の開発があらためて着手されるというとんでもない段取りになったのである。また、スペインでの航空戦を機に世界の空軍力は戦術空軍から戦略空軍を指向するようになると米英が看破したのに対して、イタリア（およびドイツもだが）は戦術空軍の延長線から抜け出ることはできなかった。

果たされなかったローマ法王の中立の願い

ドイツ軍はスペイン市民戦争終結から半年後にはポーランド侵攻の戦争準備を進めていたが、イタリアでの武器の近代化、戦争準備は質量ともに遅れをとっており、しばらくはドイツ軍の電撃戦を傍観せざるを得なかった。ムッソリーニは一九四〇年三月には対英仏参戦を決め、ヒトラーからも早めの参戦をせっつかれたが、フランス相手の戦いでも宣戦布告、戦闘参加となったのは、フランス休戦のわずか十二日前のことだった。これは自由圏諸国の批判を招いた。

だが観方によっては、イタリア軍の在りようは全体主義とはいえ「国家のために」「総統のために」というところまで個々人を捨て切れないところが、むしろドイツや日本よりも健全だったと言えるだろう。そういった個々の兵士によって成り立っていたためか、ムッソリーニが失脚して後を継いだバドリオ政権が連合軍に降伏してからは（一九四三年九月以降）、イタリア兵は一人一人の考え、もしくは付いてゆくべき上官と行動をともにして、ドイツの傀儡の枢軸国として全体主義側で継戦する北部イタリア（イタリア社会共和国軍）、連合軍側に立った南部イタリア（反ファシストのイタリア新政府軍）に移って、ヨーロッパの戦火が止む一九四五年春まで戦い続けることになる。

ムッソリーニとヒトラーの立場が逆転したことがイタリアとドイツ、両国の関係を表わしたかのようでもあるが、イタリア国内においては本当に友好関係を結ぶべき相手はドイツなのかと疑ってみる、妄信しない考え方、一歩引いてみる観方もあったという。これが一九四三年秋以降の南北イタリアへの分裂にもつながるのだろうが、このような醒めた観方、熟慮熟考はイタリアの参戦直前にも限定的に存在したとみられている。

第二次大戦勃発の年の晩秋にソ連軍の侵攻を受けたフィンランドに対してイタリアは積極的に武器支援を行なったが、その運搬途上でドイツは何かと妨害してイタリアの抗議を受けた――当然、実施されることはなかったものの、イタリア参戦前の一九四〇年一月にはイタリア・カプロニ社の偵察爆撃機が、偵察機不足に悩まされた英空軍に販売される契約が（一時的にせよ）結ばれた――ローマ法王のピウス十二世はドイツ軍のポーランド侵攻後のイタリアの不戦、中立を歓迎し、その状態の継続を願ったが、ムッソリーニ自身はヒトラーとの差がつくことを気に病んだ――など、独伊両国間の考え方の相違はそれなりにあり、それ故にイタリアの参戦もしばし考える時間を要したということだったようである。

そのようなイタリアをみると、日独両枢軸国とは明らかに異質の存在であり、後に枢軸国に加わったルーマニアやハンガリー、ブルガリアなどとも異なっていたとみてとることができるであろう。

第三章　大戦下のスイス連邦

大戦争の到来を前にして

アンリ・ギザンの登場

第一次大戦以来の総動員令がスイスで発せられたのは、ドイツ軍がポーランドの国境線を破った一九三九年九月一日の翌日のことで、七日には動員、配置が完了したという。ドイツ軍の動きに関しては、西側国境防備の五個師団を除く主力の大部分が侵攻作戦に参加、というところまで把握していたという。仏独両国はマジノ線、ジークフリート線という要塞ラインを挟んでにらみ合うかたちだったが、デンマークやベルギー、オランダが中立を表明、南端のスイスも中立国で、ドイツ軍の規模が縮小されているので、宣戦布告があっても西部戦線での大規模戦闘はしばらく先のこととみてとれた。

第一次大戦突入時はスイス国内のドイツ語圏とフランス語圏が綱引きの状態になったため、軍最高司令官と軍参謀総長が両言語圏出身者で分け合うことになったが、第二次大戦開戦時のスイスはアンリ・ギザン（フランス語圏のボー州メッツィーレス村出身）という指導者を得ていた。

アンリ・ギザンは普仏戦争から三年後の一八七四年に生まれた。その家系には公職に着いた親族も多かったようだが、祖父、父と開業医として村民の信頼、尊敬を集める職にあり、弱者にも広い心を示したという。母は若くして亡くなったが、親族の間で不自由なく育った。名門・ローザンヌ大学に進学したが、その後、進路の希望については神学、自然科学、農業と二転三転した。しかし農業の専門知識を仏独留学で身につけたため、ドイツ語やドイツ人の国民性にも明るくなった。

学業を終えた後は農業経営者としての将来を希望していたが、兵役を経験すると今度は、軍隊での教育的な仕事に情熱を注ぐようになっていた。平時でのスイスの兵員の数はごく制限されていたが、成人男子に対して数次の短期兵役義務が課せられる徴兵制度が敷かれており、兵役で応召してから配属された砲兵部隊での新兵教育が向いていた。選抜されて将校としての専門教育を受け、幹部軍人のキャリアを歩みはじめた。

陸軍少佐に昇任した一九一〇年には独仏両国の軍事演習を視察し、その経験を陸軍中央学校ほかの教官としてスイス国内にフィードバック。総動員令が発せられた第一次大戦中は部隊長、また参謀として働き、一九一六年に中佐に昇任してからは陸軍総司令部作戦部に異動し、ここでシュプレッヒァー軍参謀総長から影響を受けた。またこの頃には西部戦線の実際の戦場も視察し、近代化された装備を用いた防御戦を学ぶことができた。

第一次大戦中のスイスにおいては実戦こそ生起しなかったが、終戦間際に起こったゼネスト鎮圧の特別派遣で連隊長としてチューリヒに出動。優れたリーダーシップを示したことにより、フランス語圏出身の将校ながらドイツ語圏の市民にも好印象を与えた。その後は将校教育や参謀としての仕事を務めながら、世界じゅうが平和を謳歌した一九二〇年代を過ごすが、各国が軍備削減、防衛予算縮小に向かう一九二六年に兼職の軍務から職業軍人として専念することとした。明らかに当時の世間の風潮に逆らっていたが、このあたりは防衛予算削減を目的とする英空軍の陸海軍への統廃合を阻止して、後の英国危機（バトル・オブ・ブリテン）を乗り切る下地を作ったヒュー・トレンチャードやH・C・T・ダウディングらと通ずるところがあったようである。

その後、師団長大佐に昇任して第二、第一師団長を経て一九三三年に軍団長大佐となるがこの階級が平時におけるスイス陸軍（制服組）のトップだった。三個軍団のうち、第二、第一軍団長を務めるが（国防大臣を補佐する国家防衛委員会の軍事専門委員も兼務）、ときはナチス党がドイツの政権を握った一九三三年。アンリ・ギザンが誰よりもスイスの防衛力について知りぬいている存在であり、国防大臣のルドルフ・ミンガー（ベルン出身）とも良好な関係にあった。

ナチスドイツの再軍備が明らかになって大慌てで防衛力整備に取り組んだ国々が多かったなか、担当大臣のミンガーが予算を獲得して防衛産業の充実や近代的装備品への転換に取り組む一方、ギザンは指揮官の育成や兵員の訓練といった、どちらかというとソフト面に当たる分野の向上に努めた。また、ギザンは国内に引きこもっていないでイタリア、フランスといった近隣の軍事大国にも出向いてムッソリーニやペタン仏元帥らとの会談や演習視察の機会をつくるなど、状勢把握や信頼醸成の努力も怠らなかった。

外交、防衛面での考え方

第一次、第二次大戦間の約二十年間、スイス連邦の外務大臣の地位にあったのはティチーノ州出身のジュセッペ・モッタ（カトリック保守人民党）で、この在任期間は異様な長期間であり、一九二〇年の国際連盟加盟を決めた国民投票以外の外交事項はモッタ外相の一存になったこともしばしばだった。それゆえ大戦間のスイス外交は「モッタ外交」と表現されることも多い。

中立国の場合、防衛面で独特の政策が採られることが多いが、モッタ外交においては西欧ほか自由圏諸国と積極的に友好協調関係を築き上げ、仲裁協定を結んだことがその特徴と指摘されている。交戦を回避しつつ交戦国の仲裁役を務めることが中立国の役割でもあるならば（国家間の平和の維持は国際連盟の役割ではあったのだが）、これはスイスの本分でもあり、またスイスを中立国と認めさせることに適った外交といえる。仲裁協定を結ぶ相手国はデンマーク、ポーランドからドイツほか多くの国々に及んだ。

その一方で共産主義は全面的に相容れず、ソ連とはモッタ外相の死後まで外交関係が結ばれることがなかった。日独の国際連盟脱退の翌年（一九三四年）にソビエト連邦は加盟を果たすが、これはスイス・モッタ外交に国際連盟に対する大変な不信感を植え付けた。スターリンの独裁体制の正体を早くも見破っていたこともあるが、共産主義・ソ連の国際連盟加盟にはかねて反対し続けていた。

その一年後にエチオピアに武力侵攻したイタリアに対する経済制裁を決定したのだから、モッタ外相にしてみればもう国際連盟に正当性やその存在意義さえも見出せなくなった。国際平和実現の要と期待された国際連盟に対するモッタの失望感は大きく、結局、スイスが経済制裁に従うことはなかった。

このような協調外交と共産主義国の拒否以外にも、カトリック教会（教皇庁）とスイスとの関係回復やイタリアとの親密化（モッタ自身、イタリア北部と国境線を接しているティチーノ・カントン出身）といった出身地、出身政党ならではの特徴もあったが、推し進めるべきことと拒否すべきことがはっきりしているのがモッタ外交だった。

外相モッタが否定し続けたソビエト連邦の外交姿勢が世界に対して明らかになる（バルト三国に対する高圧外交やポーランド、フィンランドへの武力侵攻。その一方で多くの国々を仰天させたナチスドイツとの不可侵条約締結）のは、皮肉なことに第二次世界大戦に突入する一九三九年のことだった。まさしく「理不尽」ということばがあてはまるフィンランド侵攻のかどでソ連は国際連盟から除名され、国際連盟もフィンランド援助本部をスイスに設置しようとした。しかしながら、強大な軍事力で威嚇を続けるソ連に眼を付けられるのも避けるべきとされ、スイスはこれを拒否。援助本部は対独宣戦布告していたフランスのパリに設けられた。

このような難しい情勢下での外交で過労を窮めていたジュセッペ・モッタ外相も、翌年一月二十三日に死去。絶対中立政策の堅持によって大戦争を乗り切れるか否か、厳しい状勢になりつつある最中での死であった。

戦端が開かれる直前の緊張

外交政策の面においても国際連盟の無力化がはっきりしたので、集団安全保障による平和維持への期待も失われた。スイスとしては絶対中立に外交方針を引き戻して、一九三八年には国際連盟から脱退することになった。だがこのことは、大戦争の時代を迎えてもスイスは独力でその国土、国民を守らなければならないということをも意味していた。

実業界出身のヘルマン・オブレスト経済相は戦時経済下に求められる体制をも見通し、この一九三八年には戦時下の国民生活を支えるための「食糧確保法」を連邦議会で通過させた。また大戦突入後の、防衛戦の長期化に備え、政策決定に長時間を要する官僚制を排して、当事者や実情、実態を重視して必要なことをすぐに実行するための政令も各種想定した。スタッフにも、既成概念や経験に捉われない自由な考え方の民間企業の要人や学識経験者を多用するようになった。

一九三九年の春にはスペイン市民戦争の戦火は止んでドイツ、イタリアからの義勇軍部隊は引き上げたものの、その三月十五日にはボヘミアの連合国家・チェコスロヴァキア体制がナチスドイツの恫喝外交によって切り崩された。チェコはドイツに併合され、スロヴァキアは新国家(実質的には傀儡国家)として独立させられたのである。

オーストリア併合の次はチェコスロヴァキアと予想されたことでもあったが、スイス連邦大統領のフィリップ・エッターは悲壮ともヒステリックともとれることばを発した。一国の責任者が言うべきことばかどうかは別の問題になるが、要衝交通路に仕掛けた爆薬での自爆遮断による外敵の侵入阻止の可能性さえ口にしたのである。

オブレスト経済相もまた、バーゼルで開催された独仏スイスの関係者の会合の席上で「ベルリンを訪問することはない」と宣言した。オーストリアもチェコスロヴァキアも、それぞれの首相、大統領がベルリンを訪れることになっていた前日にドイツとの併合が明らかになったからである。またこの春には、スイス国民、一般家庭に対して二ヵ月分の食糧備蓄が呼びかけられた。食糧配給制への移行が近づいたからである。

それから半年も経たない八月二十三日には、その内容の怪しさ、陰険さが極まりない独ソ不可侵条約の締結が発表された。間もなくドイツ軍がポーランドとの国境線に集まりはじめたことがスイスにも伝えられた。恫喝外交で領土を拡大してきたドイツが、ついに武力侵攻への一線を越える日が近づいてきたということである。二十九日には総動員令発令に先立って、動員された部隊員の配置、集結を円滑に実施させるために、国境警備隊ほか関連部隊への召集がかかった（非常臨戦事態の発生）。

翌三十日には下院と上院議会から成る臨時合同議会が開催され、ふたつの重要事項が決定された。一件めは、国家緊急事態においては、非常事態に際しては憲法の規定に妨げられることなく処理が可能という、有事の全権が連邦政府に一任される事項だった（全会一致）。これにより翌三十一日には、スイス連邦政府は戦争突入時の厳正中立を世界じゅうの四十ヵ国に通告した。

もう一件の重要事項は総動員令発令によって召集されるスイス陸軍の最高司令官を決定する「将軍選挙」であった。平時のスイス陸軍の最高位は軍団長大佐だが、有事においてのみ将軍職の軍最高司令官が置かれることになっていた。候補に推されたのは軍団長大佐のアンリ・ギザンと左派政党が推薦した師団長大佐のユーレス・ボレル。結果は投票総数二百二十九票のうち二百四票という圧倒的得票数でギザンがスイス陸軍第四代将軍に選出された。任務の困難さの認識と達成の自信、また部下への信頼と期待のことばが将軍としての最初の布告となった。

開かれた第二次大戦の戦端

ポーランド侵攻翌日に発令された総動員令

ドイツ軍のポーランド侵攻作戦開始の翌日に発令された総動員令によって動員されたのは、戦闘員四十三万人と補助員である非戦闘員の二十万人の計六十三万人。事前の行き届いた準備により、戦時現役のスイス陸軍要員は七日間で配置を完了することができた。

スイス連邦の憲法で定められた「国民皆兵。自ら国土、国民を守る」が継承されてきたが、第二次大戦勃発に際しての総動員令発令時には、ここに至るまでのアンリ・ギザンの軍人育成、将校教育の労もあって、かつての総動員令発令時のような浮き足立った慌て方は見られなかったという。その一方でギザン将軍自身、中立主義の原則に基づく全方位均等の準備配置に限界および大きな欠陥をも感じていたのだが。

やがてドイツ軍、英仏軍間で小規模の戦闘のみ生起する「座り込み戦争」状態が長期化するにともない、動員された要員たちは順次召集が解除された。そうしてこれらの人員を緊急生産が要される分野に割り当てることができた。けれども、緊急時の陸軍兵の召集要領が確認できたことには大きな意義があった。

陸軍最高司令官に選出されたアンリ・ギザンに対して発せられたスイス連邦政府の訓令の骨子は次の二点。「国家の独立を保持し、領土の不可侵を守る」「外国軍隊の脅威がない限り行動措置は中立主義の原則によって遂行されなければならない」ふたつめの項目は疑問が生じなかったが、ひとつめは漠然としていたうえ、考え方によっては戦略立案上の制限にもなりかねなかった。

問題は「領土の不可侵を守る」という点だった。西ヨーロッパ全域がナチスドイツに占領されかねない状態になった一九四〇年の夏、ギザン将軍はスイス国内の要地まで撤退して防御に徹する「砦の戦略」を立案するが、要地（絶対防衛ライン）と前衛区域を設定することは、この訓令に反するか、との疑念を抱かれかねなかったからである。

戦争激化の時代へ

先に述べたように一九三九年末から一九四〇年は「中立」を宣言した各国がナチスドイツやソ連軍の武力侵攻に遭って戦争の嵐に巻き込まれていった時期である。休戦になる直前のフランスにイタリアが参戦するなど枢軸国優勢の期間でもあり、中欧、東欧の諸国でも親枢軸国政権が樹立された国々は、そちらの陣営に加わっていた。

これに対して、基本的に共産主義を拒否する国民意識、かつ一九三〇年代なかばに右傾化論争を経験していたスイスでは、政治、外交のあり方としてのファシズムとの同調、受容はほとんど考えられなくなっていた。となると、自国の軍事力に頼る外敵からの防衛という姿

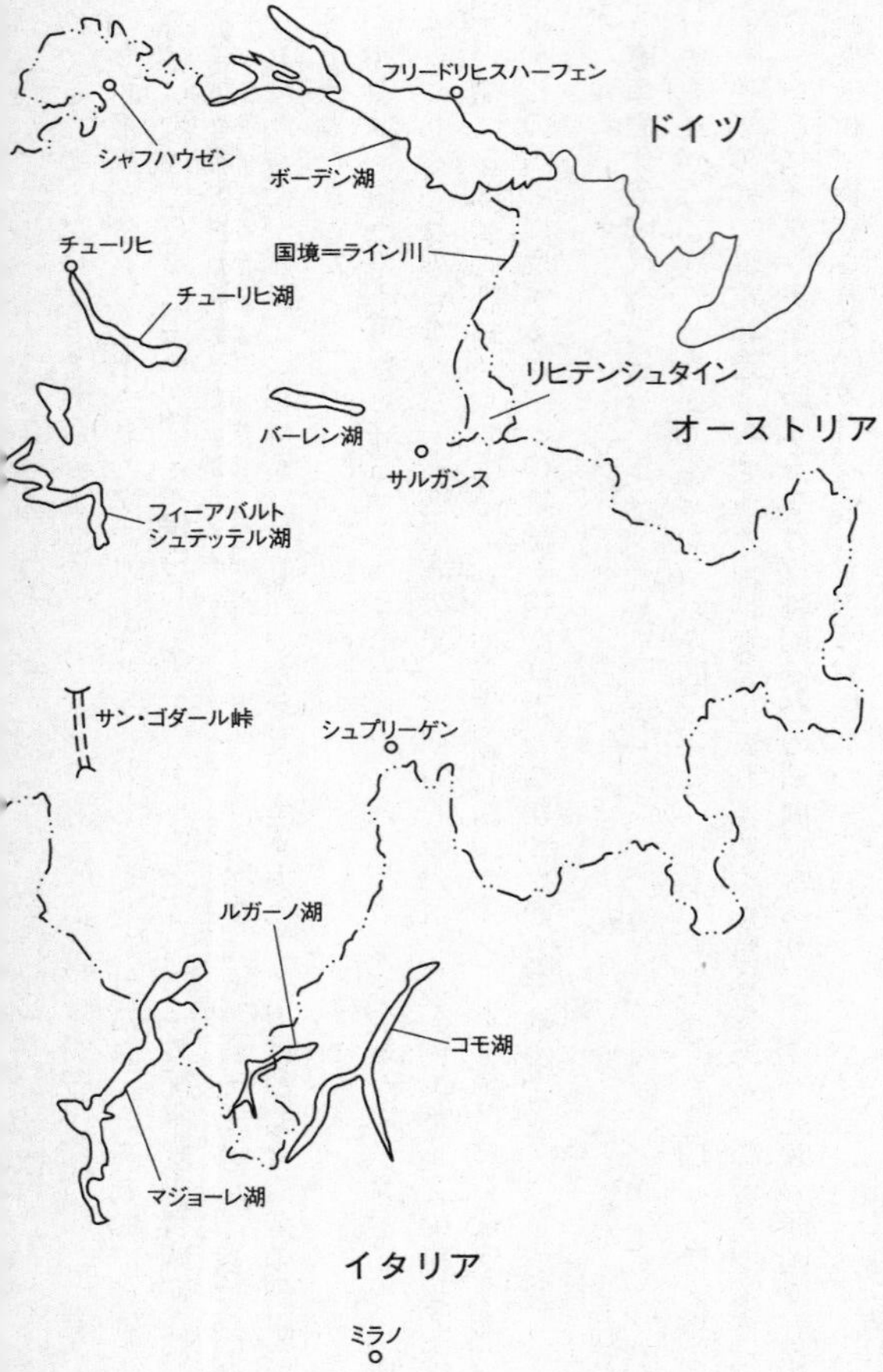

フリードリヒスハーフェン
ドイツ
シャフハウゼン
ボーデン湖
国境＝ライン川
チューリヒ
チューリヒ湖
リヒテンシュタイン
オーストリア
バーレン湖
サルガンス
フィーアバルト
シュテッテル湖
サン・ゴダール峠
シュプリーゲン
ルガーノ湖
コモ湖
マジョーレ湖
イタリア
ミラノ

第2次大戦下のスイス

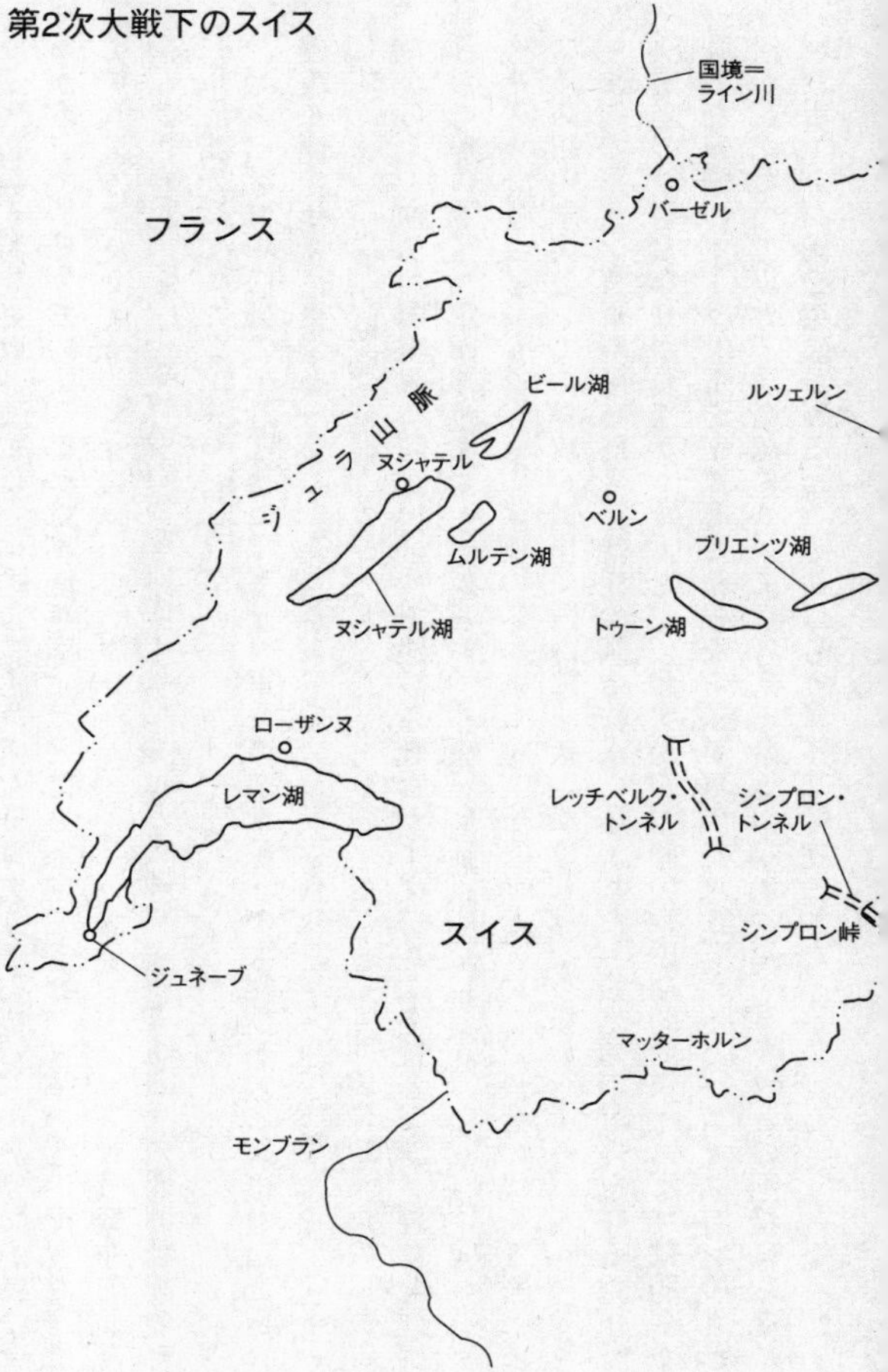
国境＝
ライン川
バーゼル
フランス
ビール湖
ルツェルン
ジュラ山脈
ヌシャテル
ベルン
ムルテン湖
ブリエンツ湖
ヌシャテル湖
トゥーン湖
ローザンヌ
レマン湖
レッチベルク・
トンネル
シンプロン・
トンネル
シンプロン峠
スイス
ジュネーブ
マッターホルン
モンブラン

勢を取らざるを得ない。

前回の一九三九年九月初めの総動員令の際に展開された全方位均等の準備配置は、脅威となる周辺国が特定されるまではどの方位にも均等に防衛力を差し向けることができるなど均整が取れていそうでいて、じつは不測事態にはとても即応できない効率の悪い配置だった。この欠陥を憂えたギザン将軍は武力侵攻をすでに行なった隣国（ドイツ）と宣戦布告した隣国（フランス）との国境線の防備を前提とした「北方防御」「西方防御」の展開計画の立案に取り掛かっていた（立案担当は参謀長のJ・フーバー軍団長大佐配下）。

ポーランド降伏後の十月四日にはドイツ軍の西部戦線への大移動がスイスにも伝えられて、侵攻を開始するのはドイツ軍と予想された（フランスが侵攻するならその前に実施されていたはず）。そこで北方防御の展開が想定されることになった。ここで問題になったのはバーゼルから北の独仏の国境線に向かい合って建設されたジークフリート線とマジノ線の北、南、どちらからドイツ軍が侵攻するかであった。北側の低地諸国・ベネルクス三国（オランダ、ベルギー、ルクセンブルク）も、南側のスイスも中立を宣言していた。最悪の場合を考えると、スイス領内を突破しての侵攻を前提に防御陣を敷かなければならない。

ここでギザン将軍の最高司令官就任の訓令に盛り込まれた「領土の不可侵を守る」が戦略決定上の制約となりかねなかった。だが、わずか四週間の戦闘期間でスイスよりは明らかに強力な軍備のポーランドを席捲した精強なドイツ軍の侵攻を考えると、スイス特有の地形を活かした戦い方以外、防衛線については考える余地がなかった。ドイツとの国境にもなっていたボーデン湖を突破されると、そこはもうスイス領内だった。

そのためリヒテンシュタイン公国に面した位置のサルガンス要塞からチューリヒを経てバーゼルにかけての北西のラインを、北方からの侵攻の防衛線とすることにした。サルガンス要塞から西へ、ワーレン湖、チューリヒ湖、リマット川、ジュラ山地にゲンペン高地と、容易な侵入を妨げる自然障壁が連なっていたからである。防御の拠点はアーレ川下流とリマット川からドイツ側に面する位置とされ、防御陣地には主力の三個軍団が配置されることになった。この防衛ライン設定により北東側のチューリヒ、シャフハウゼンほかドイツ語圏の諸州が守りきれなくなることを意味し、これは例の訓令にも連邦憲法にも反していた。だが、国境線の突破・イコール・スイスの降伏、被占領という事態を防ぐ以上、止むを得ない防衛布陣とされた（当然、北東の諸州からは批判の声が浴びせられたが）。

もっとも考えられたのは北方防御の展開方式だけではなく、フランス側からの侵攻を想定した西方防御も二通りほど練られており、これに従った陣地構築工事も着手されていた。英仏連合軍がノルウェーの港を機雷で封鎖した事例を考えればあり得ない侵攻とは言い切れなかったが、フランスがドイツの軍門に下るのが予想外に早かった（一九四〇年六月下旬）。けれどもやがてフランス全土がドイツ軍に制圧されると（一九四二年のヴィシー・フランス軍解体）、スイスは文字通り四方が独伊両軍に囲まれたかたちになり、西方防御も重視せざるを得なくなるのだった。

ヨーロッパでの戦火の拡大が本格化しはじめた一九四〇年四月以降、スイスでは再度の総動員令が発せられ、国境警備の強化が図られた。また国民に対しても連邦警察の機能が強化された。報道に関しても祖国防衛に向けての統制が図られる一方、右翼団体の活動は禁止されて自由な集会活動も制限された。

中立政策の日なたと陰

これまでも折に触れて述べてきたが、スイスの国防組織は「平時の常備軍は至って小規模だが、国民皆兵の考えに基づき国防意識を堅持」「有事にのみ動員がかかって国土防衛のための陸軍が組織される」ものであった。したがって、いわゆる職業軍人はごく限られた存在であり、またその一方で軍隊活動が一般家庭と近いところでも行なわれていた。これらは中立政策をとっていない国々では考えられない防衛のあり方であろう。

一般家庭と軍隊活動の接近は多くの国々では戦時体制下において不自然な（というか、ほとんどグロテスクな）かたちで図られるが、第二次大戦という空前の大戦争の時代において、ギザン将軍は動員された将兵の多くの緊張感を維持、継続させるために、総司令部隷下に「軍隊と家庭部」を設けた（一九三九年十一月）。スイスの防衛組織は侵攻を目的としたものではなかったため、実際にはいつ生起するか否かもわからない侵攻に対処できる緊張感の維持が求められた。そこで守るべき家庭との距離を接近させて緊張感をほぐす一方、国民と軍隊との連帯感の醸成や相互理解をはかったのだという。新設されたのはいわゆる「居座り戦争」が続いていた時期で、ドイツ国内ではスイス人によるヒトラー暗殺事件が喧伝され（事実無根）、フランス軍の予備的スイス侵攻も噂されるなど、暗い噂やデマがスイス国民の耳に届きやすい時期でもあった。

当然とも言えることではあるが、軍の将兵と市民の家庭との接近は単なる理解と信頼の促進にとどまるものではなく、親ナチス、スパイ、売国主義者の摘発や敗戦思想家の監視なども目的とされた。このあたりから日なたと影とが交じり合ってくるが、ナチスが本格的に弾圧をはじめたユダヤ人の難民をめぐる対応は、当時のスイスの陰（というよりも「闇」）の部分として伝えられている。

外国人や少数民族に対する冷ややかさは今日に至るスイス人の国民性と見られることがしばしばあるが、これが極端な例として指摘されているのがユダヤ人難民に対するスイスへの入国制限であろう。大戦突入前年の一九三八年、ナチスのユダヤ人差別政策が強化されて、拡大しつつあったドイツ勢力圏から逃れるユダヤ人が激増したが、この年の九月からスイスではユダヤ人入国者の旅券（ビザ）に「赤いJマーク」を刻印するとともに入国制限を強めた。これはナチスのユダヤ人摘発に供する以外何ものでもなく、赤いJマーク付き旅券所持者はスイス国外に出て行っても（このマーク入りビザ所持者の入国を認めたのはイタリアくらい）ナチスの摘発から逃れられなくなっていった。

本邦で、在リトアニア領事時代に六千人にも及ぼうかというユダヤ人に日本入国を認める旅券を発行した人道主義者として杉原千畝元領事が注目されたことがあったが、持論に基づいてこのような行動を執った当該職務担当者がスイスにもいたという。オーストリアとの国境に近いスイス東部のザンクト・ガレン州警察の幹部だったポール・グリューニンガー氏は、滞在許可証発行が禁止された八月十八日以前の日付にして三千人にも上るユダヤ人に証書を発行したという。理由は杉原領事の場合とほぼ同様である。だが杉原領事が終戦後に外務省から追われたのと同じように、グリューニンガー氏も州警察からはじき出された（懲戒免職処分)。

ナチス協力とも解される政策がスイスで採られたのは、ユダヤ人の影響を恐れるスイス人特有の排他主義や戦時食糧確保の問題などもあったとされている。食糧の確保に関しては、大戦中のスイスはヨーロッパでは最も糧食に恵まれていたこともあって少しの我慢で済んだはずとも言われているが、何よりも恐れていた、また機嫌を損ねてはいけなかったのはナチスドイツであった。ナチスに手を貸したことはスイス国内でも戦後は忌避されたようで、ユダヤ人入国制限政策の実施は長く封印され、スイス大統領が公式に非を認めたのは一九九五年のこと。グリューニンガー氏(一九七二年死去)への処分が覆されたのもほぼその頃だったという(福原直樹著『黒いスイス』)。

ではなぜ、ギザン将軍が知っていたならタダでは済まなかったであろう人道主義の放棄にも繋がるようなナチス協力に類することが当時のスイスで行なわれたのか。これはほかの中立政策を維持できた国々にも共通する問題であったが、とりわけ大戦初期においてはドイツとの貿易関係の維持が中立の継続にも直結したということであろう。

当時の中立国はいずれも、防衛力維持のかなり重要なところがドイツから買い付けられる戦略物資(および兵器)に関わっていた。もちろん取り引きの関係が逆になることもあったのだが、逆の方はドイツ軍の武力侵攻を招くか親ナチ傀儡政権樹立などの要因にもなりかねなかった(ノルウェーやルーマニア)。然るに、ナチスドイツとの貿易が保ててこそ、どうにかこうにかの中立が維持できるという難しい状況でもあった。それではスイスの場合、ドイツに対して何を売り、また買ってもらったのだろうか。

大戦間の独仏航空工業との奇縁

ギザン将軍が最高司令官の職に着いたばかりの頃、真っ先に認識されたのは航空防衛力の重要性と、スイスにおけるその種の防衛力の呆れるほどの貧弱さだった。スイスでの空軍力保持および航空工業の発祥は第一次大戦の昔にさかのぼったが、その力はごくわずかで大戦間も細々と新型機（外国製中心）への更新が図られた程度。練習機に至っては第一次大戦当時、もしくはその直後に購入された機体が使われていた状況だった。

国土の海抜高度が高いスイス連邦での飛行機への関心は概してほかのヨーロッパ諸国よりも低かった（アルプスより高い高度を飛べそうもない乗り物への不信感から）。ところが、一九一〇年九月三日にペルー人のジェオ・シャヴェーズがブレリオ単葉機で高度三千メートル級のシンプロン峠を越えてみせると事態は一変した。飛行機械が兵器となったときの防衛政策の見直しが必要になり、陸軍航空隊に類する「パイロット隊」が編成されてデューベンドルフには国境警備を担当する飛行機の整備、修理を行なう航空機工場が設置された（ヘーフェリ社やコムテ社の設立）。ここで製作された機体が大戦間のスイスで使われた各機となったが、やがて山岳地の地図を作成するための空撮や高山に乗客や物資を運搬する空輸に適した独特の国産機も何種類か開発、製作された。

第一次、第二次大戦間のスイスの航空工業にとって大きな出来事としては、有名航空機メーカーが一時スイスに身を寄せていたことが挙げられるだろう。ドイツのドルニエ社とフランスのドボアチン社である。

クラウス・ドルニエはフリードリッヒスハーフェンでツェッペリン飛行船の建造事業に参加したが、第一次大戦の進展にともない先進的な航空機の開発にも乗り出していた。けれども敗戦・ヴェルサイユ講和条約により、ドイツ国内での航空機開発、生産はほぼ禁止状態になり、ボーデン湖をはさんで対岸スイス側のアルテンラインにスイス・ドルニエ社が興されることになった。

スイス・ドルニエ社では十二発の超大型飛行艇ＤｏＸが建造され、またユーゴスラヴィアに輸出されるＤｏＹ爆撃機なども製作された。往時のジェーン航空年鑑においてはこの当時のドルニエ社はスイスの航空産業に分類され、ＤｏＸ飛行艇やＤｏＹなどもスイス機として紹介されている。やがて一九三〇年代前半にナチス党が政権を取ってドイツ国内での軍事産業の再出発が明らかになるとドルニエ社もそれに加わった。それに対して、スイスのドルニエ社はドイツの練習機や仏・モランソルニエ社で設計されたＭｓ406戦闘機のライセンス生産（およびその改良型の開発）に勤しむようになり、ドフルク社と名乗るようになってからは純国産の戦闘機の開発、生産に携わることになるのである。

またフランスからスイスにやって来た航空技術者もいた。フランスの代表的な戦闘機設計技師として知られるようになるエミール・ドボアチンは自作の戦闘機を発表しはじめた当初、フランス国内からはなかなか注文が得られなかった（アルゼンチンやトルコにはライセンス生産権が販売されたが）。自国での航空機メーカーとして行き詰まったドボアチンはスイスに移って、ライセンス生産権が売れた旧構造のパラソル翼の戦闘機・Ｄ21をもっと近代化させたタイプ（Ｄ27）を開発。これがスイスの国営航空機製作所として立ち上げられたＥＫＷ社で量産されることになった。

こういったモランソルニエ、ドボアチンで開発された戦闘機のほか、オランダ・フォッカー社からライセンス生産権を購入したC・V偵察機やこれを少し近代化させたEKW・C-35多用途機（ともに国境警備用）が第二次大戦突入時のスイスの空軍力の主力機の地位にあった。これらの軍用機を作って飛ばすのに必要な燃料など、それに重工業の操業に不可欠な金属材や石炭など戦略物資を購入するのも主にドイツからであった。

買うことができたメッサーシュミット

けれどもそのプロダクトである軍用機に眼を向けると、軍を預かることになったアンリ・ギザン将軍にしてみれば、このような空軍力では質、量ともお寒い限りであった。独仏から流れてきた航空技術者たちがもたらした技術により、航空工業は育成への道は開かれたが、この時点ではいかんせん旧式機ばかりだった。空からの脅威に対抗するにはやはり英独の最新鋭の戦闘機が必要とされ、要員育成や対領空侵犯措置実施要領の整備は焦眉の急となった。

ファシズムの隣国、特にナチスドイツは一九三〇年代後半、国産軍事技術のデモンストレーションにも懸命だった。それは武器輸出のビジネスよりもむしろ、周辺各国に対するドイツの武器装備の優秀性の誇示が目的とされていた。一九三七年にチューリヒで開催された国際飛行競技会では様々なドイツ機が諸外国の機体を寄せつけない高性能を披露した。当然、これは貴重な新鋭機購入に向けて早めの交渉開始につながった。

競技会でのドイツ機の優秀さに眼を奪われて戦闘機の買い付け、爆撃機のライセンス生産権の購入を急いだユーゴスラヴィアのような国もあったが、国防予算が制限されていたスイスで求められたのは「世界に冠たるメッサーシュミット」ことBf109戦闘機だった。友邦になりそうもない国への主力機種の販売をドイツが渋るのは当たり前のことだったが、第二次大戦突入の直前の時期にBf109購入の話がまとまった。その結果、西欧での戦いが本格化する直前の時期までにBf109の旧型（D）、新型（E）合わせて九十機ほどがスイスに届けられた。実際に供給を受けることができたのは、スイスにとって天の恵のようなものでもあった。

このように、スイスにとっては戦略物資確保のためにドイツとの貿易は重視せざるを得ず、第二次大戦突入前からすでに活発化していた。バトル・オブ・ブリテンも佳境にはいろうかという一九四〇年八月には、ドイツとの通商協定も締結された。ドイツとの貿易はスイスの戦時経済の生命線だったが、スイスからはスイスならではの高性能光学機器や電気機械、それに武器類（スイスには機関砲の製造権を主要交戦国各国に売りさばいたエリコン社が存在）が大量にドイツに輸出されていた。このようなドイツとの貿易に依存するスイス経済、産業の体質は、やがて英国の対スイス封鎖主義につながることになる。

ドイツ軍優勢の時期

総動員令が発せられたとしても、その防衛力は交戦国と比べてもはるかに控えめだったので、制限されていた兵員の防御展開のあり方を検討する際に、ギザン将軍、スイス陸軍司令部はナチスドイツが目的とするところやその戦い方を冷静に分析した。デンマーク、ノルウエーへの侵攻は四月から、西ヨーロッパに先んじて実施された。中欧の支配もすでに進められ、東欧諸国の枢軸国の同盟への参加が予想されている。ねらいは欧州全域のファシズム支配であろう。ということは、ドーヴァー海峡の向こうの大英帝国の占領がナチスの目標となるだろう。

その場合、低地諸国からフランス北部にかけてドイツ軍は自由にできなければ英本土への上陸と占領は覚束ないであろう。ドイツ軍需物資の生産工場が集中するルール工業地帯への英仏軍の航空攻撃も阻止しなければならない。となると、マジノ線とジークフリート線が向かい合う要塞地帯の北側、低地諸国側を突破する方がこの目的に適っている。「ドイツ機甲師団を遠回りさせることになるスイスへの武力侵攻は、すぐには実施されないだろう」一九四〇年春に再度の総動員令が発令されると、慌てず、浮き足立つこともなく、独仏の要塞ラインに近いゲンペン高地の防御陣地強化、さらにそこからヌシャテル湖の西までジュラ山脈に沿い、レマン湖に至る西方防御展開（A）が指示された。この時点で、スイスに危機が迫るなら、フランス占領達成後と見越していたのだろうか。

果たしてドイツ軍は五月十日、ポーランドを襲ったときの、急降下爆撃機の奇襲に続く機甲師団の進撃というやり方で「中立」を宣言していたベネルクス三国への侵攻を開始した。西ヨーロッパ侵攻の「イエロー作戦」は空挺部隊による戦略的要衝への奇襲も行なわれた。ポーランド戦闘時には計画、予定されており、実施が延び延びになったのはドイツ陸軍の準備の遅れや天候の影響によるものだった（最低五日間の晴天が続かなければ実施すべきではないとみられていた）。ベルギー、オランダに「守るために」英仏連合軍が乗り込んだのは、ノルウェー戦のときと同様だった。デンマークも含めていずれも「中立」の宣言が、交戦国にとってはほとんど意味をなさないことの事例となった。

一九四〇年春からのドイツ軍の一方的な勝利や中立宣言国が蹂躙されてゆく様は、一般市民に恐怖心を呼び起こし、富裕層はドイツ軍よりは穏やかなイタリアに近いスイス南部や、アルプス山系の別荘地に退去しはじめた者もあった。非戦闘員だけではなく、ギザン将軍の配下のスイス軍将兵たちをも動揺させた。将兵どころか政府の指導者層にも大きな不安を与えた。

大統領と外相（モッタの後任）を兼ねたピレ・ゴラは国民に対してラジオ放送を通じて「ヨーロッパの秩序は変わるかもしれない……それでもスイスの伝統は維持されなければならない……しかし、変化にも応じるべきであろう……」と、今日の言い方でとるなら玉虫色とも受け取られかねないことばを述べた。もっともこれ以外の言い方というと、徹底抗戦か敗北主義しかなかっただろうが。いずれにせよ、防衛の責任者の地位にあったギザン将軍にしてみれば、ファシズム迎合の内容や戦況の推移で趣旨を変える日和見主義の演説ならば、黙っていてもらえた方がありがたかっただろう。

この頃から、かつての右翼団体の「戦線」の流れを汲む「スイス国民運動」の活動が目に付くようになっていた。負ける戦いは避けるべき……イタリアにドイツとの和平の仲介を依頼しては……と、あからさまにナチス寄りの言動が発せられたからである。防衛を任されたはずのスイス陸軍のなかでも「総動員を解除して、交戦する意思がないことを示すべきでは」といった意見が聞かれるようになった。

スイス国内の世論がナチス迎合に傾きかけるなか、陸軍内の極右過激派とされる青年将校らの秘密結社「憂国三十七人組」が徹底抗戦の声明を発した。危うい親ナチに傾く流れに抗する意見ではあったが、立場上、ギザン将軍もこの極右青年将校らを処分せざるを得なかった。

大戦争の嵐に直面する中立国スイス

電撃的侵攻のドイツ軍、国境線に迫る

フランスへの電撃戦の終わり頃には、アルザス地方からの戦災者たちのスイス領内への流入も始まっていた。ギザン将軍も配置に着いた将兵に対して、徹底抗戦を趣旨とする数次の訓示により気を引き締めた。だが、フランスを制圧したドイツ軍のフランス側国境からの接近は脅威となった。まるでこの事態を予想していたかのような西方防御展開（A）だったが、スイスの動員兵員は整斉と任務をこなした。敗残兵となった多数の連合軍（英、仏、ベルギー、ポーランド軍の計四万二千人）側将兵らを、国際法に従って武装解除しては施設に抑留していったがこれにより、スイス西側国境線の防御展開の範囲が一気に拡大し、防衛陣地も薄く拡大するしかなかった。

ドイツ軍がこの時点において陸のスイス国境に侵入しなかったのは、やはりこの時点で侵入した際に得られるものと失われるものとを比べたからであろう。だが西方電撃戦の頃には、スイス領空内にはいり込むドイツ空軍機が増加しはじめていた。領土を守るという任務には、

領空、領海（スイスには領海はないが）への侵入を阻止することも含まれていた。ドイツ軍機によるスイス領空内での飛行はまだ件数としては多くなかったが、イタリアの六月十日の宣戦布告の頃からスイスの南北の枢軸国間の連絡飛行をする機体による領空侵犯事件が相次ぐようになった。やがて間もなく夜間には、英軍機もスイスの領空を通過するようになる。

四月二十一日のドイツ爆撃機（ドルニエＤｏ17Ｚ）の単機侵入を皮切りに、五月中旬にＨｅ111が一機ずつ二度スイス領内にはいり込み、Ｈｅ111の方はスイスの迎撃機（Ｂｆ109Ｅ）に撃墜された。スイス側も領空外への退去もしくは強制着陸命令に従わない不明機は撃墜することとしていた。だが、電撃的侵攻に先立って来襲するユンカースＪｕ87急降下爆撃機に対しては、かなり神経質になっていた。単発の爆撃機だが、実際に来襲すると恐怖感を醸し出す強烈なサイレン音に圧され、対空射撃要員も竦んでしまうことが多い。

スイスの国境監視用の観測機がドイツ空軍機に撃墜されたこともあったが、西ヨーロッパの戦い初期段階のスイス領空内への侵入の多くは、ドイツ空軍にしてみればまだ意図的ではなかった。スイスの戦闘機の主力はドイツが売ってあげたメッサーシュミットではないか。何よりも、小国らしからぬ自尊心の高さと映ったスイスの空軍力は、ポーランド戦以降連戦連勝を重ねていたドイツ軍にとって面白いわけがなかった。

防衛の実際１（砦の戦略）

十五世紀終わりのシュヴァーベン戦争以来中立外交を継続してきたスイス連邦にとって、一九四〇年夏のナチスを主とするファシズムによる包囲は最大の危機とも言えた。総動員令の下でも現役の将兵は四十五万人に過ぎない。陸戦用の戦車は一九三五年に英国から買い付けたカーデン・ロイドM１９３４（六輌購入）と一九三九年中にチェコから部品の状態で買ってスイス国内で組み立てた二十四輌のＰｚｗ・29軽戦車という状況だったが、もともとスイス特有の地勢を考慮すると、この種の機甲兵器は航空兵器よりもずっと使用場面が制限されたであろう。

明日、明後日、国境線を破ってくるかもしれないドイツ軍を前に、ギザン将軍は持久戦に突入する決意をした。「砦の戦略（Reduit Plan）」として知られるようになる防衛戦略である。これは兵力としてはわずかなスイス陸軍が急峻なスイスの地域的特徴を活かして、どうしても守らなければならないスイス中部高原の防衛に賭ける防衛ラインの決戦でもあった。数的にも限りがあった機甲兵器なども、このような防衛ラインにこそ布陣されるべきだったであろう。

フランスの降伏以前は対立する東西の国境線を重視しなければならなかったが、フランス降伏によってドイツ、イタリアに囲まれたかたちになり、阻止すべきは南北からの侵入となった。この南北のファシズム国家を遮る自然障壁がアルプス山脈ということだった。よってスイスの国防軍はアルプスの厳しい自然を味方に主陣地を形成し、陣地内各地の砦に分散して山岳戦に陥れるなど侵略国が最も嫌がる戦い方を強いる。枢軸軍が航空攻撃を仕掛けようにも、安全な飛行も望めなければ攻撃の効果が得られにくいところに砦が築かれる。果ては彼らが欲しているアルプス山脈の南北を縦断できる交通路を破壊する……やり方としては自滅的ではあったが、侵略、占領する意味を無にしてしまおうというものだった。

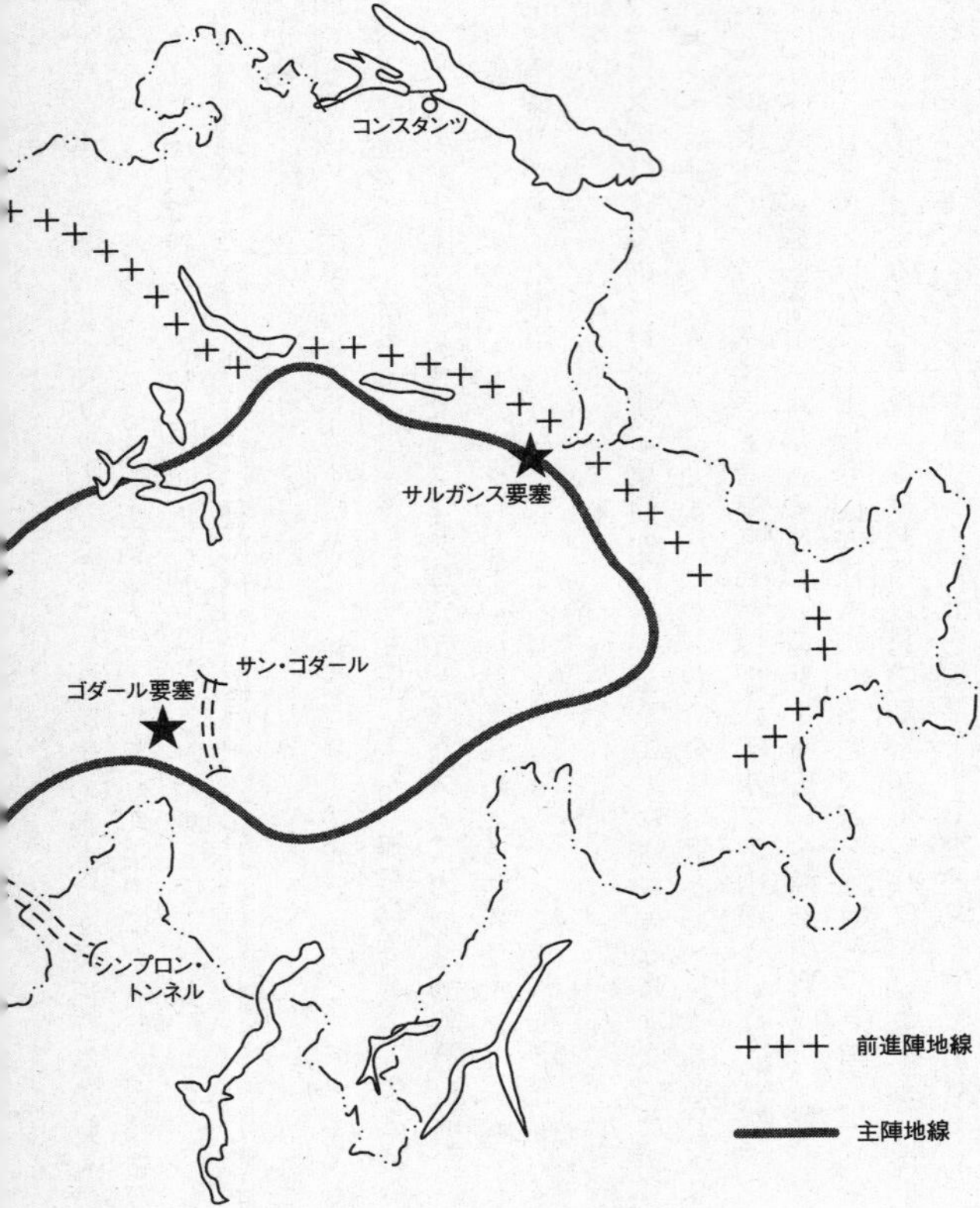

コンスタンツ
サルガンス要塞
サン・ゴダール
ゴダール要塞
シンプロン・
トンネル
前進陣地線
主陣地線

スイス防衛「砦の戦略」

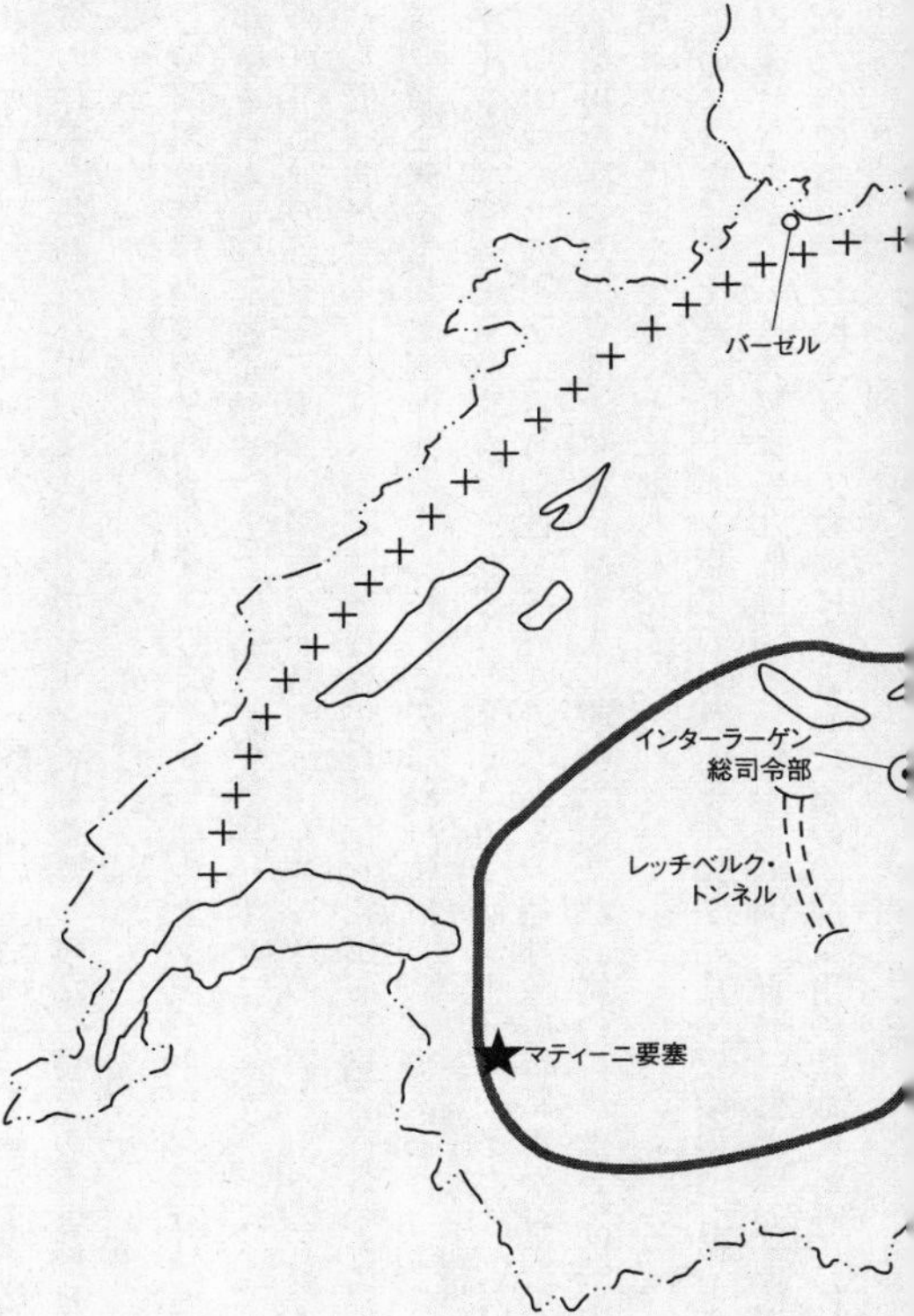

歴史的にスイス国内の交通の要衝、山脈を越えて南北を往来する際に重要な峠には要塞が築かれていた。サルガンス、マティーニ、ゴタール（ゴットハルト）の要塞である。砦を構築するにしても補給や連絡を考えると、これらの要塞を中心に砦が設営されることになった。

このように峠の戦略は侵略者の目的を削ぐ作戦だったが、大きな矛盾もはらんでいた。それは絶対防衛線となる主陣地から外された一般市民の生活の場、工業地帯、農村部などは侵略軍の蹂躙を免れられず、これこそがギザン将軍を苦しめた「領土の不可侵を守る」が果たせない点になった。

この問題を無視しての独断専行を避けて、新戦略の立案後、ギザン将軍は連邦政府に事前の説明を行ない、実施を諮ることにした。「枢軸国は英本土占領が実現できないとすると、次の軍事活動の目標をアルプス縦断交通路の確保＝スイスの占領とすることも考えられる。ただし枢軸国が、スイスに対する軍事侵攻が長期化して出血に見合うものではなく戦争全体にも支障を来すものと判断するならば、この事態は避けられるであろう」。

そして国境線から絶対防衛ラインまでの戦闘が生起した場合に予測される利害得失を示して「砦の戦略」の国防上の有効性を説いたのである。連邦政府は将軍からの諮問を受け入れざるを得なかった。ギザン将軍自身も先に設けた司令部直属の「軍隊と家庭部」を活用して国民からの理解を得ることに勤しんだ。

このような手数を踏んでドイツ空軍の対英本土空爆が始まった頃の七月十七日に最初の作戦が発せられた。スイス陸軍の九個師団と三個山岳旅団、軽装三個旅団が前衛の陣地に配備されたのである。侵略を受けて戦闘に突入した際の防御戦用の基地を実際に作ってみたのである。七月とはいえ、アルプスの氷雪に囲まれたスイスの山岳地である。体力の維持と強化は戦闘能力向上の基礎になった。

侵略を想定しての準備は怠らなかったが、望まれることはスイスへの侵攻作戦が実際には行なわれないことだった。この時期にドイツ軍がアルプスの中立国に対してどのように考えていたかは次項で記述することにする。

航空部隊にも迎撃、近接支援能力の向上を求めたが、その頃すでに対領空侵犯措置を実施していた迎撃戦闘機の部隊は独自に夜間飛行能力も身につけていた。中立国スイスにおいて実際に「第二次世界大戦」に足を踏み入れていたのは、この時点ではまだ航空部隊だけだった。

リュトリでの指揮官会同

フランスの降伏は、西方電撃戦が始まる直前の時期をさらに凌ぐ危機感をスイス国内に醸し出した。鉄道でスイス入りしたスパイや親ナチの国内の利敵活動家たちは、戦わずしてナチスドイツに屈服する雰囲気を色濃くさせ、これに飲まれないまでも日和見の空気がドイツ側に向きつつあった。「亡びるのを避けられるならば、（ピレ・ゴラ発言のように）新体制のヨーロッパを受容するのもひとつの行き方ではないか」。

スイス国内が精神面において危機的状況に陥った時期であったが、ギザン将軍はここで国防の意義を説き、またスイス連邦の独立と自由の必要性を訴えるために、歴史的な集会の場を設けた。七月二十五日にリュトリ草原で開かれた「指揮官会同」である。

スイス国内においては建国の日については、一二九一年にスイス中東部のウーリ、シュヴィーツ、ウンターヴァルデンが「永久同盟」（原初三邦同盟）を結んだ八月一日とされている。これら原初三邦はフィーアヴァルトシュテッテ湖（四邦湖、四州湖）で接触する位置にあるが、この湖の南東の岬・東側にリュトリ草原という小さな牧草地がある。この草原は、十三世紀当時のハプスブルク家の脅威に対抗するために「モルガルテンの戦い」を前に三邦の代表者が集まって、この脅威に対抗する永久同盟の誓約が発せられた地とされている。

ナチスの危機が迫った一九四〇年の夏、ギザン将軍は大隊長以上の幹部をリュトリ草原に招集し、これから起こると予想される戦いへの決意を表明するとともに、防衛戦闘についての持論・砦の精神の説明がなされた。

「国境の向こうには歴史的にも稀なほどの強力で優秀な軍隊が迫っており、以降数週間のうちに予想もしなかった事態に直面しないとも限らない状況にある。スイス軍は全正面からの攻撃から防御可能な陣地に着くのが先（七月十七日）に発令された兵力再編成である（砦の戦略のこと）。これにより、国土の防衛という歴史的使命を達成するつもりである……スイス攻撃をもくろむ武装勢力に周囲から取り巻かれていようとも、新たに指示した陣地を確保しなければならない。今、造営している新陣地が真価を発揮するなら、我々は自分たちの運命を手放すことなく、掌中に保持していられるであろう。敗北主義の流言に惑わされることなく、自らの力を信じて鉄の意志を持てるならば、精強な外敵に対する抵抗も成し遂げられるであろう」

この指揮官会同の実施に枢軸国は大使館筋を通して不快の意を表明した。だが枢軸国側に重くのしかかったのは、ギザン将軍の言の内容が精神論や徹底抗戦の決意表明にとどまるものではなく、侵攻を受けて占領が避けられなくなるときにはアルプス山脈を縦断するザンクト・ゴットハルト、シンプロンの両トンネルを自爆させるという予告が含まれていた点だった。これはスイス占領の目的の根幹に関わる部分だったからである。

さらに一週間後の建国記念日である八月一日には、スイス陸軍全軍に対して「危機的状況にあるが、スイス人らしく考え、スイス人らしく行動せよ」と訓辞を発した。周辺国の流言に惑わされず、原初三邦以来これまで続けられてきた「中立」を維持してスイス連邦の独立と自由を守りぬこうという趣旨である。

ギザン将軍によるこの二回の訓示により、スイス陸軍の兵員の防衛意識はおおいに鼓舞されたが、それはともすれば周辺諸国の戦況に流されてナチス迎合にも傾きかねなかったスイス国民に対する防衛担当責任者の徹底抗戦の決意表明と受けとめられた。しかしながら、それはナチスドイツにイタリアという、四方からスイスを取り囲むかたちになったファシズム国家に対しては、恫喝外交では屈しない（ということは、言いなりにさせるには武力侵攻しかない）という意思の表明でもあった。

ドイツ側で計画されたスイス侵攻＝タンネンバウム（樅の木）作戦

陸続きの国々ではなくても戦闘状態になればスパイの出入りが活発になり、敵方への協力者も現われる。スイスの迎撃機の基地に狙いを定めたドイツ空軍の破壊工作の計画は六月初めにはベルリンで練られており、ゲーリング空軍元帥はその作戦の実施を指示した。

ドイツ軍の工作員たちが鉄道で陸路スイス領内にもぐり込み、親ナチのスイス人協力者とともに飛行場（デューベンドルフほか）およびアルトドルフの弾薬工場でテロ活動を行なう「ヴァルテゴウ作戦」である。しかしながらこのテロ攻撃は計画段階で穴が多く、また逮捕されたスイス人協力者から作戦の内容が事前に漏れて、予定されたテロ活動が行なわれることはなかった。

ところが、ドイツ・イタリア枢軸軍のスイスへの武力侵攻が本当に実施されたとしたら、この時期が最もあり得る時期だったというのがフランス制圧後の数週間後であり、実際に侵攻作戦も計画されていた。いわゆる「樅の木（Tannenbaum）計画」である。

第二次大戦中にドイツ軍が実施した主要な作戦は総統・ヒトラーの作戦指令書（＝国防軍最高司令部〈ＯＫＷ〉の指示）に基づいて行動に移されており、樅の木計画はヒトラーの段階で計画された作戦ではないという意味においては主要作戦から外れる。ではあるがドイツ陸軍では伝統的に作戦行動の最中でも、作戦任務を達成した後に行なうべき次の作戦の計画、準備に取り掛かっていた。そしてスイス侵攻作戦も、スイスに近いところに展開していたドイツ陸軍各部隊司令部の参謀たちが研究、計画に取り組んでいた。

侵攻部隊の現場においては、スイスへの侵攻も次の作戦としてあり得る作戦だったということになる。ドイツ陸軍総司令部（ＯＫＨ）の参謀本部では、スイスの北側国境線に近いマジノ線を突破してフランスになだれ込んだＣ軍集団（フォン・レープ上級大将）および同集団第一軍団隷下の第一二軍（リスト大将）の司令部を担当とし、スイス侵攻作戦を立案させた。スイス侵攻の実施には南方国境方面からのイタリア軍の同時侵攻も前提としており「フランスおよびドイツからのスイス奇襲占領の可能性」と題した上申書にまとめ上げられ、フランスでの戦いが停戦になった六月二十五日にＯＫＨ参謀総長のハルダー大将に提出された。初期段階での上申書では無抵抗でのドイツ軍の侵攻受け入れという希望的観測を前提としていた。ドイツ側にしてみれば、ラインラント、オーストリア進駐やチェコ解体のときに実施したような無抵抗での武力進駐が望ましかった。

けれどもスイス領空への侵犯を巡ってすでに小競り合いになっており、何よりもあのパートタイムの将軍のアンリ・ギザンが徹底抗戦を訴えているではないか。間もなくスイスの防衛体制に関して、侵攻の際の戦闘突入は不可避と評価が改められ、八月上旬にはＯＫＨ作戦課で練られた「樅の木計画」に差し換えられた。

スイス軍はドイツ軍の動きをかなり正確につかんでいたが、「樅の木計画」立案に際してはドイツ軍も同じだった。ドイツとの国境に近い北方防御展開を敷くべきところ、フランスとの国境に近いところを守る西方防御展開（Ａ）のかたちになり、その防御ラインも適正規模を超えて伸びていたため、いたるところで戦力のばらつきがあったことも把握していた。踏み込むならば、防衛任務達成のための強固な配置が整えられる前にすべきだった。

「樅の木計画」においては、ドイツ軍の四個グループによる次の侵攻シーケンスが立案された。Ａグループ／ジュネーブを北側国境から奇襲攻撃して占領し、レマン湖からローヌ川に舟艇ではいってマティーニ要塞、シンプロン峠、グリムサル峠、サンゴダール（ザンクト・ゴットハルト）峠へと軍を進める。Ｂグループ／フランスに接した西側国境からレマン湖とヌシャテル湖にはさまれたジュラ山脈を機甲車輌で突破。ベルン占領後、トゥーン湖に進み、

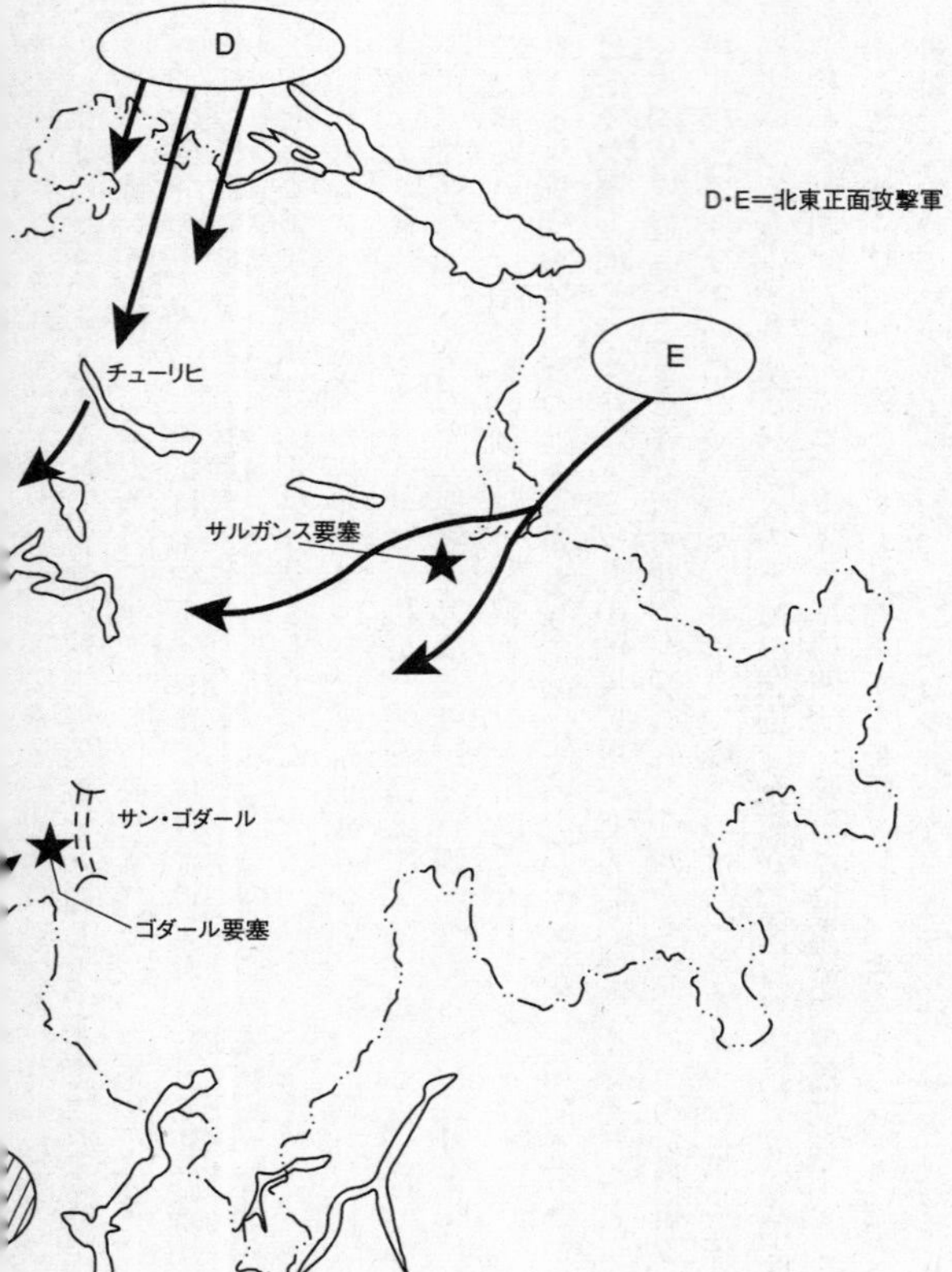
D
D・E＝北東正面攻撃軍
E
チューリヒ
サルガンス要塞
サン・ゴダール
ゴダール要塞

ドイツ陸軍C軍集団による
「樅の木計画」案（1940年10月）

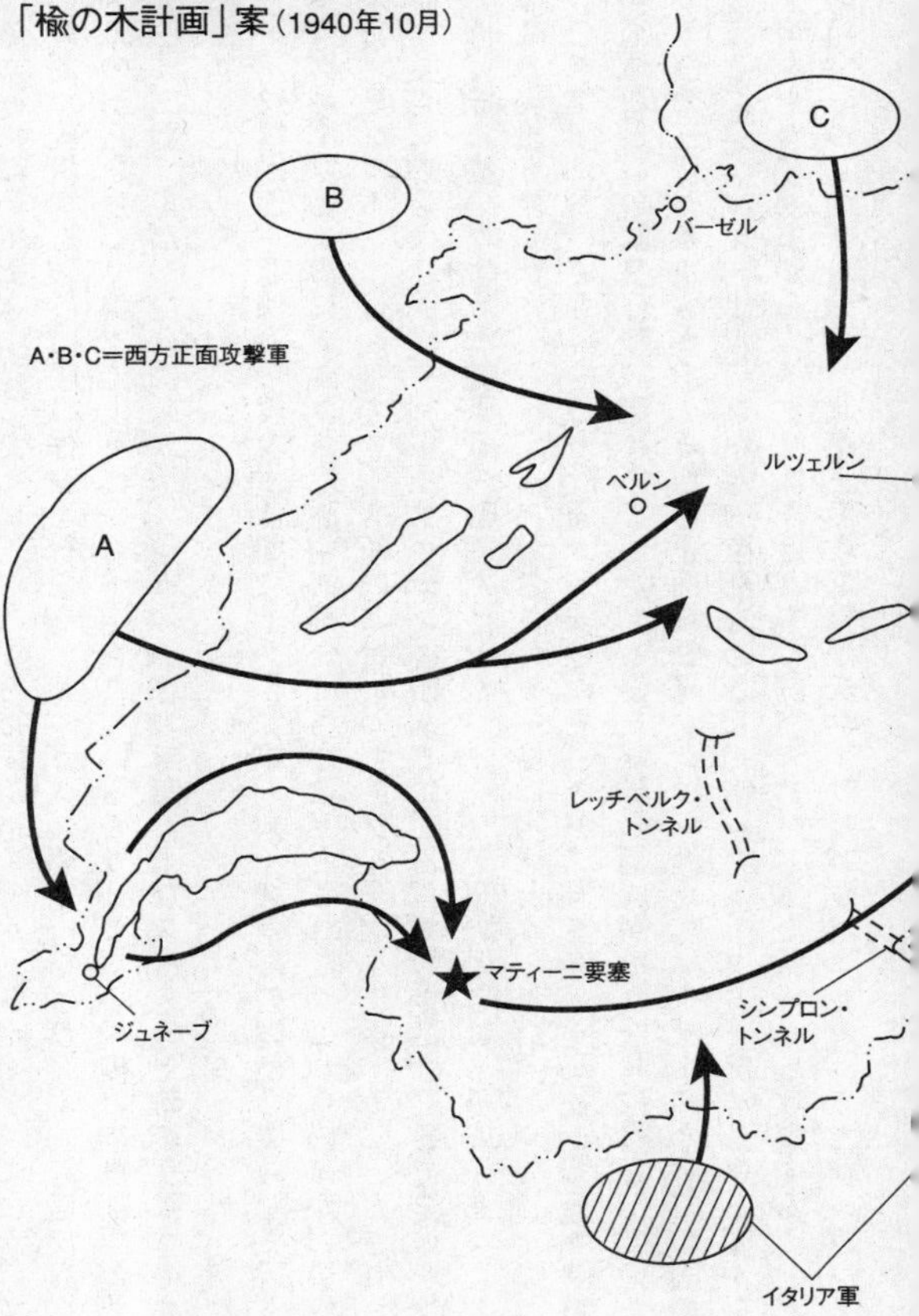

スイス軍の撤退を阻止する。Cグループ／バーゼル西方からスイス国境を破ってジュラ山脈を突破。アーレ川を横断してルツェルンを占領。Dグループ／スイス軍の北方防御展開を要するように欺いて引きつけるために、ドイツと接するバーゼルからボーデン湖にかけての広い範囲で国境線を破り、陽動作戦を行なう。サルガンス要塞、シュヴィーツ方面でも、スイス軍の退路を塞ぐ。英本土上陸作戦も予定されているので、ごく小規模の空挺部隊が要衝の制圧に出動、また、空軍にもスイス空軍の動きの封鎖およびスイス地上防衛部隊への先制攻撃を担当してもらう。

ドイツ軍が西、北側から侵攻する間にイタリア軍もスイス南部の国境を突破して、ドイツ軍Aグループとともにアルプス山脈中心部をめざすこととされた。これらのほか、予備部隊がB、Cグループに追従してスイス領内にはいって各グループを支援することとされた。事前の展開に最低六日、ベルン、ルツェルン占領までに二日、その後二～三日で全域を制圧という、絵に描いたような電撃戦の計画だったが、イタリア軍の働きにも不安があった。また、作戦の実施も夏、秋に限られ、雪に閉ざされる冬場は困難とみられた。

C軍集団においても「樅の木計画」が練られていたが、国境線を侵入する場所やめざす占領地域などはOKH作戦課案に似ていたが、侵攻部隊の編成がそれなりに異なっていた。第一～三の三個グループから成る西方正面攻撃軍がレマン湖からバーゼルにかけての国境から侵入して、ベルン、オルテンなど内陸部をめざし、第一グループの一部はレマン湖からローヌ川を上って南方からのイタリア軍とともに内陸のスイス軍を背後から攻撃することとした。第四、五の二個グループの北東正面攻撃軍がチューリヒ、ルツェルン、またサルガンスなどの内陸に到達することを目標とした。南側の国境からはイタリア軍の侵攻を想定したが、OKH案よりもはるかに軽視されていた。また、侵攻前の展開はOKH案の半分程度しか時間をかけない反面、スイス内の親ナチ協力者（いわゆる第五列）による通信妨害活動をも考慮した。

作戦実施を前提にOKH作戦課で検討の対象になったのはC軍集団で練られた案の方。しかしながら参謀総長のハルダー大将の評価によると、奇襲作戦としては動員される兵力の規模が大きすぎた（事前の侵攻部隊配置の秘匿が不可能）。そこで動員兵力を削減する一方、機甲師団、自動車化師団を多用することと手直しされたのが十月十七日のことだった。だが「樅の木計画」はこれよりも先に進むことはなかった。

OKHとは別にOKWにおいてもヒトラーの指示でスイス攻略作戦が研究されており（担当は作戦部長のヨードル少将）、こちらは作戦の意義についてもっとシヴィアな見方をしていた。「親ナチの破壊活動は確証が得られないうえ、イタリア軍との協同作戦も考えられない。スイス中部高原に対して武力侵攻すれば占領は困難ではないだろうが、アルプスを縦断する輸送路、鉄道の喪失は避けられそうもない」と、スイス軍の抵抗を厳しく見積もっていたのである。これらの作戦案や研究を考慮して、スイス占領作戦の立案は本当に必要になるときまで先延ばしということにされたのだった。

防衛の実際2（対領空侵犯措置）

これまでみてきたように、一九四〇年という年はスイス侵攻作戦が実際に行なわれかねない危機にさらされた年であった。また、ドイツ軍の電撃戦実施やイタリア軍の参戦、英空軍の都市爆撃開始により、スイスの空にも硝煙が漂いかけた年となった。

特に北イタリアの工業都市・ミラノやトリノに対する夜間爆撃の際には無遠慮にスイス上空を通過し、そのたびに警戒警報が鳴り渡り、スイス側では迎撃機もしくは対空射撃による対領空侵犯措置が実施された。領空侵犯機の所属が明らかになったときには、ギザン将軍はその度ごとに厳重な抗議を行なった。

また、戦争に関与する気などないスイスでは灯火管制も敷かれていなかったが、暗闇のなかの都市部の灯火は夜間航法技術がままならなかった頃の英夜間爆撃機にとっては格好の道標になり、今度は攻撃目標にされる独伊両国がスイスを批判した。ところがスイスにしてみれば、両枢軸国と同様に暗闇にしていると誤爆を受けかねないという理屈がある。ならばと枢軸国側も英爆撃機と同様、スイス領空まで夜間迎撃機の足を伸ばさせ、場合によっては発電所や送電施設にも手を出すぞ——交戦国は戦う相手を引き合いに出しながらの自己主張ばかりだった。

個別の空戦については先に少しだけ触れたが、スイスの航空防衛力は、前年に有事の将軍に任ぜられたアンリ・ギザンが当初、最も憂慮した分野だった。やっと入手できたＢｆ109以外、機材が前近代的だったことにギザン将軍は失望したが、航空防衛に関して専門的に指導できる幹部に欠けていたこともスイス防衛上のハンデとなった。

だいたい陸軍畑のギザン将軍が空の防衛をも看るということ自体、ほかの国ではなかなか考えられない。後にギザン氏自身、防空対策が事前には皆無だったことを認め、終戦の翌年に連邦議会に提出した報告書の中でこの不備について厳しく批判した。

一九四〇年中に確認されたスイス領空への侵犯は七百八件に及んだが、対象機の所属が確認されたのは枢軸軍機百五十二機と連合軍機十六機。先のDo17やHe111の侵入は百五十二機の方に含まれる。

例の灯火管制の問題は、結局、スイスの一般市民のライフライン確保が優先されなければならず、発電所や送電線へのテロ攻撃を防がなければならなかったので、一九四〇年十一月から灯火管制が敷かれることになった。これにより枢軸国側からの批難は解消されたが、英夜間爆撃機によるスイス領内への誤爆も発生するようになり、また後には「誤爆」を理由とする爆弾投下事件も発生することになる。

厳格な対領空侵犯措置を繰り返してきたスイスの空軍組織だったが、明けて一九四一年になると実施基準が見直されて単機侵入の際は差し控えられ、三機以上の編隊機の侵入の際のみ迎撃機の発進が実施されることになった。単機侵入は方位を失った迷い込みや、帰還を急ぐケースが多かったからである。これによりスイス迎撃態勢の負担は大幅に軽減されて、ドイツ側のスイスに対する印象も変わってきたのか侵入回数も減ってきた。

迎撃機としてドイツ製のBf109は優秀だったが、機数が少なすぎた。それでもやがてモランソルニエMs412試作戦闘機をスイス空軍機としてアレンジした迎撃機ドフルグD-3801も数が増えて防空任務に就き、また国境警備や地上部隊の支援を前提とする近代的な全金属製単葉引き込み脚機のEKW・C-3603複座多用途攻撃機が開発、生産された。もっともこれらの新型軍用機の数が増えてきたといっても、主要交戦国の軍用機生産規模からみれば微々たる数に過ぎなかったのだが。

ドイツ空軍の主戦場が英仏からバルカン半島、ソ連に移る頃にはスイスへの関心も薄れたのか領空への侵入もほとんどなくなり、一息つくことができたスイスの空軍組織は再編され、迎撃機の活動基準も改められることになった。三機編隊制が周辺の警戒・監視により有利なドイツ流の二機単位の編成になり、配属基地も変更された。

スイス空軍では近代的な迎撃機、近接支援機が増えてきたこともあって訓練飛行の回数が増加したが、それにともない着陸事故や空中衝突、アルプス山系での飛行中の事故が増えてきた。急峻なアルプスの山々が枢軸国にばかり厳しくて、スイスにはやさしいということなどありえなかった。

ドイツ空軍から英空軍へと対処すべき侵犯機の主役も変わってきた。けれども一九四一年末にアメリカ合衆国が参戦すると、領空侵犯、スイス領内爆撃事件とも規模が大幅に拡大する。一九四一年中の防空を巡る組織改編や防衛体制見直しは、その後の苦難からすればほんの序の口に過ぎなかった。

負の関係＝スイス・ドイツ経済協定

先にも記したようにアメリカ合衆国はハワイ・オアフ島が奇襲攻撃を受けるまで、国民の意識は非戦、戦争忌避が非常に強かったというのは、二十一世紀のこの国をみても意外な印象を受ける。けれども英海軍にまとまった数の駆逐艦を提供し、ヨーロッパの連合国に燃料や武器類を供給。ルーズベルト大統領は米国民の意識を一変させることができるチャンスを求めていた。

自ら中立の立場で悶々としていたときにファシズムの侵攻体質を許せなかったからか、ほかの中立国と枢軸国との関係に関してはじつに厳しい見方をしていた。アメリカのこの政策はスイスに対してもスウェーデンに対しても同様だった（やがて米爆撃機による実力行使も辞さなくなる）。

スイスとドイツの関係についてアメリカから連合国諸国が抱いた疑念としてはまず、自由圏との貿易額の違いが挙げられた。スイスにとっての最大の貿易相手国は戦前以来、ドイツだったからである。

もとより国土の半分以上がアルプス山脈に属するスイス連邦は、鉱物資源から農産物に至るまで天然資源には恵まれておらず、加工貿易（精密機械産業）、金融などにまつわる経済が確立されるまで、国民の生活維持には諸外国への傭兵派遣に頼らなければならなかったという歴史を持つ。よって国内の経済活動および国民生活を維持させるには、戦時下でも交戦中の両陣営に属する国々との貿易が重視された。

国防の面を見ても、武器類の生産にはドイツとの貿易が最も重んじられた。戦時下で生産が大きく伸びた火器類や軍用機を見ても、生産や運用に必要とされる石炭、石油、鉄鋼などの供給源はほかならぬナチスドイツであった。

ドイツの侵攻から守るために資源をドイツから輸入するなど矛盾も甚だしかったが、その見返りというわけでもなかったろうが光学機器や精密機械、武器類といったスイスの工業が得意とした産品がドイツに輸出された。

スイスとドイツの間の緊張が高まった時期だからこそなのか、一九四〇年八月に「スイス・ドイツ経済協定」が結ばれていた。その内容は「連合国への輸出品にドイツ側の証明書を添付する条件で、まだ占領下に置いていない南仏（ヴィシー・フランス政権下）の通過を許可。その代わりに独伊両国はスイス鉄道での輸送が自由になる」というものだった（付帯条件・ドイツに一億五千万スイスフランのクレジットを与える）。もっともナチスドイツは、これから攻め込もうとする国と協定を結ぶのが好きな国だったのだが。

自由圏交戦国のパトロンの地位にあったアメリカはそのようなスイス（およびスウェーデン）が許されず……だったのであろうが、スイスにしても利害関係から最初からドイツとの貿易を重視したわけでもなかった。

輸出額のシェアを見ると、大戦に突入した一九三九年当時は英米の方が独伊両国よりも上回っていた。それが一九四〇～四一年にかけて輸出入とも独伊両国が急激な伸びを示し、英米は目立って落ち込んだ。

その理由は、スイス・ドイツ経済協定の内容を容認できなかった英国が、英国から発行された証書無しの船舶輸送には、安全を保障しないという事実上の経済封鎖に出たことが挙げられる。これによりスイスの経済面でのドイツ依存度も高まって、それを好いことにドイツもスイスにクレジットの金額の増額を要求。これがドイツの戦費に遣われたことは言うまでもなかった。

スイスからの有名な輸出品としてエリコン社の機関砲のライセンス生産権があった。これは大戦突入前の時期に世界じゅうの、後の主要交戦国に売られた。だがフランス降伏後、スイスを取り囲んだ独伊両枢軸国が、武器類に関連する産品の英米への輸出を禁止するなどスイスの貿易を統制したからでもある。スイスが英米から輸入する物資も食糧や農産品となり、輸出が認められたのは軍事とは無関係と認められた精密機械、特殊な機器ばかりとなった。スイスにしてみれば連合国陣営との貿易額は、難しい条件下でのせめてもの取引額だったが、それが英米には理解してもらえなかった。両陣営の輸出入額の差は、英米のスイスに対する不信感を高めた。

枢軸国からの輸入額はドイツ軍の劣勢が窮まる一九四四年まで横ばいの一方、輸出額は一九四二年頃から落ち込みはじめた。北アフリカやスターリングラードなど、大敗が相次ぐようになる時期である。無理な戦いの戦費を拠出するためのスイスからのクレジットは増額要求されるばかりだった。これに対して英米への輸出はイタリアが敗れた一九四三年頃から伸びはじめ、一九四四年中に輸出入額とも英米とドイツとが逆転した。

まさに戦争に左右されたスイスの貿易だったが、暗部とみなされるところもないわけではなかった。まず、一九四〇～四三年にかけては枢軸国相手の貿易額収支がかなりの黒字で、一九四三年からは英米相手に大幅な黒字収支になる。これらのことは、スイスの軍事産業が中立国の立場を活かして戦争で稼ぎに稼いだという誇りを受ける基になった。

スイスの金融経済力もドイツの戦争実施、継続のための資金源になったと白眼視された。先の戦費捻出のためのスイスフランのクレジットである。ナチスがベルギーで略奪した金塊と引き換えにスイスフランを提供した「ナチス略奪金塊」問題は、ほかの中立国が応じなかった金取引をスイスだけが応じただけに国際社会から批判の目にさらされた（スイス以外の疑惑国への調査はなおも継続中）。

さらにはナチスの要人の資産の隠し場所を提供したとも見られた。アルプス山脈を南北に貫くトンネルの通過が独伊両国に対して認められたことも（英米には認めようがなかったとしても）連合国側へのスイスに対する覚えを悪くさせた。そのような連合国側のスイスへの悪印象、不信感が、大戦後半の苦難につながることになるとわかるのは、いつ頃のことだろうか。

親ナチ・スイス人スパイに対する軍法会議

大戦間に発生した国民戦線というファシズム組織が育つことはなかったが、ドイツ軍優勢で推移した一九三九～四〇年、親ナチの扇動組織として息を吹き返しかけたことがあった。けれども、先にも述べたように、ギザン将軍の徹底抗戦の決意表明がこの動きに歯止めをかけて、国民の意識をナチスへの抗戦と中立の堅持へと引き戻していった。

しかしながら、ドイツ軍優勢の状態は一九四二年の末頃まで続いている。ドイツ軍もスイス侵攻の目的で計画した、あの「樅の木計画」の中でスイス国内の親ナチ協力者＝第五列による破壊工作を想定したことがあった。「第五列」とはスペイン市民戦争当時、全体主義陣営を率いたフランコ将軍が、自身の率いた四個部隊のほかに「敵中にもう一個部隊存在する」と述べたことから、敵側の味方に加勢する勢力を示すことばとなった。枢軸国と戦った連合軍からみた「レジスタンス」に近いことばだろうか。レジスタンスでは侵略者・征服者に対する抵抗のニュアンスが強められているだろうが。ならば「身中の蟲」の方が第五列にもっと近いだろうが、これは逆の立場からいうことばになる。スイス国内に存在するナチス協力者への対策だった。ギザン将軍が意を注いだのは、このようなスイス国内に存在するナチス協力者への対策だった。鉄道でスイス国内に侵入したドイツ軍スパイによる、航空基地などでの破壊活動が未遂に終わったことがあったが、ほかにもナチスの宣伝、謀略ほかスパイ活動に勤しむドイツ人がスイス国内に潜んでいた。

スイス在住のドイツ人スパイに踊らされて親ナチ化したスイス人も現われて、これらはやがて次第に増加。このことは中立政策の維持、侵略国に対する抗戦を旨とする国防政策にとって深刻な問題となった。スイス国内での死刑制度は廃止されていたが、国家を危機に陥れることとされたスパイへの対策として、軍事法廷における死刑制度が敷かれることになった。

軍法会議での死刑制度が敷かれても、早い段階では死刑の適用が見送られたこともあった。ところが死刑の不適用は、親ナチのスイス人スパイの増加（有罪三百人）やスパイ活動のエスカレート（要塞の内部構成や貯油施設の配置、新型戦車砲弾などの軍機の漏洩、また諜報）につながった。

この種の活動の動機は、ナチスドイツの戦勝への信念から、間諜ドイツ人への傾倒、アンリ・ギザン将軍の防衛政策への批判に、謝礼金目当てと様々だったという。

長引く戦争のなかスイスの国防を考慮すると、スパイ活動の増加は容認できるものではなく、やがて刑を執行せざるを得なくなった。一九四二年十月九日の軍法会議で最初に死刑を宣告された三十三人（うちスイス人は二十七人で軍人も含まれていた）中、三十二人に対して刑が執行されたということである（ひとりは無期刑に減刑）。

形勢の逆転から大戦争の終息へ

連合軍の戦略爆撃と独・最終防衛線計画

非戦から対ファシズムの戦争への積極介入へと変わったアメリカ合衆国は、一九四二年にはヨーロッパ、太平洋に兵力を大挙して派遣した。そして夏には英国内の航空基地に展開した戦略爆撃機が、枢軸国の勢力圏内への爆撃作戦を開始した。一九四三年初頭のカサブランカ会議では、ルーズベルト大統領とチャーチル首相の間で、連合軍の空軍力によってドイツの軍事、経済システムを破壊して敵国国民の戦争への士気を萎えさせるとともに、継戦能力を奪い去ることが確認された。

英空軍はすでに夜間の都市爆撃を実施していたが、夜間の誘導、航法システムの向上により、初期段階とは比べものにならないほど精度が高まって、使用される爆撃機、爆弾とも大型化されていた。これに対して米陸軍航空軍は爆撃作戦の任務達成能力を重視して、昼間爆撃にこだわった。当然のことではあるが、英米の爆撃能力が強化された反面、迎撃側のドイツ空軍の防空体制も能力が高められていた。迎撃機や高射砲群による組織的な迎撃を受けた場合、昼間爆撃と夜間爆撃のどちらの損害が拡大するか、考えなくてもわかるだろう。米航空軍は大量の四発爆撃機を揃えることはできたが、単発の戦闘機はドイツまで飛べるだけの航続能力はまだ獲得していなかった。映画でいえば「頭上の敵機」や「メンフィス・ベル」の時代である。

対独爆撃作戦はなかなか効果が上がらず、半端ではないほどの損害を被る昼間爆撃作戦の意義が疑問視された時期のことである。撃墜されないまでも、基地に帰り着けないほどの損傷を受けた爆撃機は枢軸国勢力圏外の中立国をめざすケースが増えた。航空戦の駆け込み寺のようなものである。中立国の空軍力の仕事の内容が変質し、件数も大幅に増えた。

さらにまた対独爆撃作戦とは別に、前年秋に米軍が北アフリカに上陸したこともあって（トーチ作戦）この方面での連合軍優勢が定まり、年明け後の一九四三年からはイタリア半島への連合軍侵攻が予測された。北からは英空軍が、地中海側からは米軍がイタリア国内への爆撃作戦を実施し、北側の国境が接するスイスへの影響も避けられないとみられた。

戦争の流れがナチスドイツ優勢から連合軍の挽回、逆転へと変わっても、依然としてスイスが戦争の嵐に巻き込まれる危険性は続いていた。一九四〇年にスイスの占領が実施されなかったため、窮地に陥りつつあるイタリアに対するドイツ軍の軍備、兵力のてこ入れは、イタリアとオーストリアの国境が接するブレンナー峠が主要な交通路となった。連合軍の空軍力はこの交通の要衝への爆撃を激化させ、戦力分断を図った。そうなるとドイツ軍では再びスイス占領の計画が持ち上がる。やはりシンプロン・トンネルやザンクト・ゴットハルト峠を自由に使いたい。

北アフリカやスターリングラードでの大敗後、スイスを予防占領してドイツ軍の最終防衛ラインを構築する計画が持ち上がった。連合軍やソ連軍の反攻に耐え抜いて、不利な戦いを一気に挽回できるはずの原子爆弾が完成するまで要塞戦を続けようという計画であった。この作戦計画は、ヒトラー、リッベントロップ、ボルマンのレベルでは承認されていた。そし

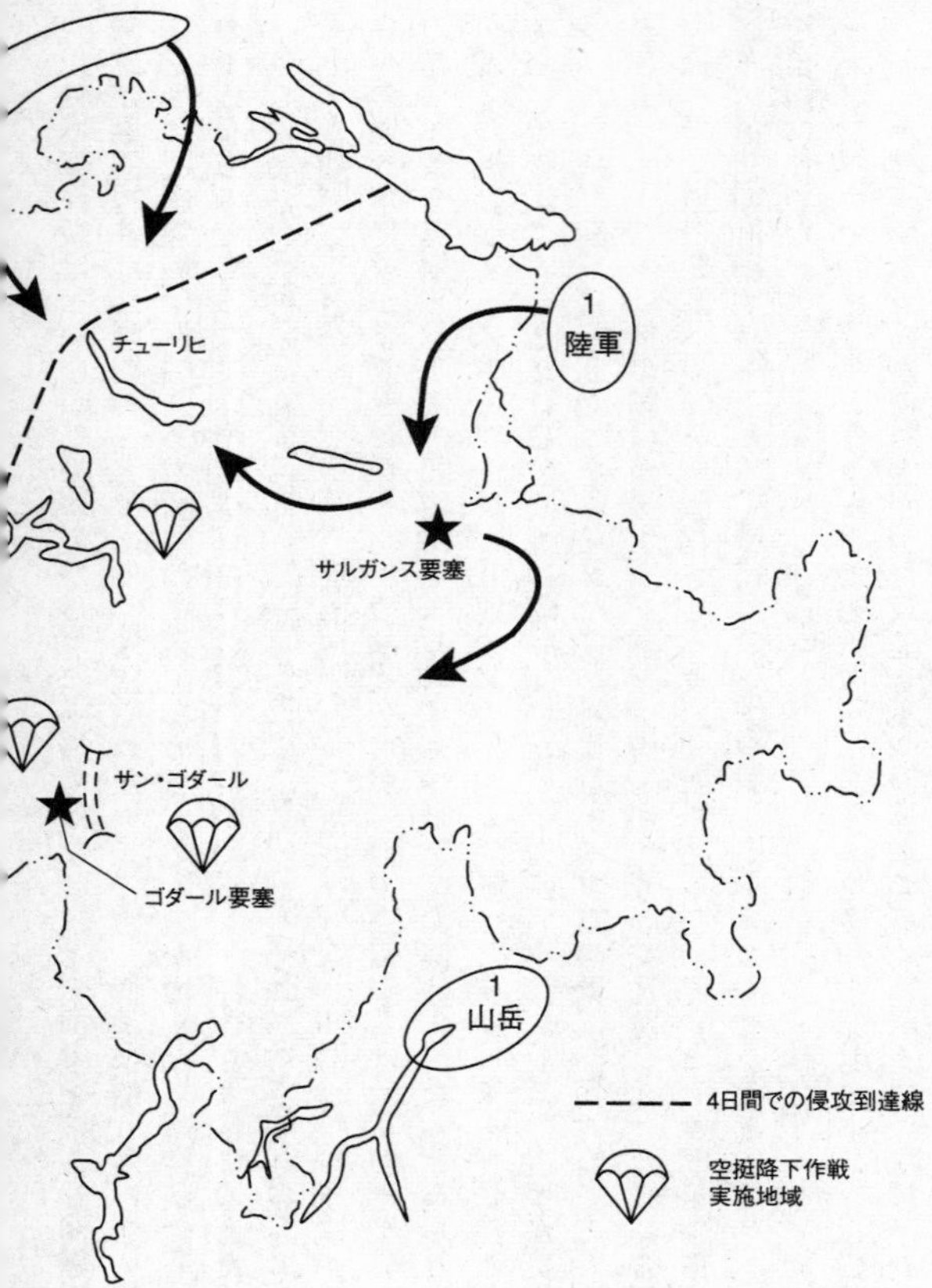
1
陸軍
チューリヒ
サルガンス要塞
サン・ゴダール
ゴダール要塞
1
山岳
4日間での侵攻到達線
空挺降下作戦
実施地域

スイス占領・最終防衛線計画
（1943年12月）

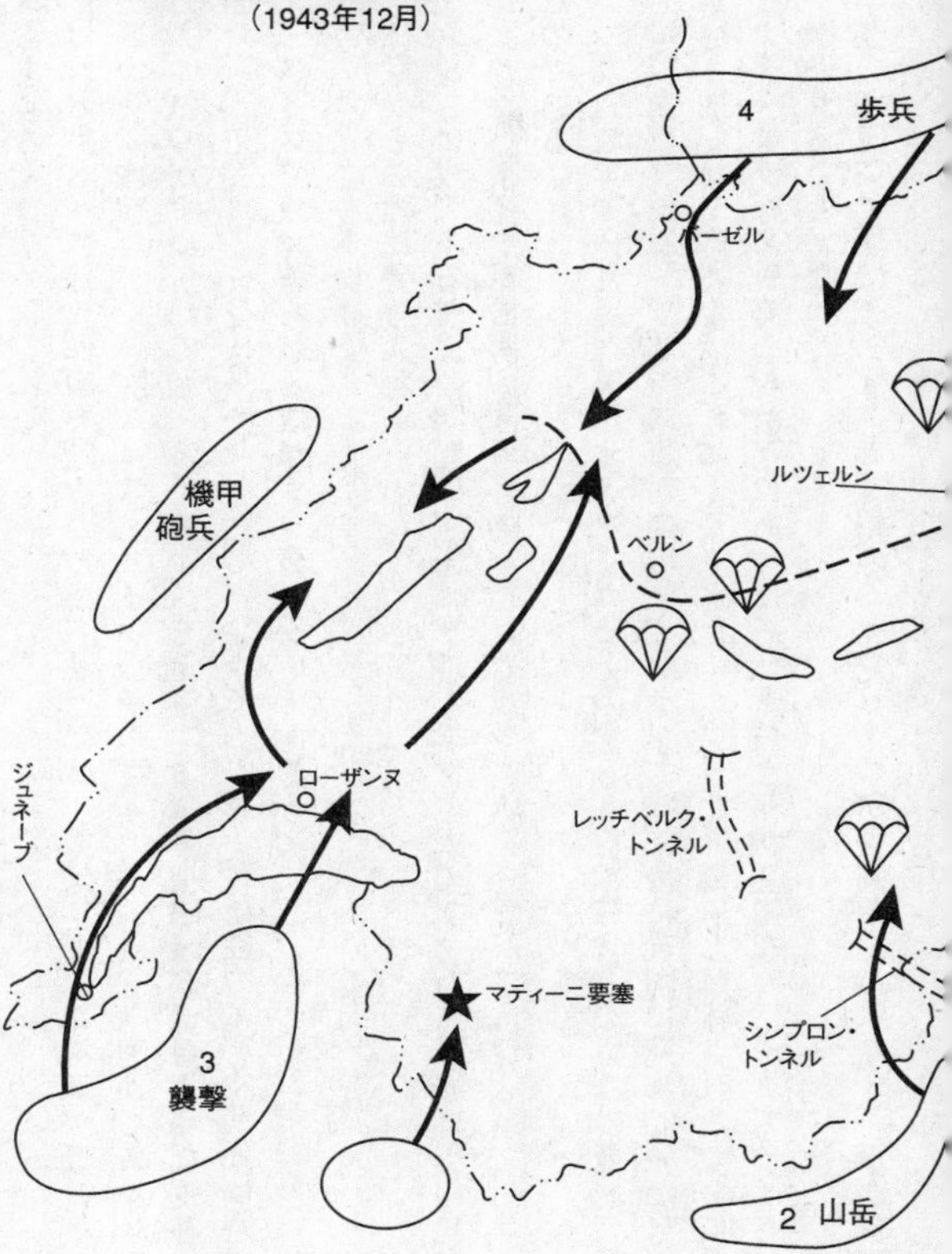

て何段階かのスイス国境突破の警報が、ギザン将軍の耳にもいれられたことがあった。その警報の裏付けが確認されなければ動員令は発令されないが、調査により謀略とわかったケースもあった。

けれどもスイス侵攻作戦を踏みとどまらせたのは、やはりギザン将軍が敷いたスイスの国防軍の防衛体制だった。駐スイス・ドイツ公使のキュッヘルは、本国からスイス軍の抵抗能力についてたずねられても、スイス占領を希望する戦争指導者が望むような返答はできなかった。「損害は予想外に拡大し、長期戦への突入と戦争継続能力に響く消耗は避けられない……スイス侵攻は得られる成果が見合わないであろう」。

仏伊からの難民受け入れ

スイスに流入する難民の問題は、先に挙げたユダヤ人のファシズム圏外への脱出だけではなかった。ドイツ軍の勢力圏外への逃亡はフランス人やイタリア人によっても実施されていたのである。

一九四二年十一月連合軍が北アフリカに上陸すると枢軸陣営としてこの地域の戦いに参加していたヴィシー・フランス軍が崩壊し、フランス降伏後に英国に逃れていた自由フランス軍へと加わっていった。これによりヴィシー・フランス政府も解体されることになり、この親ナチ・フランス政府の統治下にあった南仏も被占領状態になり、ナチスドイツによる軍政が敷かれることになった。

翌一九四三年夏にイタリアで首相のムッソリーニが失脚してバドリオ将軍が首相となる政

変が起こると、その直後の九月三日にイタリアは連合軍に降伏した。この事態に、ナチスドイツはイタリア半島を東西に横切る防衛線を数次にわたって形成し、シチリア島から半島の突端に上陸して北上する連合軍を迎え撃つ防衛戦闘に突入した。連合軍はイタリア南部から次第に勢力圏を拡大して、十月三日には南部のイタリア共同交戦軍が連合軍の一員に加わって参戦した。これに対してナチスドイツは、九月九日に連合軍が上陸したサレルノよりも以北のイタリア半島を押さえ、軟禁状態から解放したムッソリーニを代表とするイタリア共和国を北部に樹立させ傀儡国家とした。

以降、一九四五年の春までイタリア半島をも戦場として、ふたつの国家体制にされたイタリアも巻き込んで、ナチスの抵抗戦が続けられることになる。こうしてフランス全土および連合軍勢力下となった地域以外のイタリアが、事実上ナチスドイツの支配下に置かれたというのが一九四三年だったのだが、これはフランス、イタリア両国から多数の脱出者、難民を発生させることになった。

ナチス協力のかどで終戦後に処刑されることになる占領下のフランスのラバル首相は、（ドイツ抑留中のフランス兵捕虜の休暇と引き換えに）数十万人に上るフランス人労働者をドイツ国内での工場労働に応じたが、これに承服できないフランス人労働者の多くは、レジスタンス活動のために地下に潜るかドイツへの移動の際にスイスの国境線を越えて逃げ込んできた。イタリア北部でも、連合軍への降伏、ナチスによる支配という苦境ゆえに、二万人ものイタリア兵および市民層がスイス南部の国境線へと逃れてきた。

ナチスによる逮捕、捕縛を逃れてスイス国境線をめざすことは第二次大戦中の重要テーマのひとつであり、これを扱った映画なども非常に多数存在する。それを阻止せんとするナチスとのやり取りがポイントとされてきたが、クリストファー・プラマーやジュリー・アンドリウス扮する退役オーストリア軍将校の家族（トラップ家）の脱走劇が終盤のものがたりとなった「サウンド・オブ・ミュージック」、サーカスの象を連れてオリヴァー・リード演ずる脱走連合軍捕虜らがスイスをめざす「脱走山脈」はスイスへの逃亡に何とか成功している。これに対してアルプス山脈が見えるところまで逃亡しながら、惜しいところで捕獲された例としては「大脱走」のスティーヴ・マックィーン、ジェイムズ・ガーナーらが有名だろう。

かつてユダヤ人難民に対して入国拒否政策を採ったスイス連邦政府は、今度も流入を制限しようとした。いつまで続くかわからない大戦下、食糧の供給難が懸念されたからでもある。けれども今回はスイス国民が仏伊両国からの難民受け入れに積極的になって、厳しい状況下での収容施設拡大となった。

難民数は南仏占領直前の一九四二年十月が一万二千人弱だったところ、イタリア降伏直後の一九四三年十月には六万人を越え、ヨーロッパの戦争終結時には十万人を大きく上回っていたという。スイス国民のほかこれだけの数の受け入れ難民のための糧食を揃えることもスイスのもうひとつの戦いであった。

連合軍機によるスイス領内爆撃事件

大戦関連の記述に関しては「勝てば官軍」という見方、考え方はもういささか古過ぎるだろう。むしろ戦争という惨事が人心を惑わし、狂わせたとみるべきではないだろうか。

第二次大戦中の不法行為や非人道的活動というと、その事例は枢軸国、連合国および中立国の別なく発生していた。中立を通したから戦争を忌避できた平和と正義の国とは言い難かったということについては、すでにいくつか挙げてきた（ユダヤ人に対する入国制限政策やドイツとの負の関係など）。

スイスの立場になれば貿易相手国の筆頭をドイツとしたことは、戦乱の時代での国家維持のため止むを得ない選択だったとみられているが、そんなスイスが許し難かったというのも英米連合軍側の立場だった。けれどもそこで「スイス許せず」と国際法上の中立国に対して武力に訴えたことは、「保護占領」という好都合な用語を操って中立宣言国に対して武力侵攻した枢軸国と、やったことは近かったのではないだろうか。

大戦勃発後、スイスの防空組織が厳格な対領空侵犯措置を実施しはじめたころ、対象になった侵犯機の大部分はドイツ空軍機で、英軍機もわずかながらこれらに含まれたという状態だった。やがて英空軍はルール工業地帯や主要都市部への夜間爆撃に移るが、このあたりからスイス領内への誤爆もあり得ないことではなくなってきた（夜間航法支援システムも未整備な段階）。ところが一九四二年頃にはＧＥＥ、一九四三年にはＯｂｏｅと、航法支援システムのステップ・アップが続いて、目的地に到達できない失敗は格段に減少した。

そんな一九四三年の五月から七月にかけて、スイス領内のチューリヒなど七ヵ所の工業都市が爆撃を受けた。これらは誤爆とはみなされず国際法に違反する行為とされ、スイス連邦政府は厳重な抗議をした。なおこの時期、ウェリントンやランカスターといった英夜間爆撃機が領空侵犯のかどで、スイスの高射砲によって相次いで撃墜されている。

ところが英爆撃機による爆撃の規模はまだ小さい方だった。一九四四年は連合軍の大陸反攻作戦が予定され、組織的な都市爆撃が実施されていたが、四月一日にシャフハウゼンが米爆撃機の大編隊による爆撃（昼間）を受けて、英軍機の爆撃の際よりもはるかに多い、百数十人に上る一般市民が死亡した。シャフハウゼンはライン河の北岸に突起したドイツ領内と見誤りかねない位置にある工業都市。よって、このときは誤爆として扱われた。なおこの種のトラブルはこれだけでは終わらず、翌四五年三月四日にもチューリヒ、バーゼルに米軍機の爆弾が投下された。

このように大戦中のスイスの空は全期間にわたって、ドイツ・枢軸側、連合国側の両陣営から侵犯される可能性が続いた。主要交戦国が高性能機を相次いで投入するため、スイスの防空部隊もそれに対応できるよう装備品を充実させる必要があったが、思い通りにできないのが軍事面での予算や技術力に制限がある中立国であった。新型のＢｆ109Ｆ、Ｇを買い付けることもできたが、おそらく納入検定で許可されなかったのではないかとも見られる欠陥機ばかり（そのため、結果的には以前からのＢｆ109Ｅを使い続けた）。

国内の航空工業のドフルグやＥＫＷも高性能機を開発するだけの力をつけたが、新型の戦闘機や攻撃機（Ｄ-３８０２、Ｃ-３６０４）は、終戦時で試作機の審査もしくは量産型の生産開始というところだった。

途中数次の組織改正によってスイスの防空組織は強化され、枢軸国圏に対する爆撃作戦で傷ついた連合軍機に対応する処理手順も整えられたが、損傷機に接近して基地まで誘導しているスイス軍機（Ｂｆ109）が連合軍側戦闘機に撃墜される事件も発生した。このときも誤認による撃墜として扱うしかなかった。重大な損傷を受けて飛行場までたどり着けず、スイス領内に墜落という事故も相次いだ。もっとも無事に飛行場に着陸できた各機は国際法に従ってスイス軍に接収され、搭乗員たちもしばしの抑留を強いられるのだが。

結果的に大戦中に発せられた空襲警報は約七千四百回。対領空侵犯措置行動によって撃墜した枢軸軍機は十二機、連合軍機十三機（墜落、不時着機はそれぞれ五十二機、百七十七機）。スイス側喪失機が二百機で、空軍力がらみの軍事活動での死傷者数が三百人以上——これが第二次大戦中のスイスにおける空の戦いであった。

また、スイス領内に逃れてきた米軍機を見ると総数百六十六機中、事故で喪失四十一機、修理不能の損傷三十九機、八十六機が修理可能な状態。機材はB-17、B-24という大型爆撃機から護衛戦闘機のP-51、連絡機のスチンソンL-5に及んだ。収容所に抑留された兵員の多くおよび修理可能な抑留機のうち、帰国が認められた機体がスイスを離れるのは、太平洋戦争終了後となった。

このように、領空侵犯から始まって、領土内へのいわれなき爆弾の投下に、ドイツ軍の迎撃による損傷機の受け入れ、また誤認による被撃墜と、大戦下においてはスイスの空も決して平和とは言えなかった。むしろ、中立を保つために必要悪とみられるドイツとの貿易を続けたのと同様、英米からの恨みを受けとめてみせる度量の大きな対処や事後の処理も、苦みばしった中立を維持するための上納金のようなものだったのだろうか。

終戦に向けての混乱から軍務の解除へ

一九四四年は、西方では連合軍がフランス北部のノルマンディーに上陸して大陸での反攻、ナチスドイツからの被占領地の解放を進めた。また東部戦線でも、ソ連軍が大規模な反攻に出て、これにともない枢軸国各国が相次いで離反するなど、ドイツ軍にとっては絶望的な年となった。

西ヨーロッパにおけるドイツ軍の反撃に備えて、ギザン将軍は再度の総動員令を連邦政府に要求した。ところがドイツ軍の弱体化をみた政府側は、限定的にのみ動員令を承認しただけだった。国防担当責任者と連邦政府との間の稀にみる意見の不一致だったが、このことは終戦翌年の将軍の報告書においても「最高司令官に召集権が与えられていなかった」と反省点に挙げられた。これを含めて大戦下のスイス防衛組織に関してはその後の見直しの対象になるものが多く、やがて平時における陸軍総監設置が提案されることになる。

一九四三年に実施されたスイスの総選挙で、社会党系の議席が伸びたことは、ドイツ軍相手の苦闘に耐えて厳しい局面を挽回したソ連軍に対するスイス国民の印象だったとも見られている。潜在的に敵対していたスイスとソ連両国も、厳しい条件下での中立維持、東部戦線での反ナチの勝利と、互いの健闘を認める方向に向かいかけた。

一九四四年晩秋にはロンドンで、両国の国交回復交渉のお膳立てまでなされたが、やはりソ連は甘くなかった。それまでのスイス側の反ソ活動を並べてソ連代表団は態度を急に硬化させて交渉を拒否。もうひとりの独裁者ヨシフ・スターリンは基本的に自由圏の疲弊をも望んでおり、自由圏の勝利と繁栄を認めることができないばかりか、ナチスとの手が切れた中欧、東欧の衛星国化に続いて、その後のスイスやオーストリアの支配、工業技術の奪取の画策という意図があったとみられている。すでに東西冷戦の幕は開かれていたのである。

スイス連邦にとっての最後の不安要因は連合軍側によるスイスの中立尊重と、敗戦で撤退するドイツ軍が国境線近くで交通要衝を破壊すること、また、オーストリアを越えてソ連軍が迫ってくることの三点だった。

ギザン将軍はドイツ軍討伐に当たっていた自由フランス軍のド・ラットル・ド・タッシーニ将軍と会見して混乱を避ける協定を結び、自由フランス軍はドイツ兵のスイス流入や交通要衝の破壊を阻止しながら作戦を遂行させ、約束どおり西オーストリアまで進出して、それより先へのソ連軍の進撃を妨げた。やがてこれがオーストリアのソ連圏衛星国化をも防ぐことになる。

ドイツ軍降伏（五月七日）の翌日には、スイス防衛軍の総動員令も解除された。戦後復興のための復員も早かった。残った仕事は終戦の残務だったが、終わりの目途が立った六月四日にギザン将軍も陸軍最高司令官を退職。軍務は連邦政府に引き継がれた。太平洋戦争も終了した四日後の八月十九日、スイスでの大戦終了のセレモニー「栄誉ある軍旗の日」の式典が、陸軍全軍の軍旗を集めてベルンで開催された。

第四章　戦争回避のための苦渋・スウェーデン外交

中立政策を背景とした開戦前夜の外交

一時的に遠ざかった戦争の影

北から東にかけてはドイツ（オーストリアはドイツに併合）、西はフランス、南はイタリアと国境線を接するなど、スイスも主要交戦国と隣り合わせというきわどい位置にあった。それでも何とか戦禍を最小限に抑えることができたのは、アンリ・ギザン将軍の指導のもと強固な防衛体制が構築されたことに加え、やはり国土の三分の二近くが急峻なアルプス山系に属しており、地上軍による侵攻が著しく困難だったからであろう。

フランス出身の国王カール・ヨハンの治世以降の国是となった戦争不介入の政策を貫いた北欧の中立国スウェーデンの場合、位置関係から見ると、こちらも戦争に巻き込まれなかったことの方が不思議のような印象を与えられる。かつての大国バルト帝国もスカンディナヴィア半島を北、西側のノルウェーと分け合うかたちにし、長い海岸線がボスニア湾とバルト海に面している。面積も四十五万平方キロとノルウェー（三十五・七万平方キロ）よりもだいぶ広いが、人口密度はノルウェー、フィンランドの約一・五倍というところは、いわゆる「半島経済立地」（＝半島の東側が経済的に栄える）が当てはまったということなのだろうか。

地続きの国境を接するノルウェー、フィンランド以外とは海洋を隔ててはいるものの、ストックホルムからバルト三国までが三百～四百キロ程度、南端に近いマルメからドイツ、ポーランドまでは百キロはあっても二百キロはないという近さだった。大戦間に航続距離が一気に拡大した航空機からすれば、難なく往来できる距離である。

海峡の対岸ではあるが、伝統的に文化や経済、科学技術の交流を通じてドイツとの関わりに浅からぬものがあった。そしてこのことが、一方では第一次大戦中に連合国諸国から「スウェーデンの親独政策」と見られる要因にもなった（スウェーデンにしてみれば厳正中立を維持したものとされている）。

けれども、ドイツ側の一部の要人の親族がスウェーデンに居留し、また、第一次大戦の敗戦により生活の場をスウェーデン（ほか中立国）に移したドイツ人がかなりいたことも事実だった。例えば、第一次大戦中のエース・パイロットで、第二次大戦ではナチスドイツの空軍最高司令官、国家元帥となるヘルマン・ゲーリングは第一次大戦の敗戦後、スウェーデン、デンマークで巡業飛行士として過ごした。その時代にスウェーデン貴族の出のカリン・フォン・ツォーを妻にめとっている（カール・グスタフ・フォン・ローゼン伯＝後述＝のおじに当たる姻戚となる）。また一九二三～二七年にかけてスウェーデンで過ごし、創生期のスウェーデン民間航空事業にも関わっていた。このほかにも、相当数のドイツの航空工業および軍事産業関係者たちが、敗戦国の制裁措置として航空活動が制限された時期に、活動の場をスウェーデンに移していた。

前世紀初頭に失われた領土が、潜在的脅威対象国ロシア（ソ連）から離れて新国家フィンランドとして第一次大戦後に独立したことはスウェーデンにとっても喜ばしいことだった。その一方でスウェーデン語を話し、文化的にもスウェーデンに近かった、ボスニア湾入り口のオーランド諸島が国際連盟の理事会の裁定で「フィンランド領」とされたことは、驚きと失望感が混じった感情を噴出させた。第一次大戦中はロシアによるオーランドの島々での軍事施設設置に抗議し、さらにオーランド諸島の住人たちも多くはスウェーデンとの併合を望んでいた。しかし裁定が下った以上はそれに従い、禍根としないことが中立国スウェーデンの国是であり、行き方でもあった。

だが概して、第一次大戦後のフィンランド、バルト諸国（エストニア、ラトヴィア、リトアニア）の独立とポーランドの独立国としての復権はスウェーデンほか、軍備による強国化をめざさない国々にとっては歓迎すべきことだった。国際連盟の組織化への対応に関するスウェーデンとスイスの違いについては先に触れた（「国際連盟へのスイス、スウェーデンの対応」）。けれども国際機関への参加については、カール・ヨハン以来の中立政策が揺らぎかねない恐れがあったほかにも、国際連盟を危惧する要因があった。ウィルソン合衆国大統領が唱える、恒久的な国際平和をめざす新たな国際秩序づくりという考え方に基づいて発足したのにもかかわらず、言いだしっぺのアメリカ合衆国が参加しないことはおかしかった。それに、第一次大戦時およびその後の国際社会にとって最大の潜在的火種とみられていたドイツ、ソビエト連邦が参加していなかったことも不安視され、懸念の材料とされた。

バルト海沿岸諸国の平和維持

第一次大戦後の戦後処理を決めたヴェルサイユ条約により、ドイツの軍事力は事実上解体された。また、共産主義革命とその後の干渉戦争、自由独立戦争により、新生ソビエト連邦の国力も疲弊した。主権を回復したポーランドや独立が成ったフィンランド、バルト三国ほか、スカンディナヴィア半島のスウェーデン、ノルウェー、それにデンマークや低地諸国も戦後復興に勤しみ、平和を謳歌できる時代が到来した。

史上初の共産主義国となったソビエトに警戒感を抱いて干渉戦争を起こした列強国も、時が経つにつれて承認するようになった。だがそうなると、ソビエトを含む列強国の軍事力の強化、ソ連軍によるバルト海支配が周辺諸国にとって新たな脅威となった。そこでこの地域の新国家群の間で望まれたのが、当該地域一帯の同盟化、中立地域化であった。そして中立政策を継続してきたスウェーデンに対しては同盟のリーダーシップが期待された。

「不干渉、不介入」を旨とする中立政策と同盟関係自体が相容れないというか矛盾しているようだが、国際紛争の際に中立国を標榜するがゆえの苦難を経験してきたスウェーデンにしてみれば、この構想は関わるべきことではないとされた。中立を守るには、マキャベリズムの「狐の智恵と獅子の勇気」にとどまらず、そのうえにさらに「貝の辛抱」が求められた。だがこのことも、スウェーデンでは経験的に認識されていた。別の言い方によると「(中立政策とは) 氷のように冷血で、利己的、かつ生存のための可能性の政策」とされる (武田龍夫「戦う北欧」)。

財政規模が小さかった新国家群には(伝統的にドイツとの浅からぬ関連があった)スウェーデンからの軍事支援への期待もあった。だが一九二〇年代は、第一次大戦に積極介入しなかったスウェーデンにとっては、自国のための防衛力整備すらままならなかった。当然、フィンランドのグスタフ・マンネルハイムのような軍事的指導者にも恵まれていなかった。

領土問題など国際紛争の火種がくすぶっていた国々の間では、利害が一致する国々が国際連盟の枠内で軍事同盟を結ぶようになり、バルト海沿岸国中立同盟の構想が破れた諸国もやがて防衛のための同盟関係を締結しはじめた。その動きは平和な時期には緩やかに、そして経済の成長が頭打ちになって国家間の関係がきな臭くなりはじめるとにわかに活発化してきた。

歩きはじめた武装中立体制

果たして、一九二九年晩秋のニューヨーク・ウォール街の株価大暴落に端を発する世界大恐慌が発生すると(共産主義国のソ連以外の)国際社会は、対応の方策により二分されることになった。公共投資額の増加および保護主義経済体制で乗り切ろうとする米・英連邦側と、対外領土拡大に走る全体主義国側(日独伊)とが対峙する図式になったのである。フランスやスペイン(市民戦争直前の時期)のように左派が優勢になった国もあったが、スウェーデンでも社会民主党のペール・アルヴィン・ハンソンが連立政権を組織して福祉国家実現のための諸施策を打ち出した(一九三六年以後)。もっともこの福祉重視の方針が重んじられるようになるには、この後さらに十年もの時間を経なければならなかった。一九三六年はスウェーデンでは福祉重視の方針とは裏腹に、軍備の増強が重んじられはじめた年でもあった。本格的に防衛予算が跳ね上がったのは、やはり第二次世界大戦の戦端が開かれた一九三九年のことだったが（一九三八年＝五千万ドル、三九年＝四億ドル、四〇年、四一年とも＝六億ドル）。

一九三〇年代後半にヨーロッパ各国の国防予算が拡大に向かったのは、アドルフ・ヒトラー率いるナチス党が政権を取ったドイツを軸に、再度の世界大戦争に向けて歯車が回りはじめていたからであった。第一次大戦後の平和を「永劫に続くもの」と謳歌し、浸りきっていたヨーロッパ諸国（全体主義国としてドイツの先輩格にあったイタリアは別として）はおおいに驚愕した――ヴェルサイユ条約を破棄した新たな軍隊の存在を公にしたナチスドイツに、またメイデーの観閲飛行の際、数百機もの四発重爆撃機にモスクワ上空を飛行させたソ連軍の軍事力に対してである。

北欧の各国も一九三五年四月（この回にはフィンランドは招かれず）、一九三八年四月、同年七月（これには低地諸国からも参加）、三九年二月と中立維持のための協力をめざした外相会議を催したが、なかなか実りある成果は得られなかった。防衛力強化、軍事的協力、大国への対応などを巡って北欧諸国の外交方針が分裂していたからでもある。会議の内容は回を追って不安が高まる一方、有事を前提とした防衛力整備（航空監視体制、灯火管制、共同地図の調整など）に重きが置かれるようになっていった。

一九三九年五月には大戦突入前最後の北欧外相会議が開かれたが、このときは前月二十八日にドイツから各国に申し入れられた「不可侵条約」への対応が議論された。この会議の結果を受けて、スウェーデン、ノルウェー、フィンランドは「中立、領土の保全および独立を維持するため不可侵条約は締結せず」と拒否することとし、デンマークのみ締結交渉に応ずると返答した。

このような流れにおいて、スウェーデンは武装中立の考えに基づく防衛力強化の路線を重視せざるを得なくなったが、スウェーデンの軍事技術がドイツによって育成されていたというのは、皮肉な巡り合わせだった。先にも述べたが、はるか十年以上も以前にさかのぼり、ヴェルサイユ条約によって活動制限を受けていたドイツ軍事技術者たちが技術開発の研鑽の場としていたのが、スウェーデン（ほか中立国）だったからである。

スウェーデンで最初に戦車が製造されたのは一九二一年のこと。第一次大戦の終戦から三年、フィンランドなどの自由独立戦争のさなかという時期だったが、これはドイツの試作戦車LK・IIを基にしたStrv m／21で（Strv は Stridsvagn＝スウェーデン語の戦車＝の略語）、間もなくこの戦車を装備するスウェーデン初の機甲部隊が編成された。ドイツ人の装甲車輌開発技術者たちにとってもスウェーデンは貴重な雇用の場で、南部のランツクロナに工場を有していたABランツベルク社では、これらドイツ人技術者たちを招いて技術移入に勤しんだ。

一九三〇年代前半にはハンガリーにライセンス生産権が販売される七トン級のL-60が開発されるまでになっていた。一九三六年にはスウェーデンでも戦車大隊の編成が着手され、一九三〇年代末までにABランツベルク（四〜十一トン戦車を六種ほど開発）ほかユングナー社でもチェコスロヴァキアのCKD／プラガ社で開発された軽戦車のライセンス生産を開始していたが、大戦争を前に台数不足が懸念された。急ぎ、CKD／プラガ社に十一トン級戦車を発注したが、一九三九年春にチェコはドイツによって支配された。これにより、注文していた戦車も生産途中でドイツ軍に押さえられた（後にStrb m／41としてライセンス生産が認められる）。

外国にライセンス生産権が販売されたスウェーデン製の武器というと、よく知られているのはABボフォース社の機関砲類であろう。スカンディナヴィア半島の東〜南岸に長大な海岸線を有するスウェーデンは一方ではヴァイキング以来の海洋国であり、第二次大戦時も八隻の海防戦艦（列強国の戦艦よりも排水量は一桁内輪）を保有していた。そのようなスウェーデン海軍艦艇に装備するための軽量対空機関砲として一九二八年に開発が始まったのが四十ミリボフォース機関砲だった。

このほかにもドイツからのUボートの造船技術者の指導により、潜水艦の開発、建造が進められた。よってスウェーデンは周辺諸国を上回る、ヨーロッパにおいては主要参戦国に次ぐ規模の海軍力を有するに至っていた（戦史においても有名なスウェーデン軍艦に、航空巡洋艦ゴトランドがあった＝後述）。

中立国に求められた武器商人の性格

ボフォース砲の量産は一九三〇年に始まり、陸軍用の移動式対空火器としても需要が大きかった。軽量ゆえの使いやすさと命中精度、破壊力は同クラスの機関砲のなかでも最高級と各国で評価され、陣営の別なく欧米で広くライセンス生産された。対独宣戦布告をした英国ではドイツ空軍機による航空攻撃に備えてこれら対空砲の量産と航空基地への配備を急いだが、必要基数が揃えられずハンガリー、ポーランド製のボフォース砲まで買い集めた。その甲斐あって一九四〇年のバトル・オブ・ブリテンの際には、ボフォース砲がドイツ機に対して相当な力を発揮したという。

第一次大戦勃発時にカール・セデルストレーム男爵、エノッホ・ツーリン博士という航空工業の先覚者を輩出したのにもかかわらず、スウェーデンの航空工業の第一次大戦後の凋落振りは著しかった。このふたりは、それぞれ飛行中の事故で死亡し、事業がそのまま受け継がれることがなかったからである。

そのようなスウェーデン航空工業を、再立ち上げしたのもドイツ人たちだった。独海軍水上機のパイロットだったカール・クレメンス・ビュッカーはストックホルムでスヴェンスカ・アエロＡＢ（現・ＳＡＡＢ）を起こし、ドイツ国内で飛行の自由が奪われていたエルンスト・ハインケルを招き（拙著「ドイツ戦闘機開発者の戦い」）、ユンカース社もストックホルムに工場を設けた（ほかにソ連・モスクワ近郊のフィリ工場などにもユンカース工場を設置）。

ドイツ人航空技術者たちは、ナチス政権下においてドイツの航空工業が人目をはばかることなく再興されると帰っていったが、それまでは中立国を活動の場として、試作機の飛行試験や技術指導、それにスウェーデンの軍部の要求に応じた航空機の生産に務めた。

この当時に開発された各機はしばらくスウェーデンでも作られ続けたが、一九三〇年代後半には眼に見えて旧式化。再度の大戦争勃発の危機に直面して、近傍の小規模軍事力国家と同様、外国機の購入を急いだが、どうにか売ってもらえた実戦機は種類が限られていた。イタリアの戦闘機（レッジアーネRe2000）や偵察機（カプロニCa313）、それに反枢軸国域外への輸出が禁止される前のアメリカ製のセヴァスキーEP-1（P-35の輸出型）や旧式な複葉戦闘機くらい（ほかにライセンス生産権も何機種かについて購入できたが）。

アメリカのヴァルティー社からは輸出用のヴァンガード戦闘機を買い付けることになっていたが、国際状勢の悪化により船積み直前に合衆国政府が取引を停止（反枢軸国以外に対しては禁輸という措置）。このヴァンガード戦闘機はスウェーデン語の解説付きのまま、日本軍と戦う中国に振り向けられてしまった。

そこで自国が戦争に巻き込まれた際にさし当たって必要になるとみられた、近代的な迎撃戦闘機や警戒・監視用の偵察機、侵入阻止爆撃用の攻撃機などはSAAB社で開発、生産されることになった。その際には、航空技術、エンジン技術については、ドイツのみならずアメリカからも移入された。

主要交戦国以外の国々、潤沢な防衛予算を組めない国々はひとくくりに「小国」と表現されることが多い。スウェーデンもまたこの範疇で捉えられるが、この国の伝統的な考え方に則った武装中立政策により、小国らしからぬ「ハリネズミのような」軍備の充実は、第二次大戦勃発直前の時期から挙国体制で実施された。大戦争の終わりとともに挙国体制は解かれたが、ハリネズミ状態は二十一世紀に至った今日でも継続されている。

第二次世界大戦突入から三ヵ月後（ソ連軍がフィンランドに侵攻を開始してから二週間後）の一九三九年十二月十三日には、ハンソン首相の挙国連立政権が成立していた。エストニア、ラトヴィア、リトアニアのバルト三国はこれより前の十月中に、実質的にソ連の支配下に置かれる「相互援助条約」を結ばされていた。この条約の締結を拒んだフィンランドがソ連軍の武力侵攻を受けて「冬戦争」に突入したということである。

当然、この種の軍備増強は「輸入に頼らず国産化」とぶち上げても短期間でできるものではなかった。スウェーデンでこれが可能だったのはカール・ヨハン以来の貿易重視政策が採られていたからであろう。また、国土から産出される鉄鉱石など豊富な鉱物資源、それにすでに育成されていた重工業、機械工業が下地になっていたことも見過ごすことはできない。ボフォース砲など高性能の武器を開発して輸出（ライセンス生産権販売）するという武器商人としての途は、交戦する両陣営の間を泳ぎきるためのもうひとつの生き方だったのだろうか（スイスでもエリコン機関砲の製造権を販売していた）。なお両陣営に渡ったスウェーデン国内での製作物としては、ほかにSKF社製のボールベアリングが知られている。

大戦争の嵐に翻弄される極北の国々

冬戦争への介入

交戦状態にあるどちらの陣営に対しても軍事的な支援をしないから「中立国」と認めてもらえるのだろうが、一方を（陰ながら、非公式に）支援しなければその次の戦渦に巻き込まれかねなかったというのが、第二次世界大戦であった。低地諸国のオランダ、ベルギー、それにスウェーデンの隣国ノルウェーは「フォウニ・ウォー」こと座り込み戦争の小競り合い状態になっていた頃、英仏、ドイツ両陣営に対して厳正中立の方針で対処したが、一九四〇年春からのドイツ軍の本格的侵攻（電撃戦）に曝されると、英仏連合軍の軍事支援を受けても抵抗することができず、占領が免れられなかった。

これに対して、中立国を除くヨーロッパ大陸西部がドイツに制圧された後、英国もドイツ軍の軍門に下って占領されてしまえば大西洋の航行の自由と安全が失われ、大洋を隔てる南北アメリカ大陸にも戦火が及びかねないと考えたのがアメリカ合衆国だった。合衆国はヨーロッパでの戦争突入時には中立の態度を表明したが、枢軸国と交戦する国々への武器、軍需物資の供給には積極的だった。

一九三九年十一月三十日に「国境警備隊へのフィンランド兵の発砲」を口実に、ソ連軍機によるテリヨキ空爆に端を発する「冬戦争」が勃発すると、軍事大国ならではの横暴を繰り返すソ連への非難が各国から集中し、一方的な武力侵攻を受けたフィンランドへの同情が集まった。とはいえ、それぞれの国々にも戦渦が迫っていたため、また、ソ連との外交関係破綻も懸念されたので、本腰を入れたフィンランド支援にはなかなか踏み切られなかった。

そんな状況下、スカンディナヴィア半島のスウェーデン、ノルウェーやデンマークが義勇軍派遣、武器供給と、可能なフィンランド支援に勤しんだのはアメリカ合衆国の抗ファシズム国支援と同様の考えによるものであろう。フィンランドがとりわけ支援国として協力を仰ぎたかったのは、自由独立戦争の際も（暗黙のかたちで）力になってくれたスウェーデンだった。だが対外的に中立を表明している以上、表立っての軍事支援がはばかられたのは以前と同様だった。

それでも十二月にはいると、スウェーデン軍はボフォース社製の機関砲、対戦車砲にとどまらず、英国から購入してあったグロスター・グラディエーター複葉戦闘機やライセンス生産したホーカー・ペガサスハート軽爆などを八千名規模の義勇兵とともにフィンランドに派遣した。航空機のインシグニア（国籍マーク）は自国の青地に黄の王冠マークから、あのフォン・ローゼン家の幸運の青スワチカに塗り替えられた。

義勇航空部隊はフィンランド軍隷下の義勇軍部隊（F-19）として奮戦したが、戦闘訓練がフィンランド空軍ほど充分ではなかったため、派遣規模からすれば少ないとは言えない損害を被った。義勇兵を送ったのはスウェーデンだけでなく、カナダ、イタリア、アメリカなどからも参加者があったというが、組織的な戦力となったのはやはりスウェーデン、北欧からの派遣部隊だった。

自由独立戦争の際にツーリンD機で参加したエリック・フォン・ローゼン伯の子息、カール・グスタフ・フォン・ローゼン伯が、どこからか購入してきたアメリカ製の旅客機ダグラスDC-2「ハンシン・ユッカ号」やオランダ製の試作戦闘機（コールホーフェンFK-52）を持ち込んで駆けつけた。ハンシン・ユッカ号に爆弾を搭載してのソ連軍前線基地への奇襲攻撃は蛮勇に近く、一回だけの作戦にとどめられたが、同旅客機は子女の疎開や支援物資の空輸にとおおいに活躍した。

このときの伯爵の作戦活動は若気の至りのような印象を与えないでもないが、カール・グスタフ・フォン・ローゼン伯は戦後もビアフラ紛争に際して赤十字の依頼による支援物資空輸に従事。その最中には、爆装したSAABマルメMFI-19軽飛行機で侵入者側であるナイジェリア空軍の基地への奇襲攻撃を敢行。言われのない不当な武力の介入が、心の底から

バレンツ海
ムルマンスク
ラップランド
カレリア地峡
フィンランド
ボスニア湾
ラドガ湖
タンペレ
ヘルシンキ
フィンランド湾
レニングラード
オーランド諸島
タリン
エストニア
ゴトランド島
リガ湾
ソビエト
連邦
ラトビア
リガ
バルト海
リトアニア
ビリニュス
カウナス
東プロイセン
カリーニングラード
ポーランド
(ドイツ占領地)

第2次大戦下の北欧

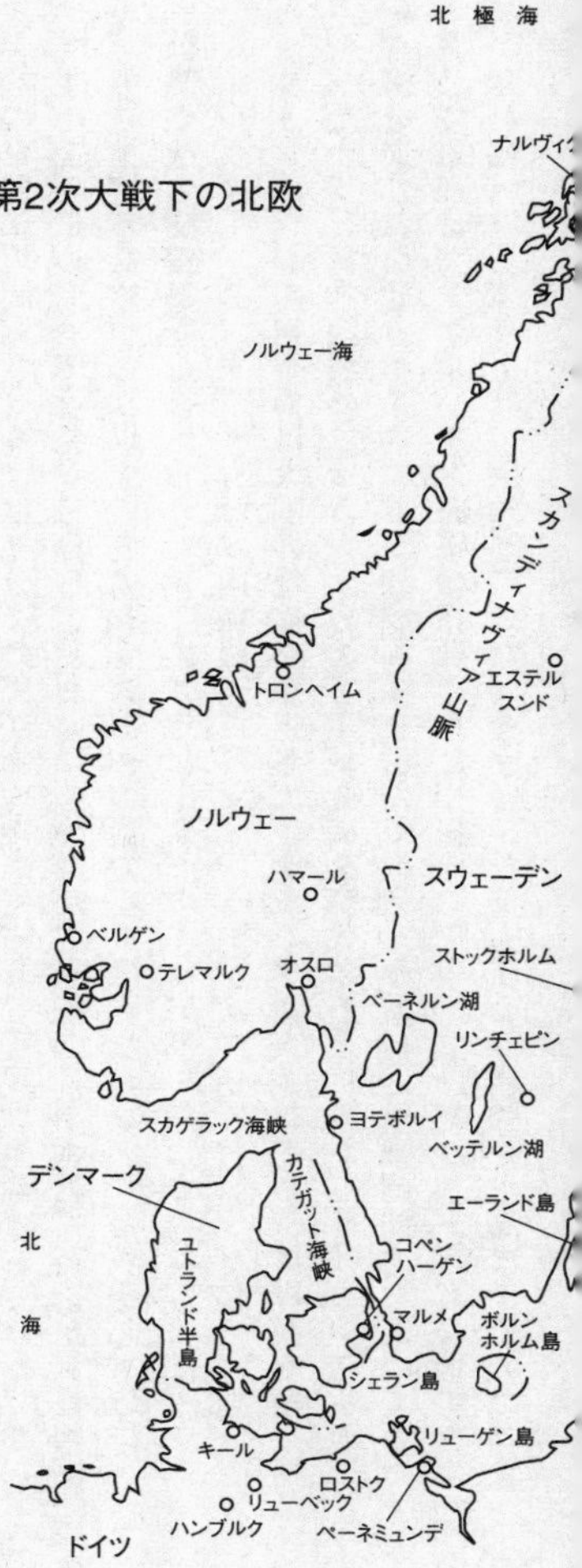
北極海
ナルヴィク
ノルウェー海
スカンディナヴィア山脈
トロンヘイム
エステルスンド
ノルウェー
ハマール
スウェーデン
ベルゲン
テレマルク
オスロ
ストックホルム
ベーネルン湖
リンチェピン
スカゲラック海峡
ヨテボルイ
ベッテルン湖
デンマーク
カテガット海峡
エーランド島
北海
ユトランド半島
コペンハーゲン
マルメ
ボルンホルム島
シェラン島
リューゲン島
キール
ロストク
リューベック
ハンブルク
ペーネミュンデ
ドイツ

許せなかったのであろう。

ハンソン首相による挙国一致の連立政権が成立したのはそんな日々の最中のことだった。ところがソ連軍もすでに「陥落させるべき相手はフィンランドのみ」とはしていなかった。スウェーデンほか北欧諸国に対しても圧力をかけてきており、フィンランド寄りの報道を詰問し、また義勇軍の派遣を責め立てた。タス通信からも、中立政策の表明に隠れてのフィンランド支援を強く批判した。そして年明け後の一九四〇年一月中旬に起こったのが、バルト海沿岸のスウェーデン領内へのソ連空軍機による爆弾投下事件だった。

これが故意による一種のデモンストレーションだったのか、意図せざる誤爆だったのかはわからないとされている（中山雅洋「北欧空戦史」）。だが、ほんものの戦闘状態をスウェーデンの市民に垣間見させるには充分な効果があったのだろう。国民、軍部ともフィンランド支援の継続をめぐって意見が二分しておおいにもめたが、翌月二月十六日にハンソン首相は「中立維持のため、これ以上のフィンランドへの武力支援は行なわない」と表明し、以後、公然の武力支援は差し控えられた。この状況は英仏、ドイツの間で板ばさみ状態に陥っていたノルウェー、デンマークもほぼ同様だった。

フィンランドの空軍力は大国の侵攻を想定して、オランダ領東インドネシア軍が受領を拒否したオランダ本国製のフォッカーＤＸＸＩ戦闘機を購入すると、これをライセンス生産。本機を乗りこなせるパイロットが錬成訓練を積んで鍛え、事前に迎撃戦闘能力を高めていた。概して軍部はマンネルハイム将軍の指揮のもと、極北の天候やフィンランド特有の地勢を生かした戦い方を練り上げ、慣熟していた。そういった努力により精強さが高まっていたフィンランド軍は、予想外の健闘をみせてソ連軍侵攻部隊に大損害を与えた。

とはいえソ連軍とは武力の面で圧倒的な差があったので、フィンランド軍もいつまでも戦い続けることはできなかった。冬戦争ではフィンランド領内にある無数の湖が氷結したのを飛行場として利用したゲリラ的な戦いが行なわれていたため、湖が溶け出す春以降になると地の利を生かした神出鬼没の戦い方はできないとみられた。

ソ・フィン両国の調停役を買って出たハンソン政権の外交担当は、休戦に向けての交渉を急いだ。当然、日々の戦いに明け暮れるフィンランド側の外交部門も講和への労を惜しまなかった。それらの努力が実って、三月はじめにはなんとか当事者の両国が和平交渉のテーブルに着く段取りが整い、三月六日、フィンランドのリチ首相らがモスクワに到着。スウェーデン外交部が事前に承諾を得ていた交渉内容に沿ってはなしが進められて、十二日には休戦協定が結ばれ、十三日に停戦となった。フィンランド軍を率いたマンネルハイム将軍は、F-19を訪ねるとスウェーデン義勇兵たちに直接に接して、命を張った隣国支援への謝意を述べたという。

休戦協定の内容により、カレリア地峡、オラヤルビ地方がソ連側に渡って国境線が変更されたが、フィンランドの主権がバルト三国のように蹂躙されることは防ぐことができた。武力支援から調停役へと態度を換えたスウェーデンにしても、ソ連軍の脅威の接近をくい止めることができた点が非常に大きかった。

認められなかった英仏軍の通過

だが、苦境に陥っていたフィンランドを支援したのはスウェーデンや北欧の国々だけではなかった。大戦争を控え、また独ソとの外交関係悪化の懸念などから、最新鋭、虎の子の軍備の提供まではなかなか実施されなかったが、英国やイタリア、フランス、ハンガリーや日本などからも武器や支援物資がフィンランドに到着した。日本から届けられた竹はスキーのストックとして、冬場のフィンランド軍にとって意外に重宝されたようである。

フィンランドへの理不尽な武力侵攻が世界じゅうの批判を浴びたソ連は、一九三四年にようやく加盟が成った国際連盟から早五年で除名という処分を受けた（よって第二次大戦中のソ連軍は立場上、連合軍とはいえない）。共産主義体制を嫌悪していた英国のチャーチルに至っては、「冬戦争」に介入してソ連軍との戦闘突入をも覚悟していた。後年、ドイツ軍に攻め込まれたソ連を支援するために軍需物資を送るレンド・リース（武器貸与）の輸送船団派遣を英国が実施したのは「ヒトラー、ナチスと戦う相手ならば、地獄の悪魔に対しても援助する」（チャーチル）くらいの決意があったからのことだった。

しかしこの一九四〇年初頭という時点においては、ナチスドイツと戦える軍備と標榜していた英仏両国は、極北の小国相手に理不尽を繰り返す共産主義国を退治するためにスウェーデンを通過しての義勇軍派遣を企図した。宣戦布告こそはしていたがまだ小競り合いにとどまっていたドイツとの戦いが激化したときを考えても、スウェーデン領内における英仏軍の活動の自由は確保しておくべきだろう。何はともあれ、本当の派兵意図はその後の戦略展開を有利にするためのキルナ地方占領にあったからである。

ところがスウェーデンは三月二日、両国の派遣軍の領内通過を正式に拒否した。英仏からの領内通過要求は、スウェーデンの主権を重んじているとはみることができない。もとより英仏両軍のもくろみがキルナ地方を占領して鉄鉱石の採掘場を確保。さらにスウェーデン領内に対ドイツ爆撃の前進基地とすることだというのも見通し済みだ。

それに義勇軍派遣や武器類提供によりすでにソ連側からは厳しい見方が避けられなくなっていたが、さらに火に油を注ぐようなことは避けなければならない。また外交努力により三月初めには、両交戦国の休戦協定締結まで詰めの作業にはいりつつあった（この十日後に協定締結）。虎の尻尾を踏むようなことも、それまでの休戦に向けての交渉の努力を無に帰すようなことも避けなければならない。

この要求が退けられ、スウェーデンの友軍陣営への取り込みが果たされなかった英仏にとって印象が悪くなるのは当然の結果でもあった。両国では反スウェーデン感情が湧き上がるのも当たり前の流れであった。

ナチスの電撃戦下のスウェーデン外交

実際のところ、ソ連軍の隣国（およびスウェーデン本国）に対する脅威は一時的ではあるが収まりつつあった。その一方で、ドイツ国内にいるドイツ軍内の反ナチス高級将校からスカンディナヴィア半島侵攻作戦の情報が、ベルリンのスウェーデン公使館にもたらされるようになっていた。次にやってくる脅威は、ポーランド侵攻後は当面の戦闘活動を避けて本格的な侵攻に向け、軍備の再編に注力していたドイツ軍かとみられた。

この種の漏洩情報は信憑性も懸念されたが、コペンハーゲン、オスロにも伝達された。だが、北欧各国はこの種の知らせに対してそのつど過剰に反応するようなことはせずに、危険性、作戦の内容を多少割引気味に評価した。ところが、ドイツ軍によるデンマーク、ノルウェーに対する侵攻作戦は、このような「中立宣言」国の日常を破って四月九日から実施された。

反攻もしなかったデンマークの、わずか二時間半での陥落、また英仏カナダおよび自由ポーランド軍と交戦状態になった後のドイツ軍のノルウェーへの侵攻、占領については前の項（第二章二十世紀大戦下の中立政策、第二次世界大戦突入時の中立宣言国）で触れた。ドイツ軍によるノルウェー侵攻の初期戦闘も鮮やかで、九日の午前中までにオスロを制圧していた。午後にはノルウェー・ファシズム政党「国民連合」党首のV・クヴィスリングが新政権樹立を宣言した（以後、一九四五年に連合軍によって解放されるまでドイツ軍とともにノルウェーを支配。だが国王からも認めてもらえなければ、国民からも全く支持が得られなかった）。

クヴィスリング政権を承認しなかったホーコン・ノルウェー国王とその一行はオスロからハマル、エレーブルム、それにスウェーデンとの国境近くのドレーブシェーへと逃れたが、その間、ドイツ空軍機に襲われて危うく命を落としかけた。四月十二日にはスウェーデンへの避難を打診したが、ここでのやり取りはその後の両国間の禍根となった。

スウェーデン側からの協議を経ての返答は数度もたらされたが、いずれも「国王一行は歓迎されるが」で始まる表現だったものの遠回しの受け入れ拒否という内容だった。これはナチスドイツの眼を意識し、受け入れを認めた後のスウェーデンへの対応の悪化を懸念しての措置とみられている。仕方なくホーコン国王らはほんの一時、休息のための避難だけ認められた後、英海軍の艦艇でロンドンへと逃れていった。ロンドンではドイツに占領された国々の亡命政権が樹立されていたが、ノルウェーもこれに列せられた。

スウェーデンでも、かねて懸念されていたヴェーゼル川演習（北欧侵攻作戦）に直面して国防軍に総動員令がかかっていた。じつのところスウェーデンには、ドイツ海軍艦艇がデンマーク、ノルウェーをめざして洋上を進んでいる頃にドイツ公使から「スウェーデンから挑発するようなことをしなければドイツ軍は武力侵攻しない」と伝えられていた。スウェーデン国防省もドイツ軍の動きがなぜかスウェーデンには向けられず、デンマーク、ノルウェーに対してのみと分析していた。

事実、ヒトラーが発令したヴェーゼル川演習の指令の内容は「演習・南＝デンマーク占領」「演習・北＝ノルウェー占領」とされ、この時点においてはスウェーデンへの侵攻は具体的には挙げられていなかった。先にも述べたが、スウェーデンとドイツは伝統的に様々な面で結びつきが色濃く、また要人たちの血縁者たちの居住地でもあった。

ドイツ公使の「挑発しなければ武力侵攻はない」という発言にもかかわらず、スウェーデン国防軍は総動員に取り掛かった。ホーコン国王一行が保護を求めてきた十二日には、ハンソン首相は「将来に向けても厳正中立を貫く決意を有する……中立を維持するためならば、必要な戦いも辞さない……」という趣旨のラジオ演説も行なった。しかしながらスウェーデン空軍は、侵略を阻止、また敵方制空戦闘機と渡り合うだけの力をこの時点では有していなかった。それでなくても旧式で貧弱だったのに、フィンランドへの義勇軍派遣で消耗し切っていたのである。爆撃機にいたっては、ドイツで現役の作戦機の地位から退いたユンカース

Ju86のライセンス生産機（スウェーデン名・B3）などが十機ちょっとというところだった。

だがスウェーデン国防軍が動員を急ぎ、ドイツ軍の軍事活動に神経質になったのには理由があった。ドイツ空軍機は侵攻しないことの確約を通行手形にしたつもりだったのか、スウェーデン各地の領空を横切ってノルウェーに向かっていたのである。「事前通達を反故にしてやはり武力侵攻されるのか」とスウェーデンの国防担当者はこわばったという。

このような過剰ともいえる防戦の動きを見せはじめたスウェーデンに対して、ドイツ軍が占領もあり得るかと考えはじめたのは、ノルウェー戦で反撃に出た連合軍が十四日にトロンヘイム、二十日にナルヴィクに上陸したあたりからだった。不用意な戦闘拡大にはドイツ軍も慎重で、トロンヘイム上陸の翌日からスウェーデン海軍のF・タム提督はドイツ空軍総司令官のゲーリング元帥、ヒトラー総統と相次いで面談し、スウェーデン領内の武器、弾薬、物資の陸送通過承認の可否、またスウェーデンの中立政策について尋ねられた。連合軍撃退のための武器類を問題なく運搬できるなら、ドイツにしてもスウェーデンを支配する必要などないからである。

国王の滞在を拒否したものの、戦闘が長引いているノルウェーは、スウェーデンからすれば北欧の平和と中立のためにともに腐心した同盟国であった。それがドイツ軍の眼を気にして、フィンランドに送ったような義勇兵派遣や武器類の提供が今度はできなくなってしまったというべきか、それとも冬戦争において義勇軍派遣よりも調停役に徹するべきと学習したのか。ノルウェーにしてみれば、冬戦争のときとはまるで異なるスウェーデンの態度が後々まで残る恨みとなった。

ならばせめてノルウェー人の殺傷、被害につながるようなドイツ軍の武器類の通過は道義上、認められない。そこで、トレレボルイ－リクスグレンセン間の赤十字車輌の連絡、ナルヴィクへの民需物資の輸送、商船の乗員や傷病者の運送のみスウェーデン領内を通過できることとした。そしてスウェーデン側からは中立の厳守の表明がなされ、スウェーデンに対する武力行使の厳禁が求められた。

これを受けてドイツ側はスウェーデンの中立尊重を確約したが、武器、弾薬の運搬はしばしば赤十字マークが付けられた梱包によって試みた。明らかな密輸武器類は、この時点においてはスウェーデン領内で見破られると「通過拒否」として、ドイツ本国に送り返されていた。

戦争の嵐に巻き込まれるか否かの境目

フィンランドが攻め込まれた冬戦争の間もスウェーデンにとって間接的ながら苦難が及んだが、ノルウェーを巡る攻防戦も助けを求める隣国皇室をはねつけるという苦渋、冷酷さを強いられた時期だった。だが、これも後にわかることだがドイツ軍の西方電撃戦の最中にはスウェーデンも戦渦に巻き込まれる危機に瀕していた。

運搬できる路線および対象物を限定した赤十字列車の通行を認めたスウェーデンに対して、ナチスドイツは数ヵ月前の冬戦争の際にスウェーデンが行なったフィンランド支援の武器類提供を引き合いに出して、ゲーリングらは今回の領内武器類運搬の拒否を批判した。そして

「ドイツへの鉄鋼輸出が停止されるなら、それはただちにスウェーデンと戦争になる」と釘を刺した。さらに「スウェーデンは自身にとっても第二の故郷であり、交戦状態になることを本心では望んでいない」と、情にも訴えた。

スウェーデン側も脅されるままではなく「この拒否が原因となってドイツ軍が本当に占領しようとするならば、当然、国防軍を挙げて防戦を挑むうえ、港湾や鉱山、橋やトンネル、鉄道も使用可能な状態で残しはしない」とやり返した。

見直された後の新たな領内鉄道運搬の枠組みは五月下旬に発表された（船員や傷病兵の運搬・通過許諾……武器類はやはり禁止）。当然、この内容にはヒトラーも激怒した。けれどもスウェーデンにとって望ましく作用したのは、西方電撃戦による戦闘激化とそれにともなう極北の戦線での連合軍の撤退、無力化だった。ナチスドイツは中立政策にこだわるスウェーデンを何度か威嚇した（侵攻作戦の実施可能性も検討）。にもかかわらず五月十日以降は、ヨーロッパ大陸西部での戦いが厳しくなったこともあって、ドイツ軍にとってのスウェーデン問題は先送りされることになった。

だが、低地諸国、ノルウェー、フランスと相次いでドイツ軍の軍門に下り、大ブリテン島と北部アイルランドだけ（要するに大英帝国）がヨーロッパにおける連合国側の最後の砦となったチャーチル首相、英軍にとって、スウェーデンからドイツへの鉄鉱石供給は、憂慮の要素どころか阻止すべき重大事となっていた。スウェーデンにとってドイツとの戦争は避けられたが、英軍にしてみればドイツへのスウェーデンの戦争協力を妨害するための阻止作戦をいつ実施するか、というレベルの問題になった。

一九四〇年夏というと英軍はバトル・オブ・ブリテンでの迎撃戦、予想される英本土上陸作戦の阻止準備に忙しい時期だった。フランス北部沿岸に集まってくるドイツ軍側の輸送船、はしけ、それに港湾施設を攻撃目標として爆撃機も日々、出撃を繰り返していた。

その一環でということなのか、スウェーデン国内のドイツに輸出される鉄鉱石積み出し港を攻撃する作戦も練られていた。具体的には港の出入り口に船舶を沈めて封鎖、また、クレーンなどを破壊して使用不能にさせるというものだった（暗号名「カタリナ作戦」九月二十六日実施予定）。しかしながら事実上バルト海はUボートに制圧されていたので、積み出し港をいくつか使用不能にさせても意味がないと判断され、この作戦が実行されることはなかった。

ノルウェーを巡る連合軍とドイツ軍の戦闘は六月七日の連合軍側の撤退をもって鎮静化されたが、ノルウェーが降伏してドイツ軍の支配を受けるとなると、ドイツ軍のスウェーデン領内の武器類通過もノルウェー人を傷つけるためのものではなくなる。一週間後の十四日にはドイツ側はすかさず軍需物資を含めた無条件のスウェーデン領内通過を要求してきた。今度の拒否は「交戦状態」と引き換えという圧力（最後通告）も加えられていた。

スウェーデン政府では国際法や中立の解釈にまで戻って議論を重ねた末、七月八日にドイツからの要求を受け入れることとした。この決定には国内からの批判も強かったが、国土が戦禍に見舞われることを回避するために「中立」から「非交戦」の状態にまで退いての、ギリギリの譲歩とされた。このドイツ軍のスウェーデン領内通過の協定は、名目上でドイツ兵の休暇で帰国する際の領内通過を認めることとされたので「休暇協定」（異名＝輸送協定）

ムルマンスク
リクス
グレンセン
ゲリヴァレ
フィンランド

輸送協定によってドイツ軍が使用したスウェーデン国内鉄道の概略図

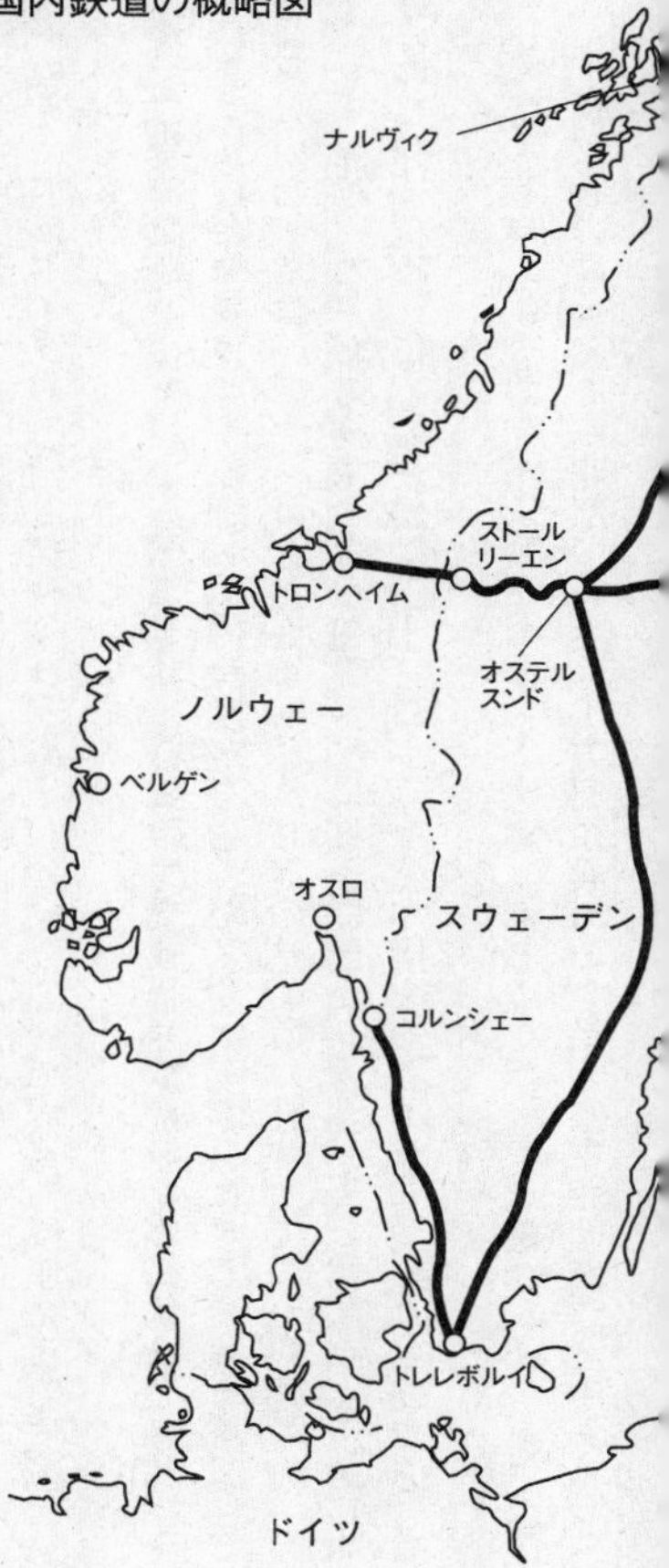

と呼ばれた。

ノルウェー戦役においてドイツ海軍の艦艇、輸送船は、英海軍艦艇によって少なからぬ損害を受けていた。これはドイツ海軍に英本土上陸作戦の実施をより慎重にさせるほどの、トラウマに近い強烈な印象となった。そのためスカンディナヴィア半島西岸のノルウェー海を回らずに、スウェーデン領内の陸地を通過してスウェーデンおよびノルウェーの鉄鉱石など鉱物資源（さらに兵士）を運搬できるようになったことは、ドイツ軍の戦争継続において大変な利益となった。

ノルウェー侵攻や西方電撃戦のように、戦闘を経た末に得られた、損失と引き換えではなかった点もポイントが高かった。戦闘後の占領とはならなかったためスウェーデンの経済、産業は無傷のうえ、反ドイツの感情も交戦後ほど高まっていないので、武力制圧による支配、管理のための労力も減じることができたからである。

当然、最後の砦の交戦国となった英国、それに自らの非交戦状態維持のために見捨てられたかたちになった亡命ノルウェー政府も、休暇協定を結んだスウェーデンに対して強く抗議した。英海軍にいたっては、スウェーデン海軍がイタリアの造船所に外注していた駆逐艦四隻が回航される際に、これらの拘束という強硬手段に打って出た（六月二十日）。スウェーデン政府はこれに強く抗議して、駆逐艦は三十日にようやく本国をめざす途につくことができた。

けれどもスウェーデンも、エスカレートするドイツ側の要求にただ譲歩し続けるばかりではなかった。鉄鉱石の産地である北部ノルウェー方面に兵力の大半を集中させせたこともあった。これはドイツ側の要求を拒否したスウェーデンに対してドイツ軍が武力を行使した際に、戦争継続のためにドイツが必要としている鉄鉱石を「ただではやらぬ」と態度で示したものでもあった。これに抗議したナチスドイツの政府に対しては「中立を守るため」とやり返したが「厳正中立を保つためなら必要な戦いも辞さぬ」という決意を表明したハンソン首相はやはり一筋縄でゆかなかった。一九四〇年にはいると、スウェーデン国防軍の陣容は二十五万人から成る兵団規模をめざして急ピッチで増強されていた。

このように一九四〇年四～七月という時期は戦闘状態にこそならずとも、スウェーデンにとっては英独両交戦国の間で心身をすり減らすような苦労を強いられた期間であった。だが、例の相互不可侵条約を結んでポーランド侵攻、占領手順、バルト三国の取り扱いまで事前に示し合わせていた独ソ間では「スウェーデンだけは中立国にしておくべき」という意見で一致していたという。そして連合国側自由圏諸国とも通じることもなく、独ソ両国に不利になることもしなかったスウェーデンの中立は保障された。この一連の流れを、スウェーデンが主要交戦国の間で巧みに泳ぎきったと見るべきか。それとも戦争を起こした独ソ両国の手のひらの上で踊らされたと見るべきか。

長期戦下のスウェーデン

脅かされるスカンディナヴィア西岸の航行

ノルウェー攻防戦後も、どうにかこうにか主権国家の地位にとどまっていられたスウェーデンだった。だが、外交面においても海上交通の安全の面においても、針の筵《むしろ》のうえに座らされていたようなものだった。

件の輸送協定（休暇協定）では、協定が結ばれた最初の半年こそは一万四千人のドイツ兵が交代したと言われている。ところが次第に、ノルウェー方面に向かうドイツ兵の数が圧倒的に上回るようになった。スウェーデンの鉄道は、連合軍の攻撃を受けずにドイツ兵を安全に半島の西岸に運搬するための輸送手段とされ、休暇のために帰還する兵士などやがてほとんどいなくなった。

バトル・オブ・ブリテンの最中にも、北欧に展開したドイツ空軍第五航空艦隊所属機が英国北部の空爆作戦を一度だけ実施したことがあった（大損害を被って失敗したので一回限り）。その後、英国からソ連に向けて北海航路のレンド・リース物資輸送船団が往来するようになると、ノルウェーに駐屯するドイツ海、空軍が船団攻撃の目的で出撃するが、この戦力もスウェーデンを通過して配備されたものだった。スウェーデンの鉄道によってノルウェーに渡ったドイツ軍将兵は約二百万とみられている。このようなことが英国や亡命ノルウェー政府から批判されないわけがない。

また、スカンディナヴィア半島の両国で産出された鉄鉱石ほか鉱物資源は、概してドイツに向けて輸出された。スウェーデンからドイツに供給された鉄鉱石だけで三千五百万トンにも上ったという。中立国ならば本来は、交戦する両陣営に対して等距離外交をしなければならない。大戦初期のスウェーデンの外国貿易は、明らかにドイツ寄りに偏っており、ドイツ側に有利な外交となっていた。

しかしながらそれは、一方では無理からぬことでもあった。ノルウェーでの戦いの時期に連合軍はドイツの艦艇の動きを封じる意図で、スカンディナヴィア半島の西側、またバルト海に至るスカゲラック海峡に多数の機雷を敷設した。これにより外洋にあったスウェーデンの多数の船舶が母国に帰れなくなってしまったのである。その規模はスウェーデン海運の約半分、計六十万トンにも達したとみられている。

そのため帰港できなくなったスウェーデン船は、連合国側に貸し出されるしかなくなってしまった。当然、スウェーデン船の貿易の規模は縮小したが、周辺国の大半がドイツの占領国となったので貿易相手国もそちら側に占められることになったということである（ドイツおよびその被占領国からの輸入は約七十パーセントにも及んだ）。

けれども英独両陣営との交渉を経て、中立国ならではの貿易も実施されるようになった。スカゲラック海峡に面するノルウェーとの国境に近いヨテボルイを拠点として、非交戦国を相手国に戦時禁制品を除いて一定運搬量での貿易ができることになったのである。輸送船の航路を限定して実施された、この戦時下の例外的な外国貿易は「ヨテボルイ・トラフィック（＝安全通航）」と呼ばれ、一九四〇年秋から行なわれた（月に五隻ペースでの通商）。またこの取り決めでは、参戦前のアメリカ合衆国も貿易対象国とされていた。

だがノルウェーでの戦いが続いていた期間中に、三十隻（三十七隻か？）ものノルウェー船がスウェーデンの港にはいっていた。その後、出港を強行する船が相次ぎ、うち数隻は英国へと脱出、数隻がドイツ海軍艦艇の攻撃を受けて撃沈された。拿捕されて船員が収容所に送られ、船だけが帰港したというケースもあった。

ヨテボルイ・トラフィックは、スウェーデンにしてみればドイツ域外との貴重な接点であった。ところが、ノルウェー船の連合国側域内への帰港をめぐり、ここでもスウェーデンは板ばさみ状態になった（出港を要請する英軍と当該船舶の支配をねらうドイツ軍の間で）。両陣営ともスウェーデンが要求受け入れを拒否した際には、安全通航の撤廃をちらつかせもした。だがこのノルウェー船の取り扱いに関しては、英国の出港要求に従うことが優先されたため、後には一時的にではあるがドイツ側での安全通航保障が停止されることになった。

なお、鉱物資源以外にスウェーデン産の戦略物資として重視されていたのがSKF社で製造されるボールベアリングがあった。この高品質のボールベアリングは、多数の軍用機材を生産する交戦国の軍需産業にとって垂涎の部品であり、生産数の二分の一以上は主要貿易相手国だったドイツに輸出された。それ以外のものが国内軍需産業で使用されたほか、じつは英ソにもかなりの数が密輸されていた（ドイツ向け輸出の約半分相当）。

ゲリラ的に運搬されたのが英国への密輸出分で、漁船を装ったベテラン船員が乗り組んだ高速船でスウェーデンと英本国とを、特に冬場に往来した。ドイツ海軍の海上警備網に掛かって拿捕されたケースも少なくなかったというが、場合によってはスウェーデン海軍艦艇が公海まで密輸船を護衛して送り出したこともあったという。

北欧三国、それぞれの途

一九四〇年三月の冬戦争の休戦は、やはりほんの一時的な「撃ちかた止め」にしか過ぎなかった。ノルウェーがドイツ軍に占領されたのはそれから三ヵ月後だったが、極北の三国はすでにそれぞれ全く異なる道を歩みはじめていた。

ノルウェーの兵士の相当数は祖国を逃れたが、わずかながら残存した航空兵器はスウェーデンやフィンランド、英国に脱出した。ただし、航空要員の大部分はカナダのオンタリオ湖畔で再訓練。スカンディナヴィア半島の危機に際して発注してあったアメリカ製の実戦機も受領したが、戦闘機部隊は英国に移って英空軍隷下の自由ノルウェー空軍部隊として、また個人的に英空軍の飛行隊に所属してドイツ軍との戦闘に参加したケースもあった。

ノースロップN-3PB水上偵察爆撃機を受領した部隊は、アイスランドのレイキャヴィクに展開。この海域もドイツのUボートや長距離哨戒爆撃機の活動圏内だったため、大西洋を行き来する連合軍側艦艇を守る対潜哨戒任務に就いた。祖国ではノルウェー・ナチス党が政権を取った気になっていたが、国王らと行動をともにした軍人たちはほかの亡命諸国軍と同様、連合軍側の体制下に組み入れられた。

ソ連軍に攻め入られたフィンランドには、休戦後も各国からの武器類が到着していた。アメリカ本国やその他の国々では活躍できずヤラレ役に終始したブリュスター・バファロー戦闘機（初期型）も休戦後にスウェーデンで陸揚げしてSAAB社で組み立て後、フィンランド空軍のベテラン・パイロットらが空輸した。このほかにも雪解けを待って、冬戦争の最中にフィンランド領内に墜落したソ連機を捕獲してはタンペレの航空機工場に持ち込んで修理、フィンランド機として実戦復帰させた。これらの各機がやがて起こるであろうソ連軍との再戦時の主力機となる。

いずれの戦いにおいても戦禍を免れることができたスウェーデンだったが、中立政策を表明しても例の「保護占領」という名目の前では無力になったことは、この数ヵ月の周辺諸国の戦争から十二分に理解されていた。ノルウェーだけでなくスウェーデンの鉱物資源にもナチスドイツは食指を伸ばしており、「輸出停止にするなら即武力侵攻」（ゲーリング）と公言。再戦でのフィンランド占領を意図するソ連の北欧に対するねらいもこれと大差なかった。

　急速に防衛力整備を進めるスウェーデン国防軍だったが、第二次大戦突入後はヨーロッパの国々どころか、当時まだ中立国だったアメリカまでもが武器輸出を渋るようになっていたことは先に触れた。そこでにわかに注目されたのが、ＳＡＡＢ社での純国産軍用機の開発だった。目立った作業ではなかったが、一九三七年頃からアメリカから航空技術者を招いてＳＡＡＢ社リンチェピン工場では、単発の偵察爆撃機の開発が進められていた。戦争激化によってアメリカ人技術者が帰国するまでにこの機体は完成に近づいていた（ＳＡＡＢ17として急降下爆撃機の陸上機型と水上偵察機型などが制式採用される）。

　だがそれまでに修得した開発技術を活かして、侵攻阻止攻撃用の双発爆撃機、単発の戦闘攻撃機も開発されることになった。これが北欧の中立国が軍事先進国への道を歩みはじめたきっかけだった。これらが、大戦が終わる頃までにＳＡＡＢ18（爆撃機型、哨戒偵察機型、雷撃機型があり）、またＳＡＡＢ21（戦闘機型、攻撃機型があり）としてかたちになる。しかし周辺国を見ても、空からの脅威に即応できる迎撃戦闘機の充実は焦眉の急を要するとされた。それゆえ、革新的、先進的な部分が多いため開発の長期化が予想されるＳＡＡＢ21の戦力化までの間をつなぐ、軽戦闘機ＦＦＶＳ・Ｊ22も開発、生産されることになった（ＦＦＶＳ＝航空工廠に相当する組織）。

助けられなかったフィンランド

予想外に大きかった損失により、スウェーデンが根回しした休戦協定に応じたソ連だったが、半年が過ぎようかという一九四〇年秋には、その強大な国力により急速に立て直された軍備が、再びフィンランドとの国境近くに集まりはじめた。ソ連国内ではフィンランド非難の論調が高まり、冬戦争後にソ連に割譲された地域にもソ連軍が派遣されることがモロトフ外相によって表明された。

すでに周辺国の主権が失われていたこともあるが、フィンランドにとって援助を求める相手として考えられたのは、やはりスウェーデンだった。フィンランドのグンテル外相の来訪を機に、共同防衛同盟（秘密同盟）の構想が持ち上がった。もしもこの同盟関係が実現すれば、スカンディナヴィア半島南側からその東部にかけての地域が緩衝地帯となり、ソ連にとってもドイツにとっても軍事力の配備を考慮せずに済むようになるという考えから出発していたという。

ところが構想実現に向けて討議にはいろうとしたところで、ソ連の外交当局から「これは見過ごすことのできない疑惑」と横槍が入れられた。ドイツ側も両国の軍事同盟に否定的な態度をとり、結局、それより先にはなしを進めることはできなくなってしまった。

これよりほぼ一年前の一九三九年八月に相互不可侵条約を結んだ独ソ両国は、その後二年経たずして全面戦争に突入する（一九四一年六月のバルバロッサ作戦＝大祖国戦争）。ちょうどこの共同防衛同盟が検討されはじめた一九四〇年の秋冬が独ソ間の対立を深めてゆく時期で

ケミ
フィンランド
ボスニア湾
ビェルネボリ
（現ポリ）
バルト海
東プロイセン
ポーランド

1941年以後の北欧での枢軸国勢力圏および在ノルウェー・ドイツ軍のフィンランド連絡空路

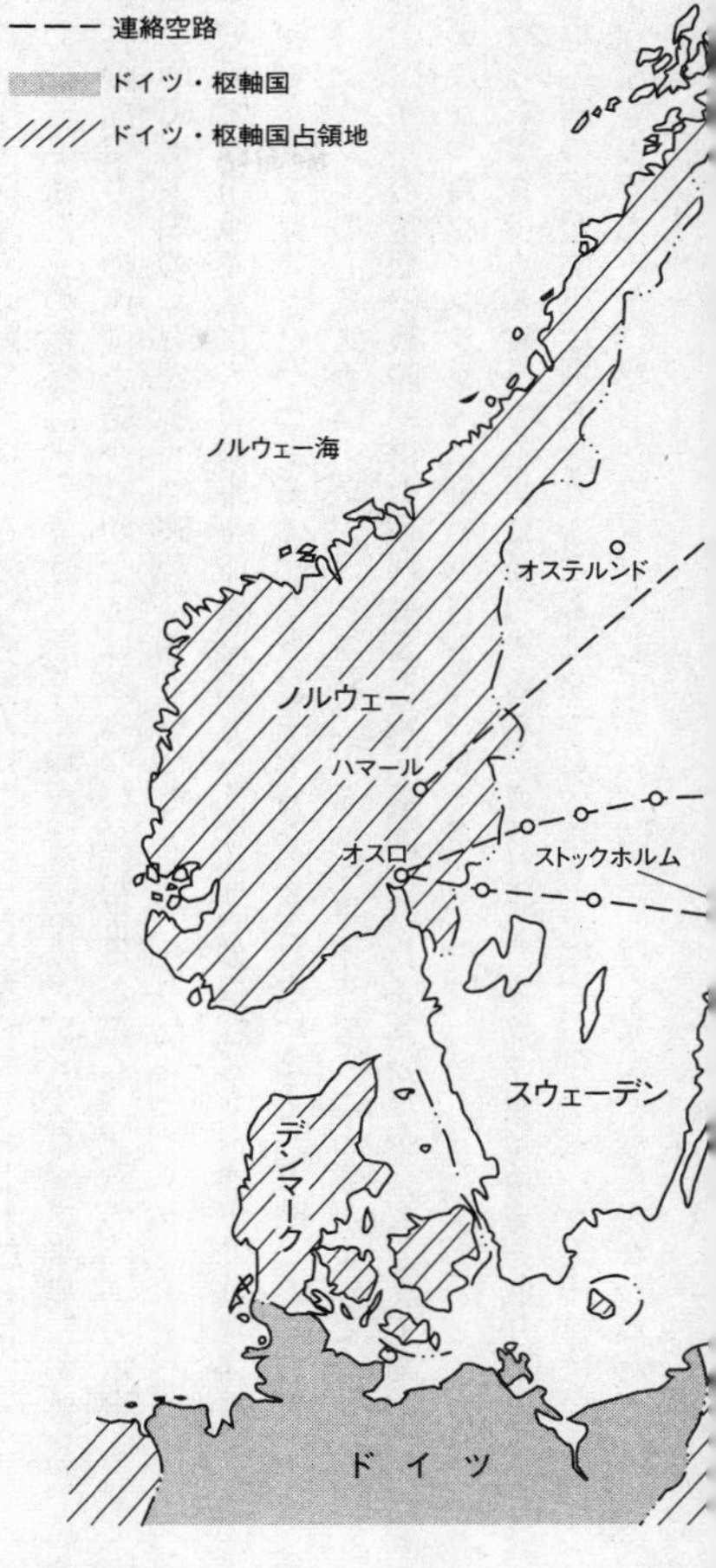

もあったのである。不可侵条約締結の際にバルト三国のソ連への隷属化（実質的支配）をドイツは認めたが、モロトフはやはりフィンランドについても同様の隷属化を主張した。けれども一九四〇年秋冬の時点では、ヒトラーがモロトフの主張を受け入れなかったのである。ヒトラーの真意は「あれだけ貧弱な軍事力で、数十倍の兵力のソ連軍の侵攻を跳ね返したフィンランドである。簡単にソ連に渡すこともなかろう」といったところだろう。となると、ソ連側はますますフィンランドをドイツ側と親しくさせることはできない。

それだけではなかった。マンネルハイム率いるフィンランド軍と、急速に防衛力を充実させつつスウェーデン軍とが結びついてひとつの勢力になろうものなら、じわじわ締め付けるようにして締結させたあの輸送協定も危うくなりかねない。スカンディナヴィア半島における利権維持の面でもこの両国を結びつかせてはならない。詰まるところ、北欧の両国の軍事同盟は独ソ両軍事大国のエゴによって破談にさせられたようなものだった。

「先の冬戦争では不承不承にも義勇軍を派遣してもらえ、休戦の根回しもやってくれたスウェーデンが、兵力を充実させつつあるのに今度は手を貸してくれない……」と映ったのだろうか。フィンランドの心はスウェーデンから離れ、ドイツを軍備支援の主と頼むようになっていった。ドイツも電撃戦戦勝で得た戦利品を枢軸国各国に売りさばいたが、大きな工業力を持っていなかったフィンランドは好いお客さんとなった。

かくてフィンランドも冬戦争で不当に持ち去られたカレリア、オラヤルビ地方を取り戻すために、枢軸国の同盟関係に列せられることになった。こちらはどちらかというと後付けの理由のようなものであろう。フィンランドにしてみれば防衛同盟を結んでもらえなかったスウェーデンに対して、より大きな禍根を残した（ソ連は別にして）。

綱渡りの中立維持

自国の中立政策の維持、貫徹のためとはいえ、ナチスドイツの要求に対して不本意な譲歩を重ねてきたスウェーデンの後ろめたさも一九四一年を迎えたころには、おおいに高まっていた。そしてこの年の初夏には、後にまで「中立違反」と後ろ指をさされるような出来事が起こった。

もともとスウェーデンの貿易が圧倒的にドイツ寄りで、輸送協定もドイツ軍を助けることになることはスウェーデン国内でも認識されていた。ところが世界の軍艦の歴史においても珍しい存在になった航空巡洋艦ゴトランドが五月下旬に、中立国の軍艦としては珍しく世界の海戦史に残るようなことを行なった。

ゴトランドが航空巡洋艦と言われたのは、後部に艦隊戦に用いられる、カタパルト発進の水上機を十一機も搭載できたからだが、実際に搭載したのはライセンス生産したホーカー・オスプレイ六機というのが最大規模。定数の十一機積めなかったのは、スウェーデン海軍が予算的にそれだけの水上機を揃えられなかったからとされる。その後、純国産のＳＡＡＢ17水偵型を搭載という構想もあったが、大戦後半の時期には航空機搭載用の装備が撤廃されて対空火器に交換され、対空巡洋艦に用途が改められていたため航空巡洋艦としての機能を発揮することはなかった。当然というか幸いにもというか、艦砲が実戦で砲火を発することもなかった。

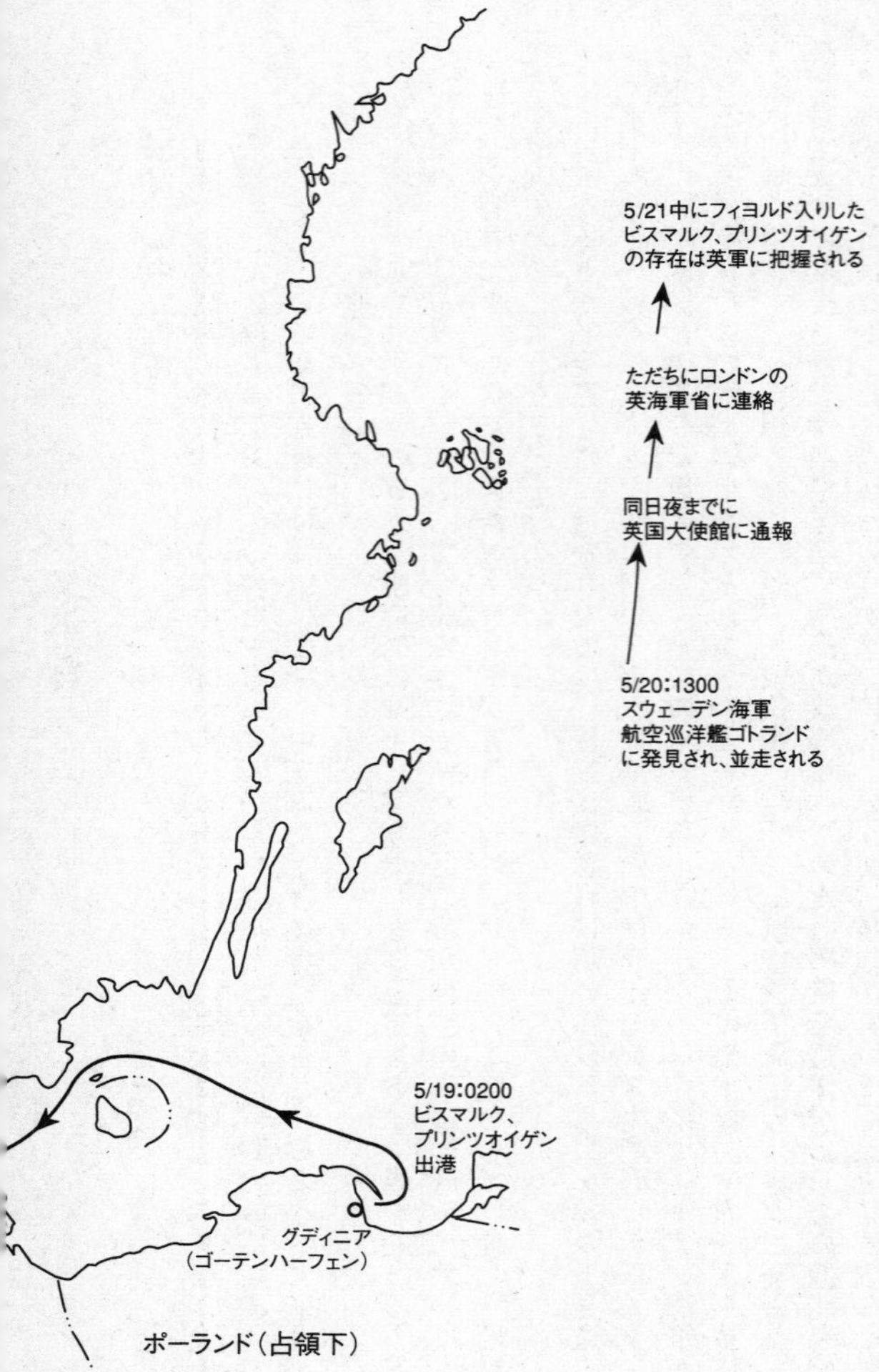
5/21中にフィヨルド入りした
ビスマルク、プリンツオイゲン
の存在は英軍に把握される
ただちにロンドンの
英海軍省に連絡
同日夜までに
英国大使館に通報
5/20:1300
スウェーデン海軍
航空巡洋艦ゴトランド
に発見され、並走される
5/19:0200
ビスマルク、
プリンツオイゲン
出港
グディニア
(ゴーテンハーフェン)
ポーランド(占領下)

「ライン演習作戦」

5/22出港
ノルウェー（占領下）
ベルゲン
5/21中に
グリムスタ
フィヨルド入り
スカゲラック海峡
5/21
カテガット海峡
デンマーク
（占領下）
キール
ドイツ
5/20　隠密の出撃だったためカテガット海峡にさし
かかった時点で友軍戦闘機に監視される

大西洋での連合軍側輸送船撃滅を意図した通商破壊作戦「ライン演習作戦」実施のため、五月十八日にバルト海に面するゴルテンハーフェンを護衛の駆逐艦とともに出港したドイツ海軍の巨大戦艦ビスマルクは、カデカット海峡に差しかかる前にスウェーデン沖で妙な軍艦に並ばれた。ゴトランドである。ビスマルクの出撃は隠密で実施されるはずだったが、G・リュトウエンス艦長はゴトランドの出現に危惧したが、ドイツ海軍北部管区のロルフ・カール提督はさほど警戒することもなかった。

二隻は並走してカデカット海峡を通過。その間、ビスマルクの動きはスウェーデン防衛軍、英国外交機関を通じて英海軍にもたらされた。その後、ビスマルクは占領下のノルウェーで給油、大西洋へと乗り出したものの、出撃情報に基づいて周到に準備していた英海軍の艦隊と激しい戦いを繰り広げた末（戦艦フッド撃沈、プリンス・オブ・ウェールズ損傷）、五月二十七日にアイルランド西方沖に沈んだ。

ドイツ海軍の象徴とも言える巨大戦艦撃沈という大戦果につながる初期情報がスウェーデンから英海軍に提供されたのだが、この作戦行動が推移していた最中の二十四日、ハンソン首相らはヒトラーの特使から不愉快極まりない作戦を打診されていた。作戦開始まで一ヵ月を切っていたバルバロッサ作戦への参加である。当然、スウェーデン側は拒否した。

しかしバルバロッサ作戦が開始されたところで、ドイツ軍は本当に望んでいたことを要求してきた。「完全武装のドイツ軍一個師団をスウェーデンの鉄道によってノルウェーからフィンランドへ輸送」という要求である。これまでの輸送協定のいびつな実施（入出国の輸送人員の不均衡など）にはドイツ側の言い訳（天候不順など）も伴っていた。だが今回の輸送要求は、今後実施される対ソ作戦を有利に行なうための戦争協力であった。

要求の実施の承認を巡っては政府、議会はおろか、スウェーデン国内でも意見が紛糾した。「ここまでドイツ軍に協力するならば、枢軸国としての参戦を」という意見まで出たうえ、内閣の総辞職、はては国王退位にまで噂がエスカレートした。ドイツとの関係悪化は避けたいところだったが、この要求の拒否は枢軸国軍の対スウェーデン武力侵攻につながると念押しされていた。そして枢軸国には盟友だったフィンランドが参加していることも告げられていた。その時点でスウェーデンには選ぶべき途はひとつしかなかった。

長時間の激論の末ではあったが「スウェーデンの非交戦状態維持と独立確保という利益だけを念頭に置いた一回限りの最大譲歩」として、完全武装の兵力一万二千人規模から成る第一六三師団を二週間で輸送したのである。この煮え湯を飲まされるような決定に国王は「ドイツ軍との交戦のみを避け、そのためには退位しても……」という意向だったと伝えられている。スウェーデンにしてみればそれだけ自責の念にも駆られる苦渋の承認だったのだが「夏至の危機」と称される最大の中立違反、また、中立国の戦争協力事例として永く刻み付けられることになった。

執拗だったドイツの要求

ドイツにしてみればなおも、スウェーデンに対してわが意を通させることを望んでいた。北欧の国々はフィンランドが枢軸国、ノルウェー、デンマークが占領下と、ほぼ意のままにさせることができる状態にあり、スウェーデンにもかなりの要求をゴリ押しで飲ませてきた。

とはいえ依然中立国であり、主権を失うところまでにはいたっていなかった。

そこでドイツはスウェーデンに、北欧のほかの国々と軍事同盟を結ばせようとしたり、通商協定を結ばせようとしたりと、様々な働きかけを試みた。フィンランドとの共同防衛同盟に不快感を示したときとは全く異なる態度で、フィンランドに続いてスウェーデンも枢軸国に引き入れようという意図があったのだろう。けれども、これらを拒否できることが主権国家であった。

ことごとくスウェーデンが断わると、七月末日にはあの「一個師団をノルウェーからフィンランドへスウェーデンの鉄道で輸送」の要求を再度してきた。あれだけ承認を巡って紛糾しただけに、さすがに今回はスウェーデン側も拒否した。だがその代替策として「スウェーデン海軍の護衛で、ノルウェーのドイツ軍をバルト海＝スウェーデンの領海＝を輸送船で航行して、フィンランドまで輸送」することとされた。輸送する経路が陸ではなく、洋上とされただけである。この輸送船の護衛は、ドイツ軍が北部ソビエトでの戦いにおいて絶望的になるまで続けられることになる。

海だけではなかった。東部戦線北部でドイツまで帰り着けなくなったドイツ空軍機に、スウェーデン空軍の基地に離着陸できる権利まで与えてしまったのである。ここまできたら、ソ連がバルト三国（およびフィンランド）に突きつけた「そちらの領内にわが軍の基地を作らせなさい」という、あの相互援助条約と大差ないであろう。

スウェーデンでは、連合国側に対して眼を見ながら話せなくなるような内容の輸送協定が結ばれた頃から、対独作戦で手傷を追い、英国まで帰還できなくなってスウェーデン領内に不時着した連合軍側航空兵を丁重に遇し、こっそりと英国まで送り返すようなこともやってきたという。スウェーデンにしてみれば、連合軍側に対するその後ろめたさの埋め合わせのようなものでもあった。

にもかかわらず、実質的には唯々諾々に近いかたちになってドイツ軍の要求を断われなかったのは、それだけドイツ軍が東部戦線でソ連軍を圧倒して強かったからである。ドイツでもスウェーデンの枢軸国の同盟への参加が期待されていたというが、スウェーデン・ナチス党はドイツ軍と共闘してのソ連領内侵攻の主張で盛り上がっていた。

ドイツ軍優勢で戦局が推移した間、スイスにおいてもナチスドイツ支配下のヨーロッパにおけるスイスの身の処し方が議論されたことがあったという。スイスではアンリ・ギザンという個性が強いリーダーシップが、親独思想を許さなかったことは先に述べた。だが周辺諸国がドイツの占領下もしくは協力国となっただけでなく、スウェーデンはアルプス山脈のような防戦を有利に導くことができる自然環境にも恵まれていなかった。そしてドイツのみならずソ連も脅威となったスウェーデンにしてみれば、自国の主権の維持がナチスドイツの胸三寸と理解するしかなかった。

スウェーデン人の奥底の意識

国民の意識のもってゆき方もギザン将軍のやり方とはかなり違っていた。例のドイツ兵のフィンランドへの鉄道輸送の際には報道機関にも箝口令を敷き、黙殺させた。交戦国各国の作戦活動の末の被害、残虐行為の報道に対しても禁じられることが多かった。特に独ソ戦が開始されると、ドイツ批判の刊行物の多くはスウェーデンでも発禁対象とされた。

この種の言論統制の典型例として紹介されることが多いのは、ノルウェーにおけるナチスドイツの残虐行為に対してスウェーデン労働組合会長が「この犯罪に対して抱く嫌悪の感情を述べることは差し控える」と述べたところ、新聞やラジオでは「犯罪」「嫌悪」という表現が削除された事例であろう。この表現の統制については、スウェーデン議会でも問題になったという。

だが、それでもナチスドイツ批判の出版物が現われ続けるのが主権国家スウェーデンであり、中立国の反骨精神でもあった。フィンランドのみならずスカンディナヴィア半島の国々を、ドイツ軍よりも先に戦争の恐怖を味わわせた共産主義を攻撃し、また、占領からの解放、主権回復の支援を主張する定期刊行物なども現われた。反ナチスの報道機関、出版社に対しては、ナチスドイツの高官や政府諸機関からしばしば抗議、恫喝、また威嚇されることもあった。

政府がドイツによる不当な要求を聞いて主権維持の努力を継続する一方、民間でできたことはもっぱら「剣ではなくペンによる戦い」であった。もっとも、抗議、恫喝の程度で済ませてもらえたことも、主権を維持していた中立国ならではのことだった。この状態は一九四二〜四三年頃まで続いた。

スウェーデン政府の周辺国を（表立って）支援しなかった中立政策、ドイツへの譲歩を重ねた末の中立維持は、ドイツ軍の占領を免れられなかった国々に対して戦後も永く悪評、批判の対象とされ続けた。大戦中、ドイツと友邦関係にあった極東の島国に対しても「謝罪要求」が依然、求め続けられているが、ヨーロッパでは中立国に対して「戦争から逃げた国」「軍靴に蹂躙される隣国を助けなかった国」として白眼が向けられてきたという。そしてその中立国が被占領国の解放と早期の終戦、深刻な戦災を受けた国の戦後復興に向けて支援を惜しまなかった点、戦後も自らの考えや認識、立場を主張するだけでなく「遺恨」の根源を緩和する努力を続けてきた姿勢については、もう少し丁寧に学ぶべきだろう。

ノルウェーやデンマーク、バルト諸国（独ソ戦開戦後すぐにドイツの支配下に入れられた）においても、反ナチのレジスタンス活動が行なわれた。この活動を続けるための支援（食糧や武器、弾薬の提供、配置）はスウェーデンを通じて、秘密裏になされることが多かった。避難民の受け入れのほか、英国をめざすノルウェー脱出者約六千人の渡英支援（空路）も実施されたが、「警察隊」と称する一万数千人にものぼる、解放をめざすノルウェー兵やデンマーク兵の再訓練に携わったこともあった。

戦争に巻き込まれた国々の難民保護も中立国にとってもうひとつの重大事であったが、ドイツ軍に占領されたノルウェーからは五万人、デンマークからは一万八千人、独ソ戦の激戦地となったバルト三国からは三万五千人の避難民を受け入れた。フィンランドからは七万人もの子女がスウェーデンに逃れたが、そのうちの相当数はあのフォン・ローゼン伯のハンシン・ユッカ号に乗って疎開してきた児童だという（フィンランドに向かう際には医薬品などの救援物資を空輸）。

これらの解放支援また人道的援助活動により、冷静に両国間でのやり取りを把握した人たちの間では「やはり中立国が一国でも近傍にあることは助けになった」「スウェーデンがあったから英国（連合国）との結びつきが保たれた」と評価されているという。

さらにまた、敵領内への航空攻撃の際に損傷し、友軍領内への帰還が困難になった両陣営の軍用機がめざしたのは中立国の領土だった。ところがヨーロッパにおける中立圏は一九四〇年以後、スウェーデンのほかはスイス、スペイン、ポルトガル（アイルランドは反英意識が強かった）と、ごく限られていた。

リトアニア赴任時に個人の意思で日本通過のビザを六千人ものユダヤ人に発給した杉原千畝元外交官のはなしは「命のビザ」として語り継がれるようになった。だが命のビザの発給と、ユダヤ人を救済したシンドラーの活動を同時に行なったようなスウェーデン人がいた。財閥出身の実業家ながら外交官に転じたラウル・ヴァレンベリは、ドイツの敗戦が動かしようもなくなった一九四四年に、やはり枢軸国となっていたハンガリーのブダペストに赴任した。

ナチスによるホロコーストが激化するのはこの頃からだったが、ヴァレンベリは捕らえられる寸前の状態にあった千人単位（諸説あり）ものユダヤ人たちにスウェーデン入国のためのビザを発給した。それだけでなく、財力を費やして建物、家屋を借り上げてはそこにユダヤ人たちをかくまった。ビザの発給は外交官としての職務権限上の行為だったが、ナチスによるユダヤ人への故なき迫害に対して、人道的にもそうせざるを得ない人柄だったようである。けれどもヴァレンベリにはさらに過酷な運命が待ち受けていた。ハンガリーを占領したソ連軍によりスパイ容疑で逮捕され、その後の足取りは全くの不明……今日をもっても行方は判然としないままなのだという（「スウェーデン・スペシャルⅡ」藤井威）。

防衛力充実とドイツ軍の対応

一九四一年のバルバロッサ作戦開始の当時、ソ連国境突破の奇襲作戦により、モスクワ侵攻も夢ではないかといわれたドイツ軍の進撃を鈍らせたのは、例年よりも早く到来したその年の寒波だった。マイナス二十~三十度にもなろうかというロシアの大寒波への対策が不充分だったドイツ軍のモスクワ攻略「タイフン作戦」は、ソ連軍の粘り強い防戦にも遭って頓挫した。

一九四二年になると、戦線を拡大しすぎたツケがほかの戦域においてもドイツ軍に忍び寄ってきた。不甲斐なかったイタリア軍を支援した北アフリカの戦いは一進一退。日本軍の奇襲攻撃により、中立から連合軍参加に回った米軍はヨーロッパ戦線では英国を前進基地としたが、まだその力は発揮されていなかった。ドイツ軍の戦線が崩れはじめたのは、やはり東部戦線からだった。

カフカース地方の油田、工業都市スターリングラードと二兎を追ったドイツ軍は、戦略上の失敗から両方とも攻め落とせなかったが、スターリングラード戦は独裁者の名を冠した都市の攻防戦だっただけに、ソ連軍が激しく抵抗した。そしてまたもドイツ軍は冬場の補給難に陥って、約半年に及んだ困難な戦いの末にドイツ陸軍の精鋭第六軍が失われる空前の大損害を被って、一九四三年二月に戦火を収拾させた。

一九四二年という年はスウェーデンにとっても、ナチスドイツへの譲歩政策による中立外交を考え直さなければならない出来事が続いていた。英空軍爆撃軍団は対独夜間爆撃を活発化させていたが、夏場にはスウェーデン領空への侵犯が相次いだ。ソ連軍の爆撃はスウェーデン最北端のハパランダ市への爆弾投下事件も引き起こした。バルト海を航行するスウェーデン船も、いずれかの交戦国の潜水艦によって四隻が沈められた。

これらは、ドイツへの迎合、譲歩で中立・非戦の状態を継続してきたスウェーデンに対して「戦争をしているのはドイツだけではない」と認識させられる出来事となった。スウェーデンの国民にとっても、それまでの中立維持のための不本意な譲歩が、必ずしも非戦に結びつかないと悟らされた。

ドイツ軍にとって予期しなかったスターリングラードでの大敗北は、敗戦へのターニング・ポイントとなった。十一月には北アフリカに米英軍も上陸して（トーチ作戦）、明けて一九四三年には独伊軍は地中海、イタリア半島へと押し戻され、英国に駐留した米陸軍航空軍はこの年から昼間戦略爆撃を活発化させた（第三章大戦下のスイス連邦、形勢の逆転から大戦争の終息へ、連合軍の戦略爆撃と独・最終防衛線計画）。拡大しすぎた戦線の維持が困難になってきたドイツ軍はクルスクでの大規模機甲戦に敗れ、イタリアも九月に降伏（北部イタリアはすぐにナチスの支配下になる）。

「足もとをみる」というわけでもなかろうが、優勢とみられていたドイツ軍側の戦線がこれだけ一気に崩れはじめると、スウェーデンほか中立国にも、ドイツ軍による脅威の意識は急速に縮小していった。この年の一月にはスウェーデンの港に置かれていたノルウェー船の英国に向けての出港が認められた。また八月には、中立違反の鉄道輸送へと歯止めが利かなくなるきっかけとなった「休暇協定（輸送協定）」および武器輸送の了承が停止された。とはいえ、依然としてナチスドイツが脅威の対象であることには変わりなく、スウェーデン側はドイツを一刀両断にせずに「軍用郵便の鉄道輸送は継続する」など慎重な姿勢も残していた。それまでのスウェーデンの外交姿勢からすればこれらの変更はかなりの重大事で、それゆえ慎重に進められた。けれどもここで実施されたのは連合国側による要求圧力もあったからだが、そのほか一九四〇年以後、急ピッチで実施されてきた防衛力整備がかなりの規模にまで進んできたからでもあった。機甲部隊を含む相当規模の国防軍、海上防衛力も四隻の巡洋艦、十六隻の駆逐艦、三十隻以上もの潜水艦というところまで充実し、航空巡洋艦ゴトランドも水上機搭載のための装備を撤去して対空砲を充実させ、防空用の巡洋艦へと改められた。

領土の防空また侵攻阻止のための軍用機の増強はとりわけ急がなければならなかったが、輸出停止もしくは大幅な遅延と入手難に悩まされて、ともに六十機ずつの購入で終わったセヴァスキーEP-1（スウェーデン名J9）、レッジアーネRe2000（同J20）に代わり、一九四三年からは待望の純国産機FFVS・J22が入手できるようになった。外注先の技術力を取りまとめて緊急に開発された軽戦闘機だったが、能力的に旧式化が進んでいたJ9やJ20よりもはるかに近代的で、戦争の激化にともなって頻発化が予想される対領空侵犯措置にも充分供し得ると期待された。J22よりも先にSAAB17が急降下爆撃機（B17……当然、ボーイングB-17とは無関係）および水上偵察機（S17）として採用されて配備が進められていたが、双発の多用途機SAAB18の完成はJ22より遅れ気味だった。

大変なペースで能力向上に励んでいる主要交戦国の軍事開発からすれば脅威に当たらないスウェーデンの戦力であったろうが、懸命の努力が数年にわたって続けられてきた結果、かつての周辺国のように数ヵ月で軍門に下るようなことは避けられる規模に達した。連合国側に軍備提供の支援（レンド・リース協定）を求めるソ連軍よりも、やはりドイツ軍が直接の脅威であった。だが、そのドイツ軍もスターリングラードの大敗以後、様々な戦線で消耗が目立つようになっていた。

このようなスウェーデンの急速な防衛力整備は、ドイツ軍側でも認識していないわけではなかった。ドイツ軍においても、戦争継続に重要な鉱物資源などの供給元となっていたスウェーデンに対する武力侵攻を「あり得なくはない」ことと捉え、一九四二年中からスウェーデン制圧作戦「北極狐作戦」を参謀本部での研究課題としていた。この作戦は、一九四三年春に二十万人もの兵力で侵攻して、スウェーデン南部を占領することとされていた。けれどもこの侵攻作戦が実施されなかったのは、やはりドイツ軍の各戦線がこの頃から傾きはじめており、新たな戦場をつくる余裕がなくなっていたからだった。

迷いこむ戦渦の翼

一九四一年夏に二度目の一個師団の鉄道輸送が拒否された後、ドイツ空軍機はわが物顔でスウェーデン領内の飛行場で離着陸するようになっていたが、その機数は連合軍側の戦略爆撃激化の時期の侵犯機の数からすれば桁違いに少なかった。領空侵犯の機数、件数の内訳を一九四〇年以降について追ってみると次のようになる。◎一九四〇年・一千二百十一件／一千七百機（ドイツ機・六百二十二件／九百十機、連合軍機・十九件／二十七機、不明機・五百七十件／八百機）◎一九四一年・一千八十三件／一千二百機（ドイツ機・六百六十件／七百四十機、

連合軍機・七件／七機、不明機・四百十六件／四百五十機）◎一九四二年：九百四十件／一千百機（ドイツ機・四百九十六件／五百六十機、連合軍機・二十七件／八十八機、不明機・四百十七件／四百九十機）◎一九四三年：五百五十件／一千機（ドイツ機・百六十八件／百九十機、連合軍機・六十五件／四百機、不明機・三百十七件／四百五十機）◎一九四四年：六百四十一件／六千六百機（ドイツ機・百八件／百四十機、連合軍機・百八十八件／約五千機、不明機・三百四十五件／約一千四百機）◎一九四五年：二百五十二件／四千四百機（ドイツ機・六十九件／六十九機、連合軍機・三十三件／約二千機、不明機・百五十件／約二千三百機）。

件数でみると、国産のＦＦＶＳ・Ｊ22が到着する前の輸入戦闘機の時代の方が多いようだが、機数ベースでは連合軍側による戦略爆撃が実施されてからの方がはるかに多くなっていた。それは、米陸軍航空軍と英空軍爆撃機軍団が一九四三年以後、ドイツ勢力圏内への昼夜の戦略爆撃を強化する一方、受けて立ったドイツ空軍の防空体制（レーダー警戒網、迎撃戦闘機隊、夜間迎撃機隊、高射砲部隊などが、組織的に機能）が、来襲する連合軍機に手厳しく打撃を与えたからでもあった。

スウェーデン空軍の対領空侵犯の防空組織も、戦闘機隊だけでなくレーダーによる早期警戒監視体制が敷かれた。不明機がキャッチされるとスクランブル発進の戦闘機を管制誘導するというやり方はバトル・オブ・ブリテン以降のシステムとほぼ同様だった。大きく違っていたことは、これらの侵犯機（侵犯する恐れのある機も含めて）を撃墜するのではなく、警告により領空外へ退去させるか、空中逮捕して強制着陸させるという点だった（同じような対領空侵犯措置は、スイスなどほかの中立国でも実施）。

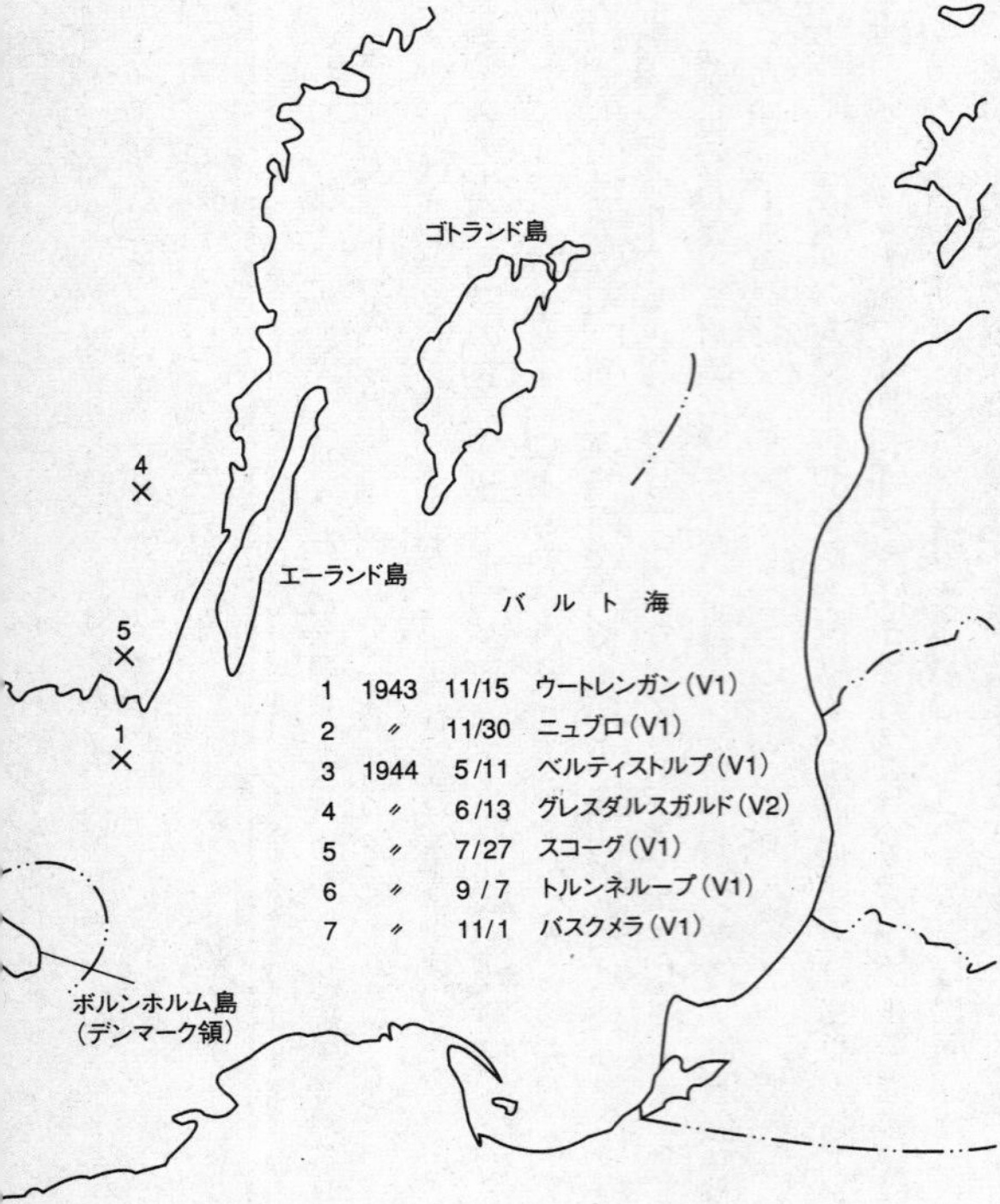
ゴトランド島
4
5
1
エーランド島
バ ル ト 海
1 1943 11/15 ウートレンガン（V1）
2 〃 11/30 ニュブロ（V1）
3 1944 5/11 ベルティストルプ（V1）
4 〃 6/13 グレスダルスガルド（V2）
5 〃 7/27 スコーグ（V1）
6 〃 9 / 7 トルンネループ（V1）
7 〃 11/1 バスクメラ（V1）
ボルンホルム島
（デンマーク領）

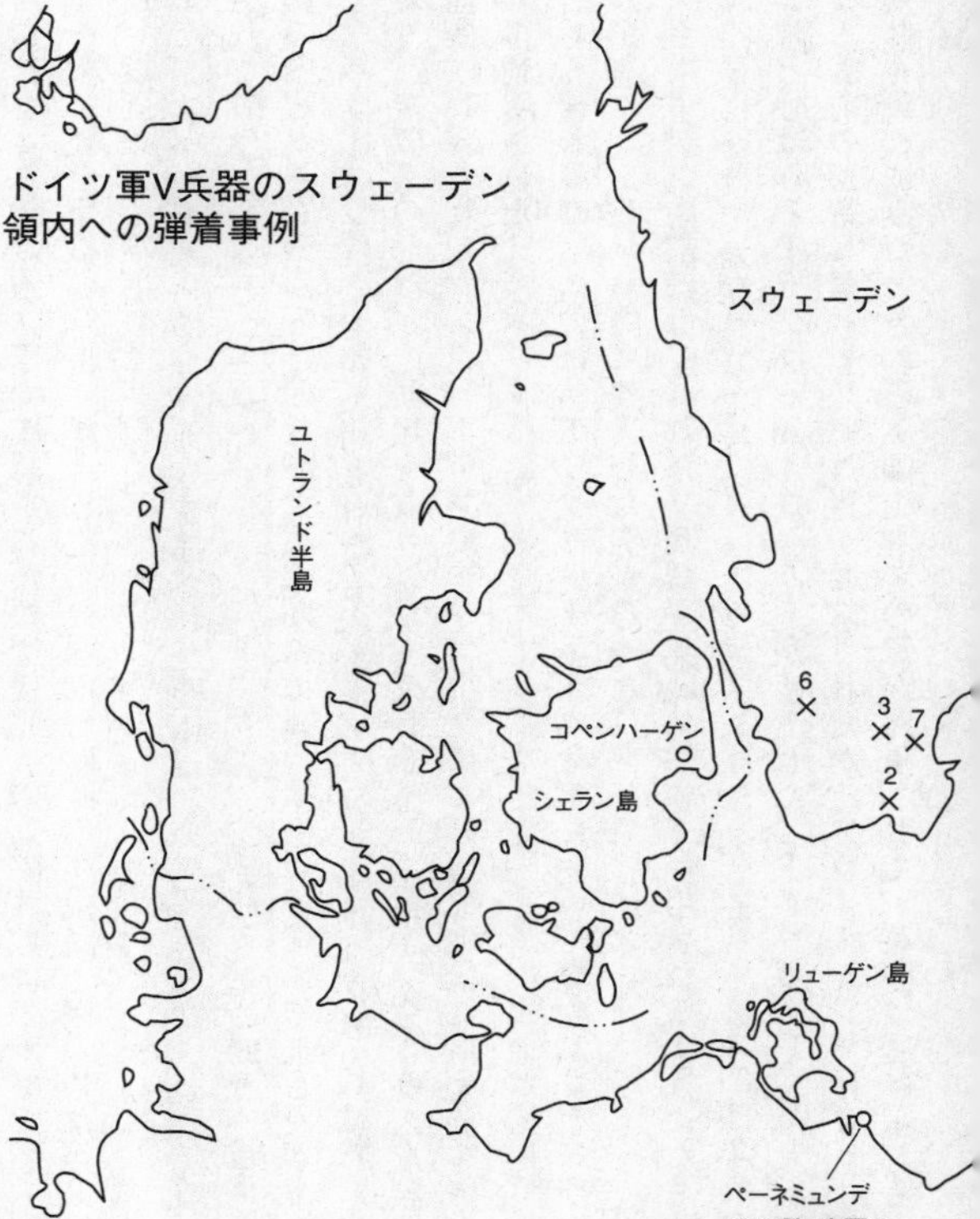
ドイツ軍V兵器のスウェーデン
領内への弾着事例
スウェーデン
ユトランド半島
6
3
7
2
コペンハーゲン
シェラン島
リューゲン島
ペーネミュンデ
ドイツ陸・空軍の
V兵器実験場

傷ついた機体はスウェーデン機の誘導指示に従って領内飛行場に着陸したが、領空侵犯機とスウェーデンの防空担当の部隊とが戦闘状態になったことも全くないということではなかった。スウェーデン国防軍で確認された領空侵犯機の撃墜件数は二十機で、内訳はドイツ機が十一機、連合軍機が八機、洋上に墜落後水没し確認不能機が一機。スウェーデン領内への誤爆、爆弾投下、掃射攻撃事例も二十九件に達したという。

また、スウェーデンにおいても逮捕された機体（ドイツ空軍のドルニエＤｏ24飛行艇）に反撃されて撃墜されるという事件も一度だけ生起した（一九四五年の四月、被撃墜機はＪ20）。前掲の内訳からもわかるとおり、大戦末期には連合軍機が極端に増加したが、中には接収されてスウェーデン国内で再使用されたものもあった。ボーイングＢ-17は特に高く評価されており、接収機の七機が武器類を取り外して機首を整形。客席、窓ガラスを設けて十四席の旅客機に改装されて、スウェーデンやデンマークにおいて、戦後に新型旅客機が導入されるまで再利用された。

著しく変わったものには、ドイツのペーネミュンデにおいて発射試験が行なわれていたＶ兵器がスウェーデン領内に到達した例があった。

スウェーデン南部には、これらＶ兵器が実戦において使用されるようになる前の一九四三～四四年にかけて六発のＶ１号（フィーゼラーＦｉ106）が墜落。一九四四年六月十三日にはＶ２号と呼ばれるようになるＡ４ロケットが落下した。ドイツ軍にしてみれば実戦運用もはじまる直前の秘密兵器。当然、返還が要求されたが、スウェーデンではこれを拒否。墜落後の残骸を最初にみたとされる英国出身者の意が尊重されて、英国に届けられることになった

（V2号解明の資料として活用）。

戦火の終息に向けて

増大した連合国からの圧力

ドイツ軍の要求の受諾への抗議から、一九四三年にはドイツとの関係の縮小、制限へと米英の圧力が強まったのは、ドイツ軍が劣勢になってきたからでもあった。だが第二次大戦勃発以後、スウェーデンの主要取引先がドイツ一辺倒という状態が続き、米英からの対独通商の制限、途絶の要求には容易に従えなくなっていた。

特に深刻だったのは石油、石炭など重工業のエネルギーが、ドイツから提供されていたという点だった。スウェーデンで産出されるかなりの量の鉄鉱石がドイツに輸出されていたというのも事情を難しくさせた。それでいて基本的には戦勝国となるのがほぼ確実になった米英とも良好な関係をめざし、その貿易も拡大しなければならなかった。

輸送協定停止というのは、両陣営の間で板ばさみ状態になったスウェーデン外交にとって、窮状の打開策のひとつでもあった。同時に、ドイツ勢力圏に対するスウェーデンからの輸出が縮小するきっかけとなった。米英もドイツと離れるための要求、圧力を強めるだけでなく、問題となったエネルギー供給の代替策として、スウェーデンへの石油輸出量を倍増させることを決めた。

東部戦線や地中海で敗れ、連日の連合軍機の空襲に曝されるドイツ軍は、一九四三年中には劣勢の挽回が困難になったとみられたが、スウェーデンにしてみれば北欧を席捲した精強さへの印象を簡単には書き換えられなかった。また、非占領状態にある周辺国への悪影響を考慮しても、安易な態度の急変は慎みたいところだった。スウェーデンとしては英国からのノルウェー船出港要求に従ったためドイツに拒否された安全通航（ヨテボルイ・トラフィック）の復旧が当面の目標となった（新たな貿易協定により、一九四四年一月に回復される）。

スウェーデンからの貿易がドイツの支援になっている図式を崩すために、両陣営による暗闘がなされたのが、例のSKF社製のボールベアリングを巡るやり取りだった。ともに主力戦闘機を引き換えにする提案で、ドイツ側はBf109二百機供給とボールベアリングの交換、これに対して英側はドイツへのボールベアリングの供給拒絶とその見返りにスピットファイア二百機提供という、力づくに近い要求だった。しかしスウェーデンにしてみれば、どちらの要求も断わるしかなかった。よって一九四四年中には鉄鉱石ほか戦略物資の対独販売量はかなり減少することになった。

ところがアメリカのスウェーデンへの不信感は、なおもかなり強かった。そのため、ドイツ軍の軍需産業の生産高に一気に大打撃を与えるべく、SKF社のボールベアリング工場（ヨテボルイ）に爆弾を投下したのである。このときもスイスのシャフハウゼンほか工業都市（ドイツ協力に当たる精密機械等の製造工場が所在）への爆弾投下事件のときと同様「誤爆」で押し通された。

先にも述べたが、アメリカ合衆国は真珠湾攻撃までは中立国ではあったが、バトル・オブ・ブリテンの最中も英国に高品質の燃料や駆逐艦、軍用機の提供と、等距離外交であるべき中立国としては疑問視されることをしてきた。そしてアメリカの支援の甲斐があって大英帝国はヨーロッパ最後の連合国となり、ファシズムによる占領の危機を乗り切った。

そのアメリカが参戦すると中立国の工業都市への爆弾投下をしばしば実施している。これについては「立場を変えた軍事大国のエゴ」とみるべきなのだろうか。それとも「ヨーロッパ流の細かい外交上の配慮を理解せずに（アメリカ流）民主主義を楯に枢軸国の戦争継続に協力する組織の排撃を主張する強引さ」とみるべきか、それともまた「（自らの経験から）中立国から交戦国への戦略物資提供も軽視できるものではない。戦争を終わらせるためには枢軸国の戦争協力につながる中立国の産業も敵方とみなさにゃならんと考えた」と把握するべきなのだろうか。

いずれにせよ、中立国に対しても強硬なアメリカの姿勢はドイツへの慎重な態度をとってきたスウェーデンにも影響を及ぼし、一九四四年八月には自国船に対して、バルト海沿岸のドイツの港への戦時保険の適用を停止（これにより、スウェーデン船のドイツ渡航が行なわれなくなる）。秋にはフィンランドがソ連と休戦してドイツ軍をラップランドから討伐する側になったので、フィンランドに向けての領内通過協定は解消され、ドイツのためのスウェーデン領内の輸送は本当に傷病者の搬送だけに制限された。そして年末までに、ドイツとの通商関係はすべて停止された。

ドイツからの支援、両陣営へのその他の協力

鉄鉱石やボールベアリングの供給要求や領内のドイツ兵、武器類の通過要求、ドイツ空軍機の飛行場使用など、ナチスドイツからやりたい放題の要求を突きつけられてきたような第二次大戦下のスウェーデンだったが、ドイツは軍備充実の面においては指導的な役割も果たしていた。大戦間、ドイツの軍事活動が禁止されていた時代に、戦車や航空機、軍艦などの技術者たちが働き場所をスウェーデンに求め、技術の提供にもやぶさかでなかったということは先に述べた。よって、スウェーデンが戦火に脅かされた時期に国土防衛を担った軍用機や潜水艦の開発、製造技術はドイツからもたらされたことになる。

第二次大戦に突入すると、ほかの枢軸国のようにドイツ機を供給してもらえなかったことは中立国たる立場ゆえのことだった（スイスがBf109を購入できたのには、地元のチューリヒ飛行大会で同機が注目されてからすぐに購入交渉できた運の良さもあった）。SAAB21は軍事大国でもなかなか開発が成功しなかった推進式エンジンの双胴戦闘機で、エンジンにはドイツで開発されたダイムラー・ベンツDB601が予定された。ところが、ダイムラー・ベンツ社はこれを知ると、さらに出力が大きなDB605B（一五〇〇馬力級）の提供を提案してきた。

スウェーデンの軍事産業にとって航空機用エンジンの開発、生産は泣きどころであった。大戦間の時期にはブリストル・マーキュリー、ペガサスなどの提供を受け、ノハブ社、SFA社においてはマーキュリー、プラット&ホイットニーのツインワスプなどがライセンス生産された。これら空冷星型エンジンはライセンス生産された様々な軍用機や純国産のSAAB17偵察爆撃機やFFVS・J22、一九四四年に制式化されたSAAB・B18A双発爆撃機の動力となった。

ダイムラー・ベンツの液冷エンジンのライセンス生産には日本でもおおいに手を焼いたが、

スウェーデンにおいても大変な難題になった。ダイムラー・ベンツからは技術者も指導にやって来たが、スウェーデンの航空工業では規格変更を求められる箇所も少なくなく、使用可能になるまでに予想外に時間を要した。結局大戦終結までにはＤＢ605Ｂ搭載のスウェーデン機（ＳＡＡＢ21やＳＡＡＢ・Ｂ18Ｂ、Ｔ18Ｂ）の開発は試作、試験飛行の段階にとどめられた（生産、部隊配備は戦後にずれ込んだ）。

ドイツから軍事技術を供給されながら交戦することになった国にはユーゴスラヴィアがあったが、バルカン戦役に際してのドイツおよび枢軸軍のユーゴへの敵対心は非常に強く（裏切り者という感覚）、占領後も分割統治されたほか、新国家クロアチアが建国された。そのような経緯を見ると、やはり各国にとってドイツは接し方に慎重さを要する国だったということなのだろう。

ところで、自国内の親ファシズム集団の存在は中立国、連合国とも対応に苦慮した身中の異分子勢力だったが、じつのところ北欧の各国におけるファシストたちは大きな力を得るには至らなかった。先にノルウェー占領後、同国内ナチス・国民連合党首のＶ・クヴィスリングがドイツ軍の後押しで首相になったが、亡命した国王からも国民からも信任されなかった件については触れた。結局、相手にされなかったどころか「売国奴」のレッテルを貼られたクヴィスリングは、終戦直後に処刑されることになる。

スウェーデンにも国家社会主義労働党（党首Ｓ・Ｏ・リンドホルム）、またデンマークにも国家社会主義労働党（党首Ｆ・クラウセン）というファシズム政党があった。だがこちらの両党は、一九三九年秋、ナチスドイツのポーランド占領直後にノルウェーの国民連合党と三党共同で、コペンハーゲンで勝利大会を開催した程度だった。

けれども緒戦におけるドイツ軍の勝ち戦さや巧みな宣伝戦略に眩惑され、北欧の青年層の相当数がファシズムに感化されてドイツに渡った。ドイツで軍事訓練が施されるとスカンディナヴィア師団が編成され、東部戦線に送られて多数が戦場から還ってこなかった。

ファシズムへの迎合、協力は空回り、もしくは報われない顚末に彩られたが、大戦の終結が近づく頃にスウェーデンが行なった人道的な捕虜救出活動が「ベルナドッテの白いバス」と呼ばれて語り継がれている。アウシュヴィッツ収容所もそうであったが、収容者の大量虐殺が行なわれるのは概して戦争が終わりに近づく頃だった。ところが中立国という立場を活かして、終結直前の時期にスウェーデン赤十字総裁の地位にあったフォルケ・ベルナドッテ伯（国王グスタフ五世の甥）がナチス親衛隊長官のハインリッヒ・ヒムラーとの接触に成功した。

接触の目的はドイツ国内の収容施設に入れられていたノルウェー人およびデンマーク人の本国への移送であった。一九四五年二月三日に許可を取り付けた際は、両国の七千人の移送だったところ、結果的にはフランス人やユダヤ人ほか二十七ヵ国の収容者二万一千人をスウェーデンに運ぶことに成功した。このときの移送用バスが白塗りに赤十字マーク付きだったため、このような呼び方になったという。

戦後復興への支援

連合国側の敗戦があり得なくなった頃から、中立宣言国にも連合国側に立っての参戦が呼びかけられてきたが、これには早期終戦、また戦後国際社会の新たな枠組み作りの意図があったとみられる。

ノルウェー領内に残っていたドイツ兵の武装解除とスウェーデンへの移送、収容を巡っての交渉がドイツ側と行なわれていた四月末、連合軍側からは、停戦に応じない在ノルウェー・ドイツ軍の制圧をスウェーデン軍が実施するか否かの協議を申し入れてきた（四月三十日）。実質的な参戦の要求だったが、連合軍側からスウェーデンへの参戦要求はこのときだけだった。

けれどもこれは、ドイツ軍降伏（五月七日）まであと十日も切っていた時期のこと。スウェーデンからはドイツ軍に「ノルウェー、デンマークでの無意味な破壊活動がなされるなら軍事介入もありうる」と伝えられたが、結果的にスウェーデン軍は非交戦を貫いた状態のまま、ヨーロッパの戦争終結の日を迎えることができた。

これより一年以上前の一九四四年三月十日に、スウェーデン政府はノルウェー、デンマークほかヨーロッパ諸国の戦後復興を支援する機関（State Reconstruction Committee）を立ち上げていた。大戦中のスウェーデンの対外政策は戦争回避が何よりも優先されたため、一九四二年頃を境にドイツ寄り、連合国寄りと、揺れに揺れた。この状況を指して「国際法違反の中立政策」と評されることも少なくない。

しかしながら、戦争に巻き込まれることをとにもかくにも避けることができ（これがまた周辺国の批判の的になった）、戦時中は陰ながらの支援がなされ、終戦後はいち早く復興援助活動をすることができた。

スウェーデン政府からの財政支援は、フィンランドに対しては贈与＝十億クロノールプラス貸与＝二十億クロノール、ノルウェーには五億六千万クロノール、デンマークには二千四百万クロノールが贈与された。戦災を受けた国には勝ち負けの別なく、食糧、医薬品なども提供されたという。

中立を逸脱するほどの譲歩も強いられながら戦争を回避し続けたスウェーデンへの批判は「英国のように自由圏維持のために参戦すべきだった」「中立の道義を守れないくらいなら参戦した方が筋が通る」「一方の陣営に有利になるような外交の継続は中立には当たらない」などの意見があった。ネガティブな見方をするなら、戦後復興のための財政支援すら「お金で済ませる」ととられかねなかった。

けれどもハンソン首相ら為政者たちが、スウェーデンを非戦の中立国とし続けた論拠は「戦争の局外にい続けることが最善の道で、これまで続けた（譲歩的な）政策は次なる可能性を残すための政策」とされた。その意味ではまさしく「狐の智恵と獅子の勇気プラス貝の忍耐」という表現があてはまった。

終戦によって外交上のトラブルが一挙に片付いたというものでもなく、今度はソ連との対応が苦慮のもとになった。ドイツの降伏から数ヵ月後には、終戦が近い頃にスウェーデン領内へと脱出したドイツ兵やリトアニア人、エストニア人、ラトヴィア人のソ連への送還を要求してきたのである。特にバルト三国人を送還することは、彼らの死につながった（この三国はソ連の体制化に組み入れられていたため、国外逃亡とみなされた）。

二十世紀最大の国難を「非戦」というポリシーで乗り切れたのは、ハンソン首相のリーダーシップがあったからであったが、難渋の末に選択した政策を実施、継続するのにも大変な勇気と決意を要した。それだけでなく、心身にも相当のストレスが強いられていた。結局、第二次大戦終戦の翌年の一九四六年十月、ペール・アルヴィン・ハンソンは首相在任中ではあったが、突然の心臓発作によって死去した。

第五章　非交戦国、中立国の間で揺れた独裁スペイン

疲弊した状況で成立したフランコ独裁

独裁体制だが、異質なファシズム国家

国政を安定させられなかった共和制が軍事クーデターによって覆されることになるスペイン市民戦争は、一方ではアナキストの活動が活発化し、テロや虐殺が多発した内戦だった（だから先に第二章でも述べたように、テロの犠牲や処刑者数が戦死者を大きく上回る異常な戦争でもあったのだが）。一九三八年秋には、国際連盟の同意を得て共和国政府軍を支援してきた国際旅団も解散。政府軍は、引き上げてゆく外国人義勇兵たちを感謝と賞賛のことばで見送った。

一九三八年末のエブロ川の反撃もならず、明けて一九三九年の春、共和国政府側の首相の地位にあったファン・ネグリンの希望は「報復のない講和」だったが、フランコ陣営は無条件降伏しか受け入れなかった。そのためフランコは二月九日「政治責任に関する政令」を発

令して、共和国政府支持者たちに対する復讐を合法化した。そのような革命軍陣営による報復を恐れた旧政府支持者たち約二十五万人は、ピレネー山脈を越え、ほか様々なルートから国外に逃れた。

二月二十七日に革命軍側のフランコ政権が英仏両国から承認されると、大統領のマヌエル・アサーニャも辞職。バルセロナ、マドリード、バレンシアと陥落し、ネグリンはフランスに亡命した。何万人もの避難民や共和国側の政治家、兵士、支持者らもフランスに脱出後、南北アメリカ、ソ連へと散ってゆき、スペインからの移民として移住先に溶け込んでいった。第二次大戦後には、フランス、メキシコと渡った亡命政府の存在感も感じられなくなっていった。

国内にとどまっていた元共和国政府支持者たちには、先の政令によりさらに過酷な運命が待っていた（逮捕、投獄を経て強制労働、悪くすると死刑）。一九四二年までに逮捕、投獄されたのが二十七万人、うち十数万人が処刑されて、強制労働中の獄死も万に上ったとみられている。このように、第二次世界大戦勃発の半年前に内戦が終わったとはいっても、スペインの国民生活は交戦国に勝るとも劣らない苦難と背中合わせだった。

交通や工場、農業、一般市民の住居・家屋への被害も大きく、カタロニア地方はほとんど廃墟になっていた。多くの熟練労働力が共和国政府支持者だったこと（ということは、この層の大半は死亡、逮捕、または国外脱出）、また、内戦の期間中は支援してくれていたドイツ、イタリア、ソ連が全面戦争に突入し、スペインへの必要な支援が絶望的になっていたこともこの国の復興を遅らせることになった。言ってみれば総統となったフランコの独裁体制は、このような、ないない尽くしの国状を前提として成立したようなものだった。

フランコの内閣は、まだ内戦中の一九三八年一月三十日に第一次内閣を組閣、三月には全体主義体制を確立するための「労働憲章」を定めた。以後、一九四〇年一月には「組合統一法」が成立し、それまでの労働運動は実質的に認められなくなった。続いて三月には「秘密結社および共産主義者取締法」が成立して反政府活動を禁止。こうして、ほぼファシストの体制（イタリア）に倣ったような国家体制にまとめあげられた。

フランコ体制下で存在することができた政党はファランヘ党のみ（政党ではないが王党派など旧勢力も存在）。とはいってもこのファランヘ党は、内戦以前の多数政党のなかの一右翼政党だった頃の党とはべつものの、「政党統一令」（一九三七年）によって組織された様々な異分子から成る集合体のようなものだった。ファシズム政権下で存在が許された政党というとナチス党、ファシスト党が連想されるが、それらとは異質の「国民の意思」「国民を動員」と見せるような政治団体のようなものだった。

ファランヘ党がナチス党やファシスト党とはかなり異なる存在だったのは、軍出身のフランコにしてみると、独裁体制構築、またその維持の基本は軍としていたからである。長期にわたったフランコ独裁体制における閣僚を出身組織別にみると、ファランヘ党よりも軍部のほうが上回っていた。またフランコ自身、スペインがファシズム国家ととられるのを避けるふしがあったという。

フランコも独裁的な権力を有する地位にあったことはヒトラー（総統＝フューラー）やムッソリーニ（統領＝ドゥーチェ）と同様だったが、政権樹立の経緯やその後のやり方はかなり違っていた。中立国として過ごした第一次大戦後の不況や労働運動の高まりの時代の後、スペインは軍政を志向したミゲル・プリモ・デ・リヴェラ将軍の時代（一九二〇年代）、世界大恐慌後のファシズム運動活発化の時代（ファランヘ党誕生）を経てはいたが、フランシスコ・フランコ自身は実利と独裁制の維持にはこだわっても、政治的なイデオロギーに捉われたところはほとんどなかったと指摘されている。

一九三六年七月に共和国政府（人民戦線政府）に対して軍事クーデターを起こしたものの、事前の情報漏洩などから武装蜂起が成ったのはジブラルタル海峡の向こうの在モロッコ軍また北東部の一部革命軍に限られていたこと、在モロッコ革命軍部隊が独伊義勇軍の輸送機によって海峡越えしてスペイン本土で内戦の火の手が拡大したことは先に触れた（第二章二十世紀大戦下の中立政策、イベリア半島の中立国が見舞われた戦禍、スペインを襲った市民戦争の嵐）。そして、モロッコから渡ってきた革命軍部隊を率いていたのがフランコ将軍であった。

武装蜂起できた革命軍は独伊義勇軍の軍事的支援を受けると支配地域を拡大したが、その勢力圏の警察的支配を任せられたのが右翼団体のファランヘ党ということだった（反対派制圧のための暴力行為が横行＝テロ活動の激化）。この内戦の最中に、共和国政府側も逮捕したファシズム活動の指導者を次々に処刑していた。結果的に革命軍側で樹立を宣言した政府の代表の座に着いたのが、フランコ将軍だったということである（ファシズムに強く傾倒していたわけでもないが、反対派制圧のため一九三七年春にファランヘ党代表の座には着いていた）。

もっとも、フランコが独裁的な国家元首の座に着くのは（一九三六年秋）、万事すんなりというわけではなかった。最も強力な対立候補として上がっていたのは、北東部ピレネー山脈国境のナバラから革命軍の勢力を拡大させたクーデター首謀者の一人、エミリオ・モーラだった。評決、激論を経て、またモーラの強い敵意をかわして国家元首の地位に着き、独伊両ファシズム国からの信任もあってフランコは「総統＝カウディーリョ」となった。よって内戦中は、共和国政府側のアサーニャ大統領と元首が並立していたことになる。

疲弊したスペイン経済

スペイン市民戦争が終息したのは一九三九年三月末のこと。ほんの数日前の三月二十七日には「日独伊三国同盟」の前身とも言われる「日独伊防共協定」に参加し、内戦終戦に合わせてナチスドイツとの友好条約を結んだ。そして五月八日には国際連盟からも脱退した。内戦後半にあたる一九三八年以降、スペインへの義勇軍派遣また軍事支援をつかさどったのは、ドイツ国防軍情報部長のヴィルヘルム・カナリス提督。この流れからすれば、フランコ体制下のスペインの枢軸国同盟への参加も近そうにみえるが、カナリス提督は来る大戦争においてスペインがなすべき事柄の事前調査、準備にも携わっていた。

しかしながら、二年九ヵ月という思いもよらぬ長期に及んだ内戦によって、スペイン国内は全面戦争での敗戦国と同じくらい荒廃した。折悪しく一九三九年は農産物の収穫具合も芳しくなく、戦争直後の混乱からの立ち直りをさらに困難にさせていた。フランコ将軍の軍事クーデターを支援したドイツ、イタリアは当然、新体制のスペインは（かたちとして全体主義の体制になっていたこともあって）友軍側の陣営に引き込むことを望んだ。地中海～北アフリカにおいて英軍相手の戦いを有利に進めるには、ほぼスペイン国内ともいえる英領ジブラルタルの軍港を何とかしなければならなかった。

ダンツィヒおよび、東プロイセンにいたるポーランド回廊の割譲要求を受け入れなかったポーランドへの武力侵攻の挙に出たナチスドイツに対して、英連邦とフランスが宣戦布告に打って出たことはドイツにとっても予想外だった。オーストリア、チェコを併合したときと同様、追認されるものと思っていたところで「第二次世界大戦の勃発」という事態になったのである。

スペイン市民戦争が終わってやっと五ヵ月が過ぎたというところだった。この急展開は、復興がままならないスペインはおろかファシズムの盟邦であるイタリアをも困惑させた。もっとも宣戦布告を「した側・された側」の英仏とドイツにしても、戦争準備が万事整っていたわけでもなく、翌一九四〇年春までは「居座り戦争（フォウニ・ウォー）」という小規模戦闘の時期を過ごすことになるのだが。

第一次大戦中のスペインは、北アフリカでのモロッコ戦争に主眼が置かれていたため、連合国（三国協商）、同盟国のどちらの陣営にも加わることなく中立のまま過ごした。国内でも、資本家層の利益が英仏と一致する一方、皇族や教会、軍部に地主らがドイツ軍に理解を示すなど、国論が分かれていたという事情もあった。

ところが第二次大戦においては、革命政権を樹立した全体主義派陣営が独伊両ファシズム国家から多大な軍事支援を受けていたのにもかかわらず、すでに行動をともにできない状況にあった。市民戦争終了後のスペインの武力は反体制派の取り締まりを目的とする武装警察および治安警備隊に重点が置かれ、いわゆる軍隊は掩護的な立場にとどめられた。それだけでなく農業を含む経済、工業、軍事力とも、疲弊しきっていたのである。仮に、枢軸国としての参戦を表明しようものならば、ジブラルタルの英海軍、また隣国の親英中立国・ポルトガルとの関係も硬化が予想された（一九三九年三月十七日にポルトガルとも不可侵条約を結んでいたが）。

じつのところ、スペインの軍部においても「軍事クーデターの支援を受けた事実があるとしても」独伊両国の軍事力に対して客観的には高くは評価していなかった。「あの航空兵力は、防衛力が不充分な国々、旧式な軍備の国々ならば圧倒できるが、近代的な軍事力にはどこまで通用するか疑問」「英米が本気になって対峙するようになれば、戦略よりも戦術にこだわるドイツ軍の勝利は考えにくい」フランコ政権下のスペイン軍の幹部層の捉え方は思いのほかシビアだった。

また、ナチスドイツのカトリック教会に対する迫害は、スペインのカトリック教会の心象を害した。さらにポーランド侵攻直前の独ソ相互不可侵条約の締結が、ナチスドイツそのものに対する不信感を強めた。その結果、それまで枢軸国寄りの外交姿勢をとってはきたものの、フランコ・スペインは肝心なところで戦争の局外に立つ「厳正中立」の声明を発することになった（九月四日）。

荒廃スペインが迎えた第二次世界大戦

ナチスドイツとの政治的距離感

とは言え、この時点では最も敵にすべきではないナチスドイツに対しては非公式に「ドイツに対する好意は抱いている」という態度が示された。一九四〇年夏までにドイツ軍がヨーロッパ大陸西部の大部分をほぼ制圧すると、スイスやスウェーデンといった中立諸国でも、ナチスドイツの治世のヨーロッパを想定したというが、フランコ体制下のスペインは内戦時に恩義を受けていただけに「非交戦国」扱いにして、ほかの中立国よりももっとドイツ寄りの姿勢を示す必要に迫られた。

その具体的事例が、デーニッツ提督の構想に基づくスペイン領内港湾のUボート用補給基地化だった。これは中立宣言国としては明らかに違反行為になるので実施は極秘とされた。八月以降、ドイツの駐スペイン武官とスペインの大臣レベルで交渉が行なわれ、ようやく十一月に協定が結ばれた。ただし、中立違反が連合国側に漏れることを防ぐ方策として、ドイツ側艦艇に対する洋上での補給は受け付けないこととした。

スペインの港湾を補給基地とするUボートの通商破壊作戦は「モーロ作戦」と呼ばれた。ドイツ海軍に恩義を返すには格好の戦争協力のようでもあったが、英海軍がこれを見逃すわけがなく、中立違反としてしばしば抗議がなされた。それでもUボートへの補給支援は一九四二年までに四ヵ所の港において、二十三回は実施されたとみられている。一九四二年十一月以降は、スペインの港への枢軸国艦船の入港にも一定の決まりごとが設けられた。

第二次世界大戦の勃発に際して「戦争準備の遅れ」を理由に中立を表明した点ではイタリアも同様だったが、ムッソリーニはヒトラーからの参戦要求でプレッシャーを受けながらも、スペインには自らの状況を明かしながら「友邦」としてあるべき姿をほのめかしていた。たとえば、ドイツ軍の西方電撃戦開始直前の時期には「わが国も参戦を決断せざるを得ない状況……」と述べつつ、スペインには連帯感を求めた。その後、戦いの場がフランス国内になり、地中海沿岸や北アフリカでの権益確保のためイタリア軍の参戦が現実のものになると(六月十日)、英領ジブラルタルの確保を要求するとともに、独伊への経済的協力も求めるといった具合にである。

けれどもスペイン国内では(内戦で国内が荒廃していたこともあるが、そうでなかったとしても)参戦の意思は至って弱かった。あれだけドイツからの支援を受けながらもヒトラーやナチス党に対する疑念が強く、スペインの軍幹部でも大半は親英・王党派で親ナチはごく少数派だった。

数少ない親ナチ派のビゴン参謀総長が、フランス陥落直前の六月十六日に(フランコの名代として)ヒトラーやリッベントロップとの会見に臨んだが、持参したフランコの親書にあった参戦の条件は「特別の軍事援助(特に海軍力、空軍力が一から再建しなければならない状態)」「不足が深刻化している食糧の供給」「英領ジブラルタルほか仏領北アフリカの領土要求」という、現実離れしたものだった(六月十四日にはジブラルタルの対岸の国際自由都市タンジールを占領)。特に北アフリカの利権を希望するのは枢軸陣営にもほかに、イタリア、ヴィシー・フランスがあった。この領土要求はフランコの貪欲さと解されることもあるが、周辺国の事情をみると、事実上の参戦拒否のようなものだったのであろう。

唯一の政党となったファランヘ党は、フランコの義弟であるセラノ・スーニェルが書記長に就任して権力を握ったあたりからファシズム色を強めた。スーニェルも参戦推進派とみな

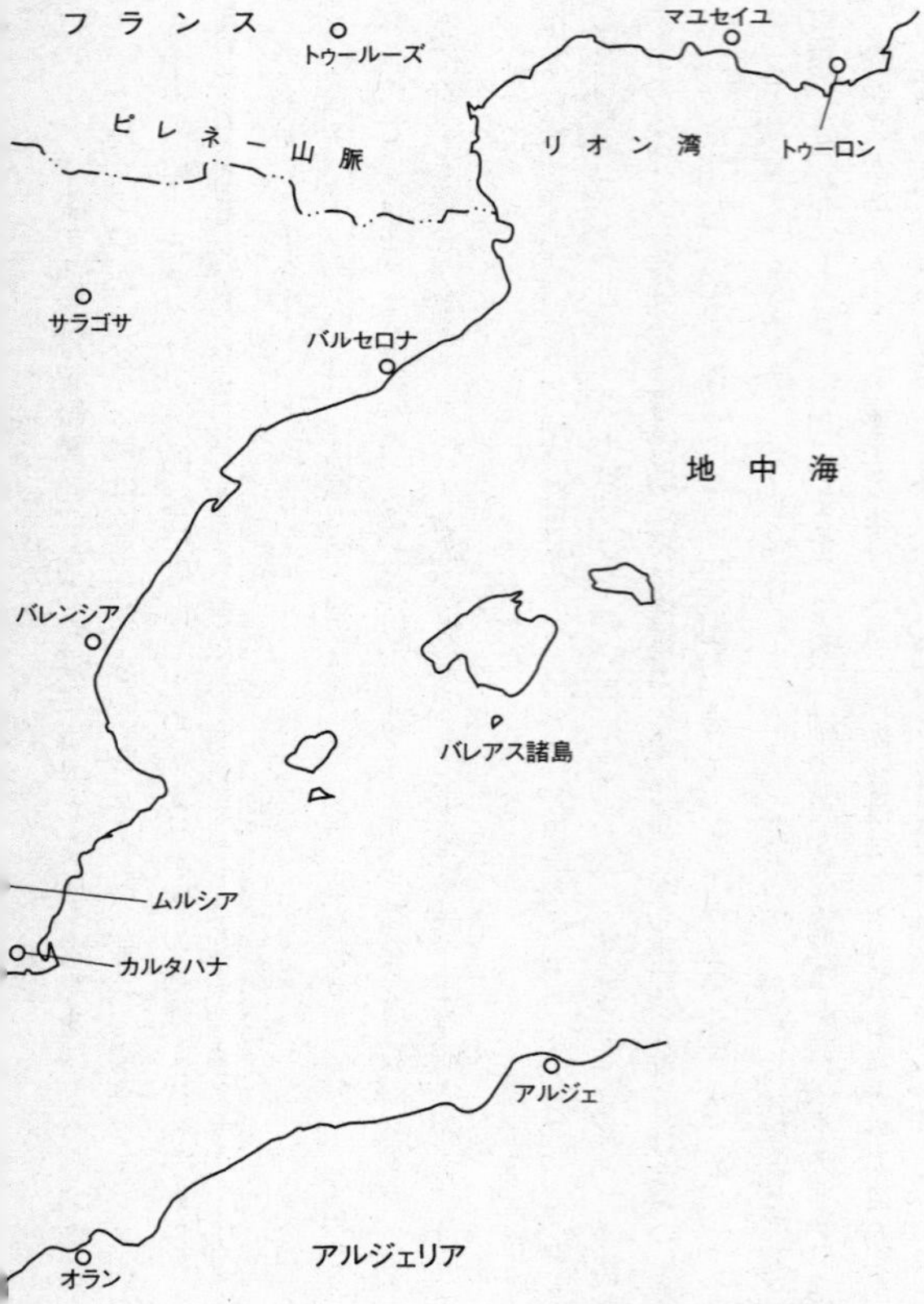
フランス
トゥールーズ
マユセイユ
ピレネー山脈
リオン湾
トゥーロン
サラゴサ
バルセロナ
地中海
バレンシア
バレアス諸島
ムルシア
カルタハナ
アルジェ
アルジェリア
オラン

第2次大戦下のイベリア半島要図

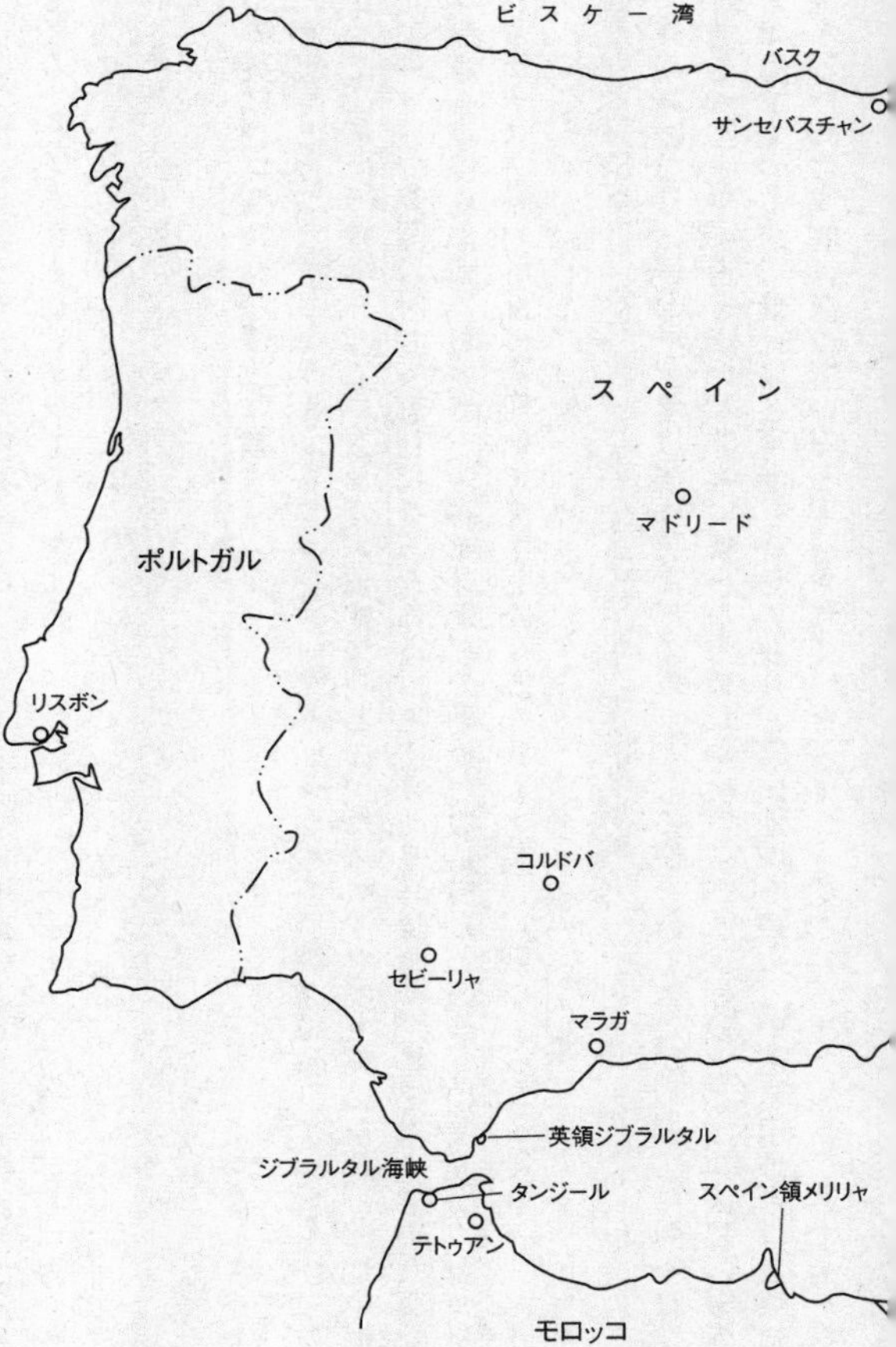

されていた。

ところがスペインの軍部がナチスへの疑念を抱いていただけでなく「この次に戦火があがるときは、スペインが外国から侵略を受けたとき、もしくは国民の総意として参戦せざるを得なくなったとき」という考えを採っており、今次大戦での軍事介入の意識は非常に薄かった。軍幹部の大多数が王党派、親英派という点も、ドイツ軍への厳しい見方（英米相手では勝利できない）、枢軸陣営での参戦拒否につながっていたのであろう。

幻の英領ジブラルタル侵攻作戦

だが実際のところ、ヒトラーからフランコ・スペインへの参戦要求は決して強いものではなかった。革命の戦争を経てファシズム独裁体制となったスペインが友邦になれば、地中海や北アフリカで英国に対して有利になるだろう、あのカナリス提督が準備を進めていた英領ジブラルタル侵攻作戦において、スペインからの動員した兵力をどのように使うかくらいだった。ナチスドイツ幹部の高圧的で見下したような接し方には、親ファシズムセラノ・スーニェルでさえも幻滅した。

もともと英領ジブラルタルは、十八世紀初頭の王位継承戦争の講和条件（ユトレヒト条約）により英領となり、一七一三年以後は英海軍の軍港として使われてきたが、幅一・四キロ、奥行き二十四キロに過ぎない、非常に狭小な土地だった。スペインの領土とは非武装の緩衝地帯で隔てているが、飛行場と軍港を有しており、居住地域も控えている岩山地帯は侵略に抵抗するための要塞になっていると理解されていた。

英領ジブラルタルのスペイン領への復帰は、二十一世紀となった今日でも抱かれている長年の念願、悲願。当時、スペイン国内唯一の政党となったファランヘ党が、ジブラルタルの奪還を国論として持ち上げかけた。総統フランコがそれに乗ったかどうかは、ここで追ってみることにする。

六月中にフランスが早々とドイツ軍に下ったため、ジブラルタルを枢軸国が支配できれば、連合軍側艦船の大西洋側からの地中海侵入、北アフリカへの接近は絶望視されるという目算があった。市民戦争中のフランコ・スペインを支援し、その後もジブラルタル占領作戦「フェリクス作戦」の準備を進めてきたカナリス提督の具体案に沿って、六万五千人強の兵力でジブラルタルを攻撃することとされていた。十一月十二日にはヒトラーの作戦指令第十八号として作戦の実施が発令されるところだった。もしも作戦が実施されてジブラルタルがドイツ軍のものになっていれば、その年の夏～秋に大損害を被った末に無期限延期となった英本土上陸作戦の失敗を、かなりのところまで挽回できると見られた。

ところが、そこは「欲望は膨張する」のヒトラーだった。フェリクス作戦の作戦規模をさらに拡大させて作戦実施時期を若干遅らせて（ジブラルタル攻撃作戦の実施は一九四一年二月四日に）、スペインおよびスペイン領モロッコ、さらにまたポルトガル侵攻まで考慮した新規の作戦が練られていたのである。しかしながら結局のところ、一九四〇年十二月十日には「フェリクス作戦の実施を必要とする政治状況がなくなった」を理由に、ジブラルタル攻撃作戦の準備は中止されてしまった。

これより一月半ほど前の十月二十三日には、フランスとの国境の町エンダヤにおいて、フランコとヒトラーの最初の直接会談「エンダヤ会談」が行なわれていた。この会談ではドイツ側で一方的に用意した内容の議定書（「軍事的に準備が整った後に」スペインも参戦）も作成されたが、会談の中身は概して不調に終わったとされている。

フランコは相も変わらず北アフリカでの領土要求を述べたが、ヒトラーがこれを拒んだことに対して不満の態度をとった。そしてフランコも「英本土上陸作戦が成功しても、英連邦はカナダから交戦し続ける」とやり返してヒトラーを憤慨させるという具合だった。ファシズムの独裁者たちは概してオーバーアクションと怒声でまくし立てるものだが、フランコの抑揚のない淡々とした話し方もヒトラーの癇に障ったという。

これでフランコ自身はヒトラーを友軍とするべき指導者とはみなさなくなったが、この会談の時点ではまだフェリクス作戦は生きていた。セラノ・スーニェルが十一月十九日にヒトラーと会談した際にジブラルタル攻撃作戦の支援が求められ、その後も協力が要請されたからである。スペインにしてみれば、ジブラルタル攻撃作戦への協力＝参戦（連合国側への宣戦布告）と解されていた。

この重要な決断を迫られる局面を前に、フランコは軍部の閣僚らを集めて、採るべき決断の判断分岐を想定した。このときの基礎資料となった「メモ」（「政策メモ」とも言われる）を作成したカレロ・ブランコ海軍大佐はフランコと旧知であったが、後にスペイン首相にまで上り詰める逸材だった。

「メモ」に記された分析では――スペインの軍事力は英軍よりも圧倒的に下回っており、参戦は事実上不可能。イタリア海軍も秋にタラント軍港が奇襲攻撃されて、壊滅的な打撃を受けていた。そのため枢軸国側が地中海を自由にするならば、ジブラルタルだけでなくスエズ運河も確保しなければならない。地中海で連合軍側が活動可能なら、スペインの海上封鎖は免れられないという、非常に冷徹で現実的なものだった。

このような事前の状勢分析がなされていたため、セラノ・スーニェルもヒトラーが望むようなフェリクス作戦への協力には返事などできなかった。そこで今度は作戦を立案した、スペインとも縁が深いカナリス提督が十二月七日にフランコを訪ねて、作戦への協力を要請した。当然、拒絶されるどころか、フランコからは枢軸陣営の勝利による早期終戦も難しいと指摘された。この時点でフェリクス作戦の実施は撤回され、スペインの参戦もどうにか回避された。

ジブラルタルでの対英作戦が実施されなくなったため、ヒトラーの関心はソ連へと移っていった。勝ち戦を重ねてきた枢軸軍（ドイツ軍）の力を厳しく評価したスペイン軍部への不信感もここで一気に高まったが、英軍のジブラルタル要塞（地下トンネル型）は非常に堅牢だった。もしも戦闘状態になったなら、一年半は持ちこたえたか、ともみられている。

なお、ヴィルヘルム・カナリス提督自身、反総統組織の「黒いオーケストラ」に参加しており、ドイツ軍の重要情報をしばしば英側に漏洩していた。このことは一九四四年に親衛隊国家保安部の知るところとなって国家反逆罪で逮捕、処刑されている。

第二次大戦下のスペインの軍備

ナチスドイツの軍備が明らかになった一九三〇年代中盤以降、ヨーロッパの各国はにわかに迫った大戦争の脅威に備えて近代的な軍備への更新、増強に力を入れた。ちょうどその時期に、思いもよらぬ長期の内戦に突入して国内がふたつの陣営が互いに消耗しあったことは、一歩間違えれば国の破滅への引き鉄になりかねなかった。次なる大戦争に巻き込まれていたら、国家としての体制維持はまず不可能とみられたからである。

市民戦争の直前の軍備（共和国政権）は航空機についてみると、英仏からの輸入機やライセンス生産機、若干の国産機で成り立っていたが、市民戦争に突入すると独伊が革命軍を、ソ連が共和国政権軍側を積極支援したことは先の章でも触れた。初期戦闘の段階でドイツから派遣されてきたユンカースＪｕ52／３ｍが、スペイン本土への移動のため、モロッコのテトゥアン飛行場に集まったフランコ将軍の軍勢に対する砲撃を企てる共和国側巡洋艦ジェイムIを爆撃、続いてアルカサル・デ・サン・ファンの貯油施設を破壊という戦闘行為が行なわれた。以降、両陣営の消耗戦は激化して、一九三九年三月末の内戦終了までに海軍力では戦艦をすべて喪失という絶望的な状況に陥っていた。

内戦終了を経て、第二次大戦勃発時のスペインの海軍力は重巡カナリアス以下、軽巡四隻、駆逐艦と潜水艦合わせて二十隻ちょっとというところまで落ち込んでいた。これではとても英海軍を向こうに回しての英領ジブラルタル攻撃はおぼつかない。戦車も大半がトゥルビア社で一九二〇年代に製造された戦車で、これが消耗したためランデサ社で農耕用トラクターを基にした暫定的な戦闘車輌が作られていたという具合。新型戦車というと、ベルデファ大尉が設計した四十五ミリ砲搭載の軽戦車が一九四〇年から配備されはじめたところだった。

航空機メーカーとしては内戦前から、ＣＡＳＡ、イスパノ（エンジン部門はフランスに置かれたイスパノスイザ)、ゴンザレス・ギル・パゾがあったが、純国産機は概して軽飛行機。大型機、実戦機は外国機のライセンス生産で、内戦が終わってからの航空工業建て直しもソ連機やイタリア機、ドイツ機の複製機生産からスタートした。内戦における人的損害も相当深刻で、国防・防空のために新たに航空兵を養成しなければならなかったため、ソ連やイタリアの戦闘機を複座練習機型に改めたスペインならではの高等練習機も現われた。

総統のフランコ自身、また、軍事、外務担当の閣僚たちの高度な駆け引きによって、独伊両国からの参戦要求を「引き伸ばし」のかたちでかわしてきたが、国土防衛のための軍事力は保持しておかなければならなかった。そこがスペインの政治家たち自身も「枢軸国寄り」と認識せざるを得なかった根拠にもなるのだが、近代的な軍用機や新型戦車などは、一九四三年一月に着任した新独大使フォン・モルトケとスペイン政府との間で交わされた「秘密議定書」によりドイツから供給されることになった。

秘密議定書の内容は「ドイツからは最新の兵器をもって充分な軍事支援を行なう。スペイン軍は内外の領土が連合軍側からの侵攻を受けた際には撃退に全力を注ぐ……」というものだった。供給された機材はドイツ空軍、陸軍でも主力機種ばかりだったので(軍用機はＢｆ109の新型やＨｅ111Ｈ、Ｊｕ88にＦｉ156など、戦車はⅡ号軽戦車やⅢ号、Ⅳ号中戦車)、ドイツ側としてもフランコの言う「軍事的準備が整った段階での参戦」への期待も無きにしもあらずということだったのだろうが、結果的にスペイン軍と連合軍とが戦闘状態になることはなかった。

もう一方のファシズム国家、イタリアはというと、市民戦争の際はかなりの軍勢を送ってはきたものの、軍備の近代化はドイツよりも比べ物にならないほど遅れていた。ムッソリーニが怒声の演説を繰り返しても、ファシストの精鋭部隊が派手なデモンストレーションを行なってもイタリアの戦意は高まらなかった。ムッソリーニの軍備の遅れの苦しみ方は、スペインに援助を要請するほどだったが（一九四一年二月十二日、イタリア領リヴィエラのボルディゲーラでのフランコとの会談において）、当然、フランコがそれに応じることはなかった。

地中海は独伊およびヴィシー・フランスの枢軸軍と英軍以下連合軍との間で激しい戦闘状態になり、スペインの旧式水上機、飛行艇も沿岸警備や洋上救難の任務に就いたが、やがてCASAドルニエ・ヴァール飛行艇は、占領下のフランスのSNCAで転換生産されていたドルニエDo24飛行艇に置き換えられた（フランス解放後）。

英領ジブラルタルという戦略上、きわめて重要な軍港が存在したこともあって、大戦のほぼ全期間スペインの国防担当者はどちらの陣営に対しても緊張を強いられていた。一九四三年三月には、対領空侵犯措置行為実施のため発進したスペイン空軍のHe112戦闘機（内戦時代の供給機）がスペイン領モロッコの領空にはいり込んだ米陸軍のP-38を撃墜した一件は、大戦下のスペインの例外的な軍事活動としてしばしば紹介されている。

けれども一九四三年以降、枢軸軍の戦況が日増しに厳しくなってくると、スペインはドイツからの軍事的支援をなかなか得られなくなった。そこで国内のCASA、イスパノで、必要とされる数の戦闘機や爆撃機、輸送機をライセンス生産することになった。やがてドイツ製の航空用エンジンも入手できなくなり、フランス製もしくは英国製のエンジンに換えたメッサーシュミット、ハインケル、ユンカース（Ju52/3m）などが、新生スペイン空軍の主力機となっていった。

その後、フランコ体制のスペインは大きな戦乱に見舞われることもなく、これらの大戦機の生き残りも一九六〇年代まで現役任務を務め上げた。スペインで製造されたドイツ機の姿は、一九五〇～六〇年代頃に制作された戦争映画の中で、ドイツ機のマークを記した姿で観ることができる。

第二次大戦に参加したスペイン人

内戦終了時の絶望的な状況をそれ以上悪化させないために、中立国～非交戦国の立場で揺れ動いたフランコ・スペインだったが、それぞれの考え方に基づいて第二次世界大戦下の戦場に赴いたスペイン人も少なからず存在していた。そのようにさせたのは、やはりあの長期間に及んだ市民戦争だった。

外相としてフェリクス作戦への協力拒否を伝えたセラノ・スーニェルだったが、右翼政党のファランへ党の要職にある以上、市民戦争の期間中のドイツ軍からの義勇軍への恩義を返す機会を捜していた。そして、恩に報い、かつ反共主義を示すために、一九四一年六月二十二日にソ連領内への侵攻を開始したドイツ軍に、ファランへ党員らの青少年義勇兵を募った「青い旅団」を派遣することとした。

「青」はスペインの全体主義組織を示す色（ファランへ党のシャツの色）。内戦中には精鋭飛行隊の「青の小隊」というのもあったが、この部隊で戦い抜いた古参の航空兵たちも青い旅団に参加。ドイツ空軍第二七戦闘航空団隷下に配属され、Ｂｆ109やＦｗ190を駆ってソ連空軍と戦った。なかには、市民戦争当時はまだ歳若く、独ソ戦への参加だけで撃墜王になったスペイン人パイロットも現われた。

その一方で、共和国政府側で戦い、内戦終了後は国外に脱出し、独ソ戦ではソ連空軍に属して枢軸軍機と戦ったベテランもいたという。さらにまたフランコ独裁体制を忌み嫌い、スペインの国境線を越えてフランス、ソ連に逃れて、フランス軍、ソ連軍兵士として銃を握ったひとたちも少なくなかった。そういった意味においては、スペイン軍というよりも個々の信念に基づいて戦争に関わったとみるべきだろう。

独ソ戦も長引いたので交代した義勇兵もいたが、青い旅団は結果的に五万人規模に達したという（一部はスペイン軍の正規将兵）。一九四三年にはドイツ・枢軸軍も劣勢になり、同年末には青い旅団の撤退も始まったが、一部はその後も独ソ戦で戦い続けた。

なお、この東部戦線の戦いでのスペイン人戦死者は約六千人とのこと。独ソ戦でドイツほか枢軸国の戦死者からすれば被害の規模としては格段に少ないが、ほかの中立、非交戦を宣言、維持した国々と比べると異常に多い数であろう。

ジブラルタル攻撃作戦でのスペイン軍の参加を求めたドイツ軍であったが、ソ連への侵攻作戦においてはスペイン軍をおよそ兵力として数えていなかったという。ヒトラーがすでにフランコへの不信感を高め、スペインにもあきらめきっていたこともあるが、バルカン戦役や北アフリカでイタリア軍に足を引っ張られて事実上、作戦実施の重荷になったことから、それ以上軍事的てこ入れを要するような軍隊の参加はありがたくないことと認識されていたのである。

第二次大戦突入時、また、英領ジブラルタルを巡って、執拗に参戦を要求されたフランコ・スペインであった。ところがあのボルディゲーラ会談では、ムッソリーニからイタリア参戦後の後悔ともとれる本音まで聞きだしていた。

「戦争への参加は国家の一大事……圧力に屈することなく、国の利害得失を考えて自ら決すべき……」

哲学を究めるよりも現実重視のフランコにとって、この先輩独裁者の発言は非常に重要なアドバイスになった。

この会談を、フランコ・スペインを枢軸陣営に参加させる最後のチャンスと考えていたヒトラーもついに断念、例のエンダヤ会談の際にドイツ側から押し付けたスペイン参戦の議定書も事実上、破棄とみなされた。独ソ戦がはじまった段階で、スペインが交戦国として巻込まれる危機は無くなっていたということである。

連合国側にも求めた復興支援

チャーチルのスペイン中立維持政策

大戦争への突入でスイスやスウェーデンが事前に検討したもうひとつの大問題が食糧供給だった。周辺国が交戦状態になって貿易の自由が失われると、食糧供給を輸入に頼っている国は深刻な状況に追い込まれる。自給率を高め、また一般家庭にも数ヵ月先までの備蓄が求められていたことについては、スイスの章において言及した。

ところが、市民戦争終了から第二次大戦突入までの間が短すぎたこと、一九三九年その年が不作に見舞われたことは「腹が減っては戦ができぬ。ならば、食糧がなければ戦争にならぬ」という冗談では済まないほど厳しい状況に陥っていた。ナチスドイツにはスペインの参戦の条件としていろいろと並べていたが、実質的には最も欲していたのは食糧と燃料で、北アフリカでの利権などは参戦のお断わり文句のようなものでもあったのだろう。親ナチのセラノ・スーニェルをしてドイツからの食糧支援が皆無だったことには、憤りの弁が述べられていた。

一九四〇年九月七日にフランコは極秘にウェデル米大使に対して食糧、燃料輸入のための一億ドルの借款の可能性を探っていた。スペインの中立政策に神経を尖らせていたのは、友好関係にあるポルトガルと国境線を接し、何よりも軍港が所在する領土ジブラルタルが非常に微妙な位置にあった大英帝国チャーチル首相だった。

ウェデル大使もサミュエル・ホア英大使も、この借款の打診をスペインの中立化に活かせるかどうか検討した。米国内では米赤十字総裁のN・デイヴィスからのスペイン緊急援助（特別予算からの支出）の提案を、スペインの参戦回避に活かせないものかとコーデル・ハル国務長官が熟考しているところだった。

この自由圏の二大国にしてみれば、ファシズムの独伊から軍事支援を受けて軍事クーデターを成し遂げたフランシスコ・フランコ、また反対勢力の存在を許さない独裁体制の総統フランコへの疑念が渦巻いていた。そこで冷や水をかけるような出来事になったのが、親ナチで参戦派の代表と目されていたセラノ・スーニェルの外務大臣就任と、ドイツ公式訪問だった（ジブラルタル侵攻作戦への協力に当たって、海岸への砲台設置も要求）。

ところが、リッベントロップ（外相）らナチスの要職がスペインからの来訪者を見下し、冷遇したことがきっかけとなり、ファランヘ党書記長でありながらセラノ・スーニェルもナチス党への不信感、嫌悪感を募らせることになる。しかしながら当然だが、この時点では英米の首脳はこのことを知る由もなかった。

だがあのUボート支援のモーロ作戦の例もあり、スペインがナチスドイツ支援に回ることはアメリカよりも英国にとって、より深刻な結果を及ぼすはずだった。親英派が多数派のスペイン閣僚も、スペインをドイツから遠ざけたいのなら、スペインへの食糧、燃料の支援を公表すべきとほのめかした。

これを受けてこの年の十月にはチャーチルがスペインへの食糧援助を表明、アメリカからも米赤十字社を通じて人道的食糧援助が行なわれることになった（米国務省の反対はあったが）。その後第二次世界大戦の長期化により、スペインの外交はほかの中立国と同様、連合国側に傾きはじめるが、スペインの場合は切実に必要とされた食糧や燃料の供給主として米英が重視されたという事情もあった。

ドイツからのジブラルタル攻撃参加の要請で揺さぶられ、英米からの食糧援助で窮状を乗り切ろうとしたフランコ・スペインだったが、一九四一年になってからも劣悪な食糧供給事情は改善されなかった。さすがにセラノ・スーニェルも外相としてヒトラーとの会見の席上で、ドイツからの食糧支援が絶無のことに不満を述べた。

一九四一年というとドイツ軍がソ連領内への侵攻を開始し、極東でも日本軍が中国戦線からインドシナ半島に勢力を拡大し、アメリカ合衆国内ではファシズムの増長への怒りを強めつつあった時期。よって、この時点でジブラルタル攻撃作戦の実施が破棄されたことが把握されていなかったアメリカでは、世論がフランコ・スペインへの不快感と警戒感を強めつつあった。

そこで口添えしたのがチャーチルで「重要なことはジブラルタル海峡の両岸が枢軸国の手に落ちないこと。そのためにも、飢餓的状況に陥りつつあるスペインへの食糧供給を早期になすべき」とアピールした。これによりアメリカとしてはスペインに参戦させないための食糧供給を、小出しにしながら行なうこととされた。敵方と見られる国に対するアメリカのこのようなやり方での食糧支援は、その後の国家間紛争においてもしばしば行なわれるようになる。

アメリカがスイス、スウェーデンといった中立国に対してかなり厳しい態度をとったことはこれまでの章で触れてきたが、これはスペインに対しても同様だった。英国危機から半年後の一九四一年四月に英国はスペインへの七百五十万ポンドの借款を与えたが、その背景には大ブリテン島占領を断念したドイツ軍によるイベリア半島占領の懸念があった。大西洋での通商破壊作戦を強化するには、スペイン、ポルトガルという二中立国が位置するイベリア半島を、電撃戦で実践済みの例の「保護占領」というやり方で支配すれば手っ取り早い。

親英色を強めるためのスペインへの借款だったが、アメリカの考え方は「ジブラルタルがドイツ軍の手に落ちるなら、その前にポルトガル領のアゾレス諸島と北アフリカ西岸のスペイン領カナリア諸島を押さえて、ここを連合国側の拠点にすべきとしていた（ちなみにこの時点で、アメリカ合衆国はまだ参戦していない）。

けれども、英米で考えられたようなイベリア半島でのドイツ軍支配は、実際には起こらなかった。スペインからの協力も事実上拒否されてジブラルタル攻撃を断念、ソ連侵攻へと関心が移ってゆく件は先に述べた。

このように見ると、スペインもほかの中立宣言国と同様、中立を維持できるか、戦争の嵐に（再び）巻き込まれるか、非常にきわどいところにあったことがわかる。両陣営からその身の振り方に関心を向けられつつも、大戦争を免れることができたのは、僥倖のめぐり合わせによるものであった。

スペイン内政の転機

欧州戦線に関わる両陣営の主要交戦国から見てもスペインの参戦が考えにくくなった一九四一年後半、今度はセラノ・スーニェルが率いていたファランへ党がフランコの下にある国防軍（王党派・親英派）との対立色を強めてきた。五月になるとフランコは内閣改造を行ない、軍部と対立するセラノ・スーニェルから内相権限を奪って外相職だけとした。ここでセラノ・スーニェルがファランへ党出身閣僚の集団辞任を働きかけたことが内政上の転機となった。

フランコは総統府次官（自由圏でいう元首の補佐官、官房長官）に、ジブラルタル攻撃への協力要求に対して、情勢分析や判断材料として供した、あの「メモ」を作成したカレロ・ブランコを起用したのである。その一方でセラノ・スーニェルには、独ソ戦への義勇兵派遣というかたちでドイツ軍支援を認めたのである。あの「青い旅団」の東部戦線への出兵である。当然これは、連合国側には、親ファシズム・ファランへ党の「ガス抜き」とはみられなかった。フランコ自身が軍事クーデター蜂起五周年の総統演説において、スペイン国防軍をして不快感を表明するような戦争賛同のことばを並べたからである。青い旅団の派遣とフランコ総統の演説は、英米両政府の怒りを招き、あれほど取り付けるのに苦労した末の食糧支援も打ち切られてしまった。

事態の悪化に慌てたオルガス将軍を中心とする軍出身の閣僚たちは、セラノ・スーニェルの処分と、総統自身の対外的言動の慎重さを求めた（ここのところもナチスとはかなり違う）。太平洋において日米英を主要交戦国として戦火が拡大した一九四一年十二月には、フランコの官邸であるエル・パルド宮で「陸軍最高会議」が開かれ、ファランヘ党との断絶の要求や軍部から反対勢力に対する弾圧政策への批判などが述べられた。

独裁者に対する物言いがどのような場合になら許されるのかは、自由圏でしか生活したことがない人間にはなかなか考えが及ばない（というか、許されないのではないかと思っている）。だが独裁者としてフランシスコ・フランコとヒトラー、ムッソリーニ、スターリンらと明らかに違っていた点は、フランコには向けられた批判を受容する能力（感情抑制能力とも言われる）があった点とされている。

もっとも、そのフランコにとっての重要な懐刀となったのがカレロ・ブランコであった。そして間もなく、ファランヘ党重視のファシスト政権からフランコ自身の独裁体制への移行の時期にあることを示すメモが渡された。このあたりから、ブランコがお膳立てをして組閣された実務者中心の内閣が、スペインの内政において冴えを発揮しはじめる。

明けて一九四二年は第二次大戦の転機となるような出来事（ミッドウェイ海戦、ガダルカナル戦、スターリングラード戦）が相次ぐ年だったが、スペインでも内政の危機も極まる年となった。この年の八月にバスク地方出身のカルリスタ民兵の鎮魂祭が営まれたが、ベゴーニャ聖母廟での式典には陸軍大臣のバレーラも列席。そこへ、ファランへ党大学生組合の過激派が爆弾を投げ込むテロ行為を行なったのである。大惨事にこそならなかったが、これは「ベゴーニャ事件」として伝えられるようになる。

逮捕された首謀者は軍法会議にかけられて死刑となったが、ファランへ党のテロに抗議したバレーラ陸相も辞任。これが引き鉄になって閣僚人事は一新されることになった。フランコに対する不満を高め、外遊の際にも批判的言動を述べるようなっていたセラノ・スーニェルもついにここで外相の任を解かれて失脚した。

経緯、大事のきっかけからしてファランへ党の力を奪い去る絶好の機会でもあったが、フランコはあえてファランへ党潰しをせずにバレーラ陸相の後任に親枢軸派のカバニーリャ将軍を、また、新内相もファランへ党から選んだ。ここでは、王党派の軍部出身者のみを重んずる組閣は避けたのである。

新外相ホルダーナ将軍

この新人事の案を練ったのもやはりカレロ・ブランコだった。フランコには強権発動の恐怖の独裁者ではなく、譲るものと押さえるものとの兼ね合いが図れる個人的独裁政権を求めたのである。そして目玉とも言える、難局面での外相には、フランシスコ・ゴメス・ホルダーナ将軍が任命された。フランコより年長で軍人としても先輩だが、革命政府樹立に尽力し、防共協定参加の交渉役を務めたものの、野心家という印象を与えない「誠実さ」と「事務処理」の人だった。どちらかの陣営に向かいがちな動揺、非交戦か中立かがとかく問題になりそうな情勢下において外交能力を発揮するのが、この種の「等距離外交」「謹厳実直」「誠実履行」の人間である。

ジブラルタル攻撃への協力は枢軸国側からの参戦への圧力だったが、連合軍がスペインにとっての脅威となったこともあった。その極みに達したのが、この年の十一月に実施された米英連合軍のモロッコ、アルジェリア上陸「トーチ作戦」だった。極秘裏にジブラルタル海峡を通過できたがゆえに成功した北アフリカ上陸作戦で、これを機に独伊の北アフリカ派遣軍は劣勢になった。上陸部隊を乗せた艦艇、船団の海峡への接近、通過はスペインにも緊張感を強いた。

連合軍側の大規模船団が何をか予定していることはスペイン軍、枢軸軍にも把握されていた。問題はその意図するところが見破られているかどうかだった。

「マルタ島支援か？」「仏領西アフリカへ展開か？」「北アフリカ上陸ならば、リビアか、チュニジアか？」それとも「態度が煮え切らなかったスペインに対する武力侵攻か？」。

作戦の準備はイベリア半島沿岸に対してどこまで把握しているかを米英の大使がスペイン外交部に示し、かつスペインへの敵意がないことを説明するところから始まった。中立政策を重んじるホルダーナ外相は当然、それを関係閣僚間のことにとどめて機密を守る。

ところが、肝心の作戦実施の通告が全く異常なかたちで行なわれた。上陸作戦の開始は十一月八日の深夜午前二時。その一時間前の午前一時に、ホア英大使とヘイズ米大使がスペイン外務省にホルダーナ外相との面会を求めてきたのである。普通ではない時刻の面会要請に外務省や内閣は慌てふためいた。

「最後通牒の手交か？」「奇襲によるスペイン本土への武力侵攻か？」

米英両国の大使はフランコ総統との会見をも希望したが、ホルダーナ外相は狼狽しながらも時間稼ぎに努めた。深夜の面会要求に国防軍首脳部は情勢分析、状況把握におおわらわだったのである。かといって上陸作戦の実施も秘匿が優先されていたため、両大使も外相に説明できることが限られている。

時間の経過により、ようやく「ルーズベルト大統領からの親書……友好的な内容である」ということころまで伝えられた。その段で、どうにか大使らはフランコ総統と午前九時に会見できることになった。これにて北アフリカの戦いの趨勢を決するトーチ作戦も成功裏に終わったが、米英両国においてもなんとかスペインには枢軸国に加担する意思がなく、中立に徹する外交方針と認識された。

トーチ作戦実施後、敗走したヴィシー・フランス軍は連合軍側の自由フランス軍に組み入れられたが、これにともないドイツ軍はフランス全土を占領支配（十一月十一日）。この措置により翌十二日には、スペイン軍にも総動員令がかかってピレネー山脈の国境線に布陣したが、ドイツ軍に対しては「これまでの非交戦の状況と変化なし」と表明した。状況変化を察

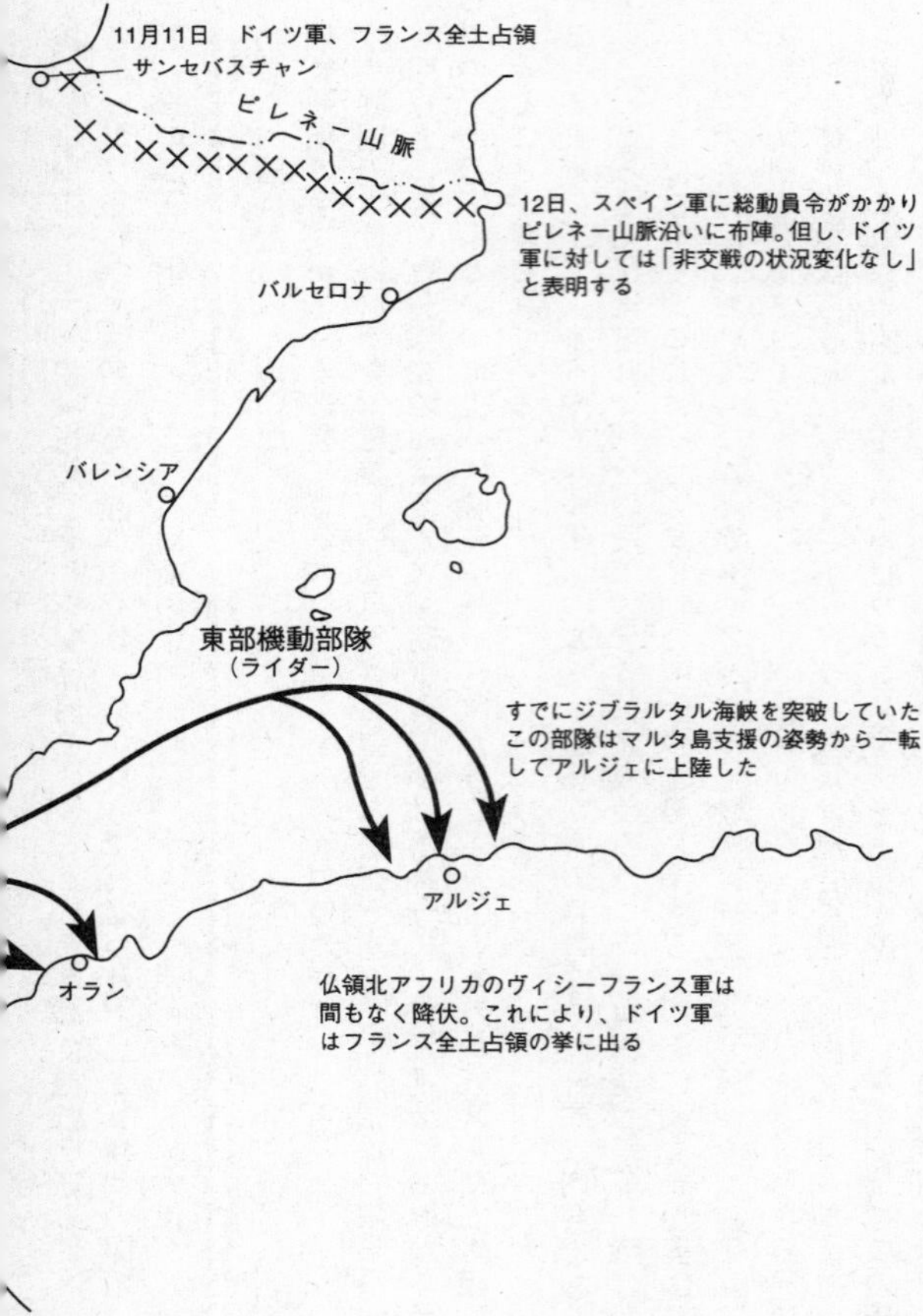

11月11日　ドイツ軍、フランス全土占領
サンセバスチャン
ピレネー山脈
12日、スペイン軍に総動員令がかかり
ピレネー山脈沿いに布陣。但し、ドイツ
軍に対しては「非交戦の状況変化なし」
と表明する
バルセロナ
バレンシア
東部機動部隊
（ライダー）
すでにジブラルタル海峡を突破していた
この部隊はマルタ島支援の姿勢から一転
してアルジェに上陸した
アルジェ
オラン
仏領北アフリカのヴィシーフランス軍は
間もなく降伏。これにより、ドイツ軍
はフランス全土占領の挙に出る

「トーチ作戦」（1942年11月8日）

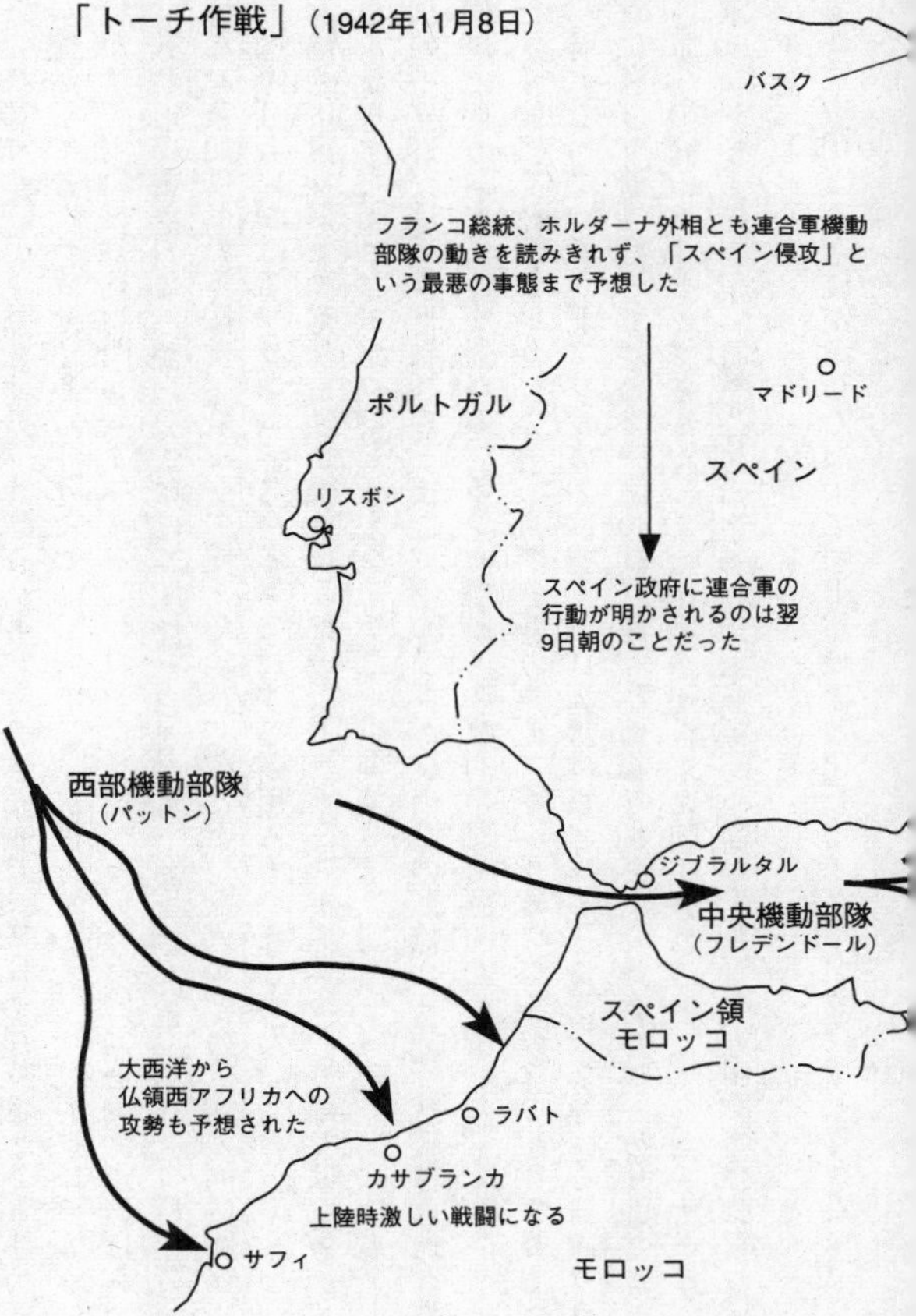
バスク
フランコ総統、ホルダーナ外相とも連合軍機動部隊の動きを読みきれず、「スペイン侵攻」という最悪の事態まで予想した
マドリード
ポルトガル
スペイン
リスボン
スペイン政府に連合軍の行動が明かされるのは翌9日朝のことだった
西部機動部隊
（パットン）
ジブラルタル
中央機動部隊
（フレデンドール）
スペイン領
モロッコ
大西洋から
仏領西アフリカへの
攻勢も予想された
ラバト
カサブランカ
上陸時激しい戦闘になる
サフィ
モロッコ

して国土防衛のために軍部に動員をかけることは、中立国の軍事的対応にほかならなかったのだが。

またこの年の二月、まだホルダーナが外相に就任する前に、隣国の中立国・ポルトガルを長年統治してきたサラザール首相がセビーリャを公式訪問していた。十二月にはホルダーナ外相がリスボンを答礼訪問し「イベリア・ブロック条約」という友好同盟関係が結ばれた。もともと市民戦争のころから公式には不干渉としながら、義勇軍派遣（フランコ側に対して）、良好な対英関係への支援と、陰ながら支えてくれてきたポルトガルとの公式の同盟関係締結は、国際社会におけるフランコ・スペインに対する信用にもつながった。

心情的に常々枢軸国寄り言動を繰り返していたセラノ・スーニェルが外相では、スペインはなかなか中立国として認めてもらえなかった。事実スペイン国内においても、ホルダーナ外相の中立外交は、親枢軸国の、また、ファランへ党出身の閣僚から強く抗議された。黙して傾聴というスタイルを続けるフランコ総統への反対意見も強くなっていた。

だが枢軸国支持派がいかに強弁、批判を繰り返しても、米軍の参戦により枢軸軍は日増しに劣勢になっていた。北アフリカの戦線では、大勢はヴィシー・フランス軍から自由フランス軍に移り、新型機をもって地中海の制空権、制海権を押さえた連合軍は、独伊北アフリカ派遣軍への補給をストップさせた。この地域が連合軍に制圧されると（一九四三年五月）、連合軍はシシリー島制圧（同年八月）、イタリア半島上陸（同年九月）と、南欧の枢軸軍はほぼ挽回不能になった。

連合軍機による空襲が激しくなって国土が戦場と化したイタリアでは、七月にムッソリーニが首相の任を解かれて逮捕され、後任のピエトロ・バドリオ将軍が連合軍との停戦交渉にはいった。そして九月三日には、イタリア軍の無条件降伏が受け入れられた。

イタリアにおけるファシスト勢力の減退は、スペインのファランヘ党にとっても重大事であった。ところが、降伏したイタリア軍に代わってドイツ軍が、連合軍が制圧する前のイタリア北部を押さえたことが事態をさらに複雑化させた。ナチスドイツはイタリア北部に傀儡政権（首班は軟禁状態からナチスが奪還したムッソリーニ）による「イタリア共和国」（通称・サロ政権）を樹立させていた。

連合軍の支配下にはいったバドリオ政権のイタリアは王制の回復をめざしたので、これによりイタリアはふたつの体制下に置かれることになった。

この混乱に直面しても、ホルダーナ外相の対応は現実的なものだった。バドリオ政権のイタリアについては「交代した政権との外交関係の継続」としてヴァチカンに在ローマ大使館を置き、これとは別にイタリア北部に在ミラノ領事館を置いてサロ政権に対する非公式の外交関係が結ばれた。バドリオ政権との正式の外交関係継続についてはフランコからも異論が出され、閣僚の間でも紛糾したが、結局のところホルダーナが考えた方策に代わるものは見つからなかった。

一方、ふたつに分かれたイタリアの在スペイン大使館の扱いも注意を要さなければならなくなったが、従来のスペイン大使館がバドリオ政権下の、これとは別にサロ政権の在スペインの非公式の代表部が両立されることになった。そしてスペイン政府としては片方を認めないとするわけでもなく、事態の推移に任せることとした。

大戦末期に見舞われた内外の難題

独裁体制、微妙な中立外交の継続

ムッソリーニの失脚およびファシスト・イタリアの降伏によるスペインへの影響は、外交面だけにとどまらなかった。枢軸国の凋落は中立国に戦後の国際体制との対応のあり方を模索させたが、これはスペインではフランコ独裁体制の見直しにつながりかけた。先に動いたのは国防軍幹部だった。陸軍の首脳の間で、イタリア降伏のその日のうちに、長期になっていた独裁政権から王制に移行する方策の検討を求める「連判状」が作られていたのである。この連判状は、悪くすればフランコ体制打倒の政変につながりかねなかった。

だがフランコの手のうちの諜報担当者から、陸軍上層部の連判状作成への動きが伝えられていたこともあって、必要以上の波風が立つこともなく適切な対応がとられた。連判状にサインした陸軍幹部とフランコ自身が個別に接して経緯や釈明を求め、それぞれに応じた処理もしくは処分が行なわれた。この対処方法は、突然、足もとから崩されたムッソリーニ失脚の一部始終から学んだものだったとされている。

けれどもスペインの王政復古を求めたのは、王党派の軍幹部だけではなかった。同じ年の八月には、二年前の一九四一年にローマで亡くなったブルボン王朝の最後のアルフォンソ十三世からの王位継承権を有するドン・ファンが、フランコ独裁制を全体主義的と批判して、王政復古を要求してきたのである。ドン・ファンは王制を回復して王位に着いたあかつきには、フランコ政権を拒絶する旨、口外してはばからなかった。

フランコにしてみればこの批判は、非交戦から厳正中立に移行している最中の、足を引っ張るような批判だった。降伏後の分裂したイタリアに対する外交上の処理、アメリカ・ルーズベルト政権からは圧力（石油や食糧の禁輸の検討、示唆など）への対応、東部戦線への派遣義勇兵「青の旅団」撤退の検討、反対勢力投獄者の刑罰緩和など、取り組むべき問題が山積みの時期の批判だった。

フランコ自身、市民戦争の引き鉄になった共和制への移行はあり得ないこと（議会制の無能さに辟易していたから）で、個人的独裁制も継承すべきではないと考え、やがては王制に戻すべきと考えていた。けれども、状況を見据えない批判を繰り返すドン・ファンは王位を継ぐ者に値せずとみなされ、この時点では王政復古は棚上げとされた。

ところが、誠実さをもって両陣営との外交関係に注意を払ってきたホルダーナ外交にも、一寸先に落とし穴が待っていた。日本軍が占領していたフィリピンにおいて傀儡政権のホセ・ラウレル大統領の独立宣言が発せられた際に、スペイン外交部から祝電が打たれ、これに激しく反応したアメリカが「日本帝国の傀儡フィリピンに対するスペインによる承認は中立違反」としたのである。

やはりアメリカ合衆国は中立国への対応が非常に厳しかった。このこと以前からフランコ・スペインに対してアメリカは、概して英国よりもずっと厳しい態度をとってきた。一九四四年一月末にはスペインへの石油輸出が唐突に禁止され、燃料事情は一気に悪化した。それまでの中立政策はスペイン国内でも批判の的になり、ホルダーナ外相も引責辞任をほのめかした。

前任のセラノ・スーニェルとは打って変わった生真面目さで中立維持の努力を続けてきたホルダーナ外相の辞職は、ヘイズ、ホアの米英両大使にとっても間違いなく痛手になるはずだった。そのためヘイズ米大使は制裁解除の方策を探ったが、合衆国政府からの訓令は「スペイン領内におけるドイツスパイの取り締まり強化」「タンジールのドイツ領事館の封鎖」それに「タングステンの対独輸出停止」などというものだった。

タングステンの禁輸（大幅な輸出制限）が落としどころとなって（「タングステン協定」）、五月にはなんとかスペインへの石油供給の再開が決まった。スペインにしてみればドイツへのタングステンの輸出は市民戦争時の借款返済の方便だったゆえ、簡単に言葉どおりに禁輸にするわけにはゆかなかった。そこで、密輸というかたちにして輸出を密かに継続することとされた。この件については、両陣営とスペインとの間で、最後まで抗議と釈明が繰り返されることになった。

中立政策の維持、特に両陣営との貿易の問題は中立国の外交責任者にとって、命懸けの重大問題であることはスペインでも同様だった。ノルマンディー上陸作戦の二ヵ月後、東部戦線ではソ連軍の大反攻も開始された一九四四年八月、ホルダーナ外相は狭心症で亡くなった。なお、厳しい時期にホルダーナ外相との外交交渉の仕事に携わってきたホア、ヘイズの両大使もその一ヵ月後には本国への帰国の命を受けたのだった。

終戦時のスペイン、国連から排除

ホア、ヘイズの帰国が決まった時期、フランコには総統府次官のカレロ・ブランコから新たな「メモ」がわたっていた。「戦後の国際社会においては、共産主義が新たな脅威となる……スペインは英独間の調停役になるべき」（じつは「英国は対ソ支援をなすべきではなかった」という言も綴られていたという）。

一九四四年秋頃から、戦後の国際社会を見据えた発言が飛び交いはじめていた。そんな時期の「議会制はスペインの風土に相容れない」とするフランコの民主主義批判と反共同盟の提案、それに「戦後の国際社会においてスペインは名誉ある地位にありたい」という希望は、連合国（戦勝国側）からは大変な反感を抱かれた。

合衆国のルーズベルト大統領は「（国際平和の新たな枠組みとなる）『国際連合』にはスペインの参加を認めず」と硬化した。かつてはあれほど強く反共政策をとってきたチャーチルからも「スペインは和平交渉のテーブルに着くべき立場にあらず。勝利者側の同盟関係を揺るがすような発言は慎むべき」とたしなめられた。ドイツ軍による武力侵攻を最初に受けたポーランドのスペイン排斥の論調も相当強烈だった。

市民戦争終了後、フランコの独裁体制を逃れて国外に脱出、フランス軍、ソ連軍に参加したスペイン人も相当数いたが、ドイツ軍の占領下に置かれたフランスではレジスタンス活動に加わったスペイン人も少なくなかった（映画「大脱走」でジェイムズ・コバーン扮するセジウィックのスペインへの逃亡を手引きしたレジスタンスたちのように）。そのような亡命スペイン人レジスタンスの一部が武装集団となって、一九四四年秋にピレネー山脈中ほどのアラン渓谷から侵入して、フランコ体制下のスペインを混乱させようとしたことがあった。

南仏には「国民連合」「スペイン解放委員会」というふたつの反フランコ組織があったが、この企ては国民連合によるものだった。ところが、フランコ体制の下で新たな装備品を得て、国防任務についていたスペイン軍(担当部隊はヤグエ将軍指揮下のブルゴス軍部隊)によりあっけなく制圧された。スペイン国内に紛れ込んで行なうつもりだったゲリラ活動も果たせなかった。

フランコ自身はヒトラーとの直接の接触もあったためか、ドイツの秘密兵器(いわゆる報復兵器V1、V2号)の実戦投入による戦局の逆転は無きにしもあらずと考えて、戦争の行く末にはまだ慎重だった。だが、王位にこだわるあのドン・ファンが、終戦も近づく一九四五年三月十九日に再び王政復古を意図した「ローザンヌ宣言」をスイスで発した。今度はもっと周到に、戦後のフランコ独裁に代わる民主的な立憲王制への移行準備にまで取り組んでいた(キンデラン将軍を首相とする暫定政府の樹立など)。一説によるとこの宣言には、フランコ体制を認めたくなかったアメリカ合衆国からの後押しもあったのではないかとも見られている。

この動きを封じるために翌二十日からフランコは「陸軍最高会議」を三日に渡って開催し、独裁政権維持の正当化の弁に終始した。またその後は、ドン・ファンを生涯の仇敵とみなし、独自に構想した王制を導入するための「王国会議」を設置した。とはいっても、これはフランコを終生の摂政=終身元首として、フランコの自主的退任もしくは死去の後に新国王が即位するというものだった。結果的には戦後三十年間のスペインの政治は、これに拠るものとなる。

四月十二日に急死したフランクリン・ルーズベルト合衆国大統領は共産主義体制に対して非常に厳格だったが、フランコ独裁体制に対しても厳しい態度をとった。四月二十五日からサンフランシスコで開催された「国際連合」の成立をめざす連合国会議にスペインが呼ばれることはなかった。市民戦争後に反フランコ派の多くが逃れた先のメキシコの提案により、国際連合ではスペインを除外することになったのである。もともと国際連合は第二次世界大戦における敗戦国を敵国として扱い（敵国条項）、戦勝国である連合国側の国際機関とする趣旨だったという。

国際連合からのスペイン除外はフランコの期待に反するものであったが、慌てて悲嘆するような反応をみせることもなく、フランコは淡々としていた。この時期には、カレロ・ブランコの新たな「メモ」（＝スペインが周辺国の圧力により共産圏に取り込まれることは考えられない。混乱を招くような反乱の企てを阻止していれば、国際機関からの批判にも憂えることはない）もわたっていた。

第二次世界大戦終了時のスペインにとって重要だったことは、市民戦争直後に起こった大戦争に巻き込まれずに国家としての体を保てたこと、そして、大戦後に至って継続されるフランコ個人による独裁体制が維持されたことだったとみるべきだろう。

第六章　そのほかの中立国、非交戦国

これまで、二十一世紀の現代においても「中立国」と目されているスイス、スウェーデンがそのような外交姿勢をとるようになった経緯に始まり、第二次大戦にいたる時期までの中立国に対する考え方、史上最大の世界大戦となった第二次世界大戦を中立国として乗り切ったスイス、スウェーデン、およびスペインについて書き綴ってきた。

かの世界大戦を中立国として過ごすことができた国には、ほかにポルトガルとアイルランドがあっただけ。実質的には戦乱に関与しなかったが、戦後の国際社会の枠組み（「国際連合」の成立）に対応するため、外交文書のうえでのみ態度を表明した「非交戦国」にトルコ、アルゼンチンが挙げられる。「中立」を宣言しつつも戦渦に巻き込まれた国々の大部分は枢軸国の武力侵攻を被っていたが、歴史上の経緯から枢軸国、連合国の間で難しい立場になり、限定的な戦闘が一時的に生起したイランのような例もあった。

終章においては、それらそのほかの中立国や非交戦国について簡略に触れて、第二次大戦期の中立国外交について総括して締めくくらせていただくことにする。

サラザールが守ったポルトガルの中立

大学教授の職から、独裁的権限を有する元首に転身したアントニオ・デ・オリヴェイラ・サラザールの存在に関心を向けさせた書物は、日中戦争から第二次大戦にかけての時期を外交官として務めた森島守人氏が記した「真珠湾・リスボン・東京」（岩波新書）であろう。ヨーロッパでも名門とされる母校・コインブラ大学で財政学を担当していたサラザールは、ポルトガルの財政破綻の状態からの改善を願う軍人大統領・カルモナ将軍に乞われて一九二六年に一度、蔵相に就任した。

サラザールは聴講届けを出さない学生まで授業に詰めかけるほどの人気教授で、大蔵大臣としてもおおいに期待されたが、軍部の干渉が強すぎて自らの財政再建策の実践が困難と見られると、すぐに学窓に戻った。

それでも再び蔵相の職に就いたのは、一万二千ポンドの借款を認めた国際連盟が財政再建案の提示を求めた際に、それを作れる人がほかにおらず、また、財政再建のための全権限の委譲をカルモナ大統領が認めたからだった。以後、徹底的な行政改革と財政の緊縮化により、危機的状況にあったポルトガルの財政は健全化に向かい、通貨も安定するようになる。ともすれば反発を招きかねない学者出身の政治家に軍人政権がついて来たのは、サラザールの人格的魅力に拠るものだったともみられている。

そのサラザールの強権発動の最初は一九三〇年七月の「国民同盟」の創設で、一九三二年には首相兼蔵相に就任。翌一九三三年には憲法を改正して、根幹は全体主義に通ずる独裁制を敷くに至った。「共和国」と名乗ってはいるものの実質的には共同体組合国家で、規律と服従が何よりも重んじられた。なお、大統領が首相を決めることになってはいたが、サラザールにとっての仕事のやりやすさが優先されたため、実質的にはサラザールの政治権力は大統領を上回ることになった。

世界大恐慌後に各国でみられたファシズム集団の活発化は、ポルトガルにおいても「ポルトガル青年団」「ポルトガル軍団」という武装集団の誕生となった。だがサラザールは、これらファシズム集団とは争うことをせず、折から発生した隣国スペインの市民戦争に際して、フランコ将軍の革命軍を支援する義勇兵（一万八千人規模）としてこの集団を送り出すことにした（ただし、目立たないように）。

先に作られた国民同盟は、ポルトガルで存在が認められた唯一の政党となり、サラザールの独裁制に対する反対勢力および政治犯は徹底的に取り締まられた。ナチスドイツのゲシュタポを範とするＰＵＤＩ（国家防衛警察＝秘密警察）の反対勢力取り締まりは弾圧の域に達したが、市民戦争後のフランコ独裁体制はサラザールの独裁体制の影響を受けるなど、ヨーロッパ各国が互いに影響し合うかたちになっていた。

そのようなポルトガルにおいて親英色が強まっていたのは、公共事業ほかポルトガル経済のかなりの部分が英国資本に占められていたからであった。石炭などエネルギーの供給は英国に左右され、アゾレス諸島を含む海外の領土との往来や物資供給も、英国の管理を受ける有様だった。当然、経済界においては事実上の英国支配から脱却しようとする動きもみられており、大戦間にはドイツとの経済的なつながりも拡大する方向にあった。ポルトガルで産出するタングステンの鉱山は英仏の資本が経営していたが、ドイツ資本も加わったことがこれまでとは別の関わりを深めることになった。

けれども、サラザール自身はヒトラーやムッソリーニといったファシズムの指導者を好んでもいなければ、信用してもいなかった。国家財政の建て直しから世界大恐慌、隣国スペインの市民戦争と難しい時代が続いていたが、サラザールは相次ぐ難題を乗り切るために強烈なリーダーシップを発揮した結果、やっていることがファシズムの首脳と重なる部分が多くなったということだった。このあたりはおそらく、重大な局面に直面するたびにフランコに「メモ」（政策メモ）をわたしていた総統府次官のカレロ・ブランコにも共通していたのではないだろうか。

そして第二次大戦に突入した世界において、サラザールは「とにもかくにも」の中立維持の政策に努めた。重要な戦略物資となる鉱物資源を産したほかの中立国と同様、ポルトガルもタングステンを巡って両陣営の板ばさみ状態になった。多くの場合、敵対する陣営に対しては輸出妨害の圧力がかけられるものだが、ノルマンディー上陸作戦が近づく時期、英国はドイツ資本のタングステン鉱山の採掘停止を要求した。これに対してサラザールがとった政策は、この鉱物の全採掘作業を停止するというものだった。英国にとって「過剰反応」とも受け取られかねなかったが、これが中立維持のためのサラザール流の等距離外交だった。これによりポルトガル国内では十万人の鉱山労働者の失業、二百万ポンドもの機会損失を招いたが、禍根を残すようなことはなかった。

ポルトガルというと、東南アジア方面にもマカオ、東ティモールという領土を有していたが、太平洋戦争突入直後に日本軍がティモール島に接近した。状況としてはドイツ軍のノルウェー、デンマーク侵攻のときと似ている。連合軍側のオーストラリア軍およびオランダ領インドネシア軍は防衛のための兵力をティモール島に布陣しようとしたが、サラザールからの指示は「日本軍の侵攻もないうちの連合軍の軍事介入は認められない」というものだった。

これら両事例をみる限り、サラザールの中立維持のための指示は度を超える印象を受けるが、青年期に迎えた第一次世界大戦における苦い経験があったからであろう。第一次大戦ではアフリカにおけるポルトガルの植民地がドイツ軍の脅威にさらされ、また英国からの強い働きかけもあってポルトガルは連合国側から参戦した。

もともと主要交戦国ほどの軍隊を擁していなかったため、出兵したフランス戦線では多大な損害を被り、軍備を調達するため英国からは返済に長期間を要する多額の借款を受けた。戦争の長期化により、ポルトガルの内政は乱れに乱れた。

戦争には勝利したものの、主要先進国ほどの賠償を受けることはできなかった。戦後はインフレに悩まされ、戦争に勝っても得るものがなかった喪失感はあまりにも大きく、ポルトガル財政の破綻につながった。若くしてコインブラ大学の財政学教授になったサラザールは「(ポルトガルくらいの財政規模の国は)大戦争に巻き込まれてはならない」という持論に至ったのである。

戦争によって受ける自国の不利益に対して厳しかったのも、第一次大戦の影響だったのだ

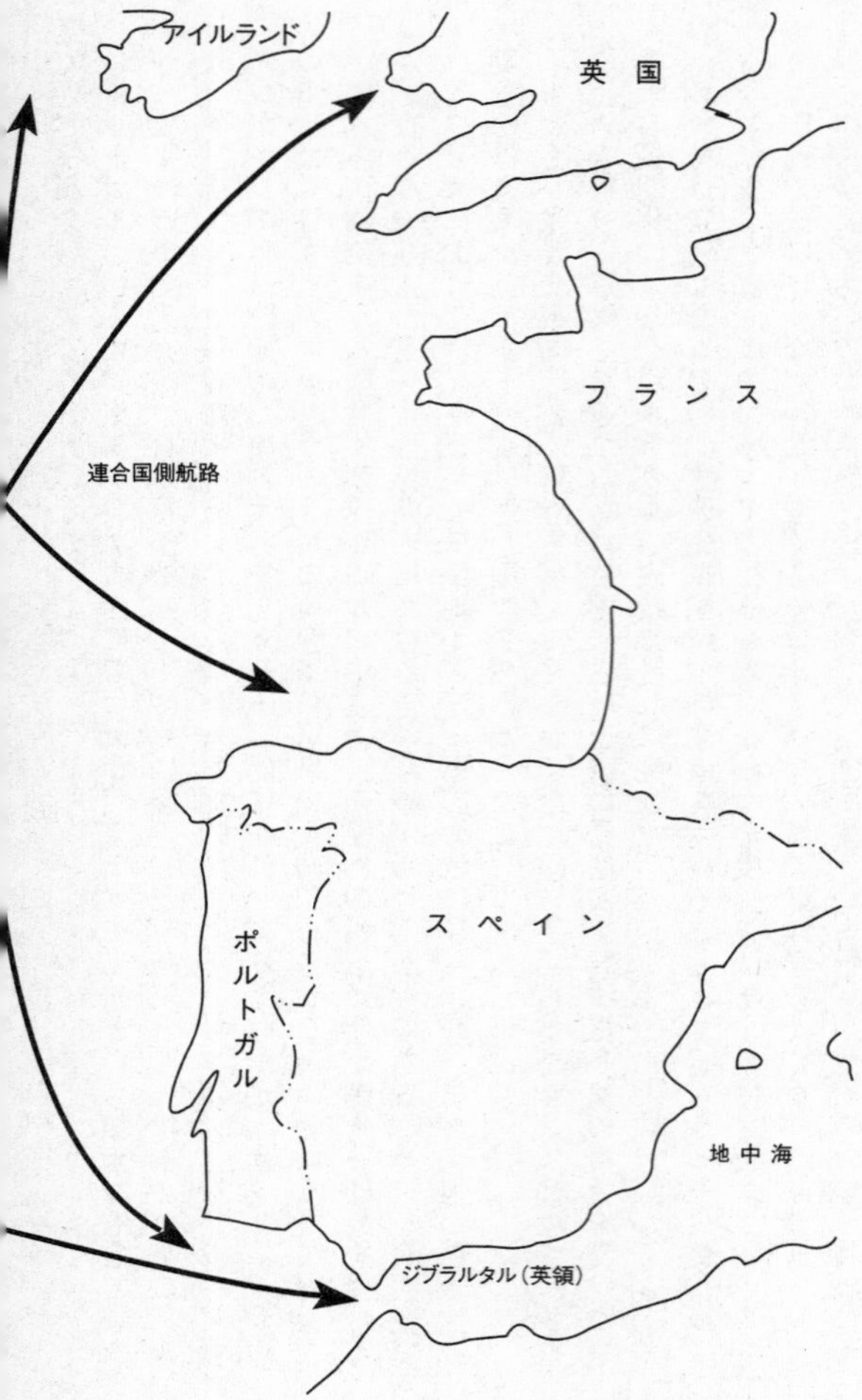

アイルランド
英国
フランス
連合国側航路
スペイン
ポルトガル
地中海
ジブラルタル（英領）

アゾレス諸島の自衛措置

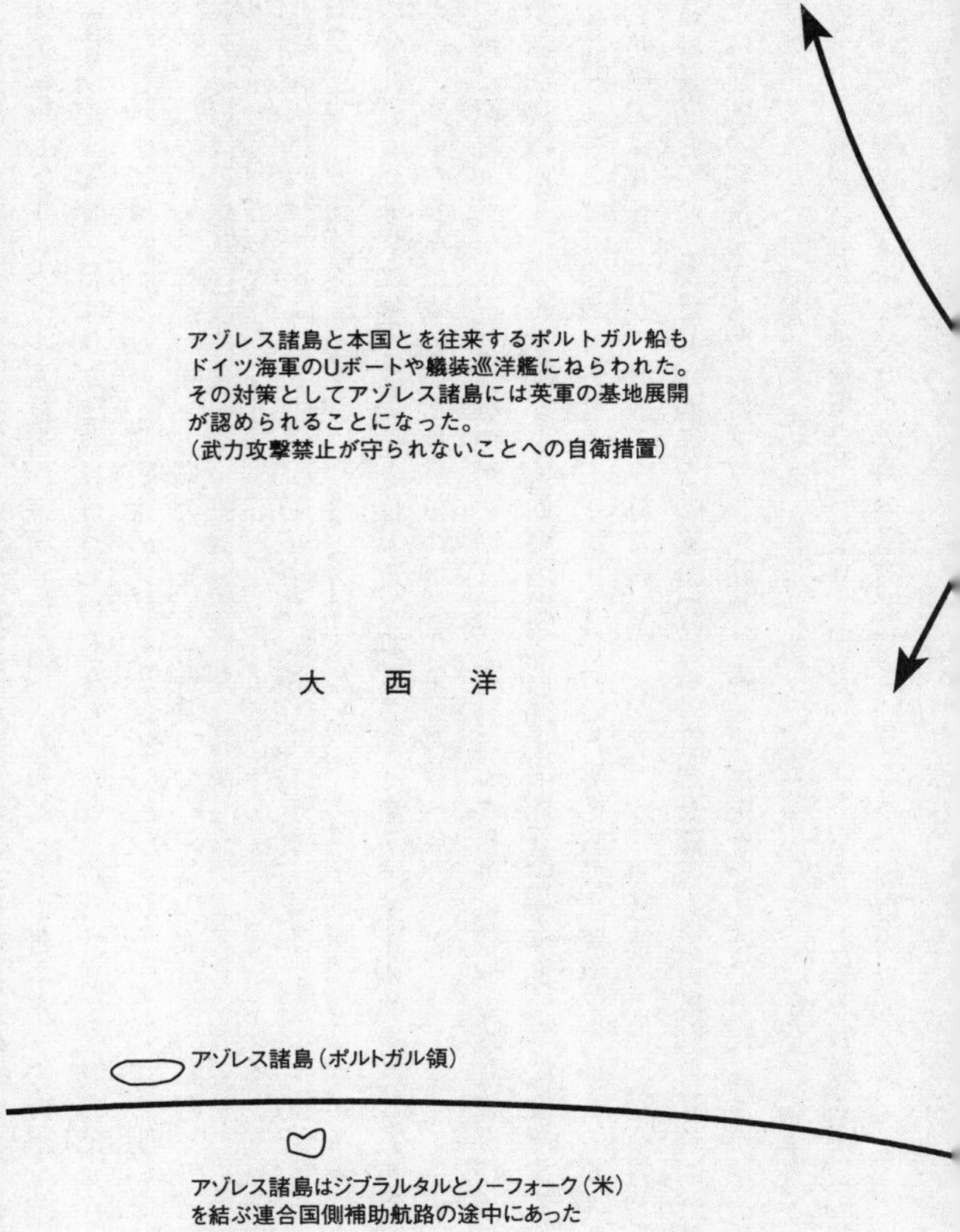
アゾレス諸島と本国とを往来するポルトガル船も
ドイツ海軍のUボートや艤装巡洋艦にねらわれた。
その対策としてアゾレス諸島には英軍の基地展開
が認められることになった。
（武力攻撃禁止が守られないことへの自衛措置）
大　西　洋
アゾレス諸島（ポルトガル領）
アゾレス諸島はジブラルタルとノーフォーク（米）
を結ぶ連合国側補助航路の途中にあった

ろうか。東ティモール島は日本軍に「保護占領」されるかたちになったが、ポルトガル政府の希望に反してポルトガル人総督が捕虜収容所に入れられると、日本軍への抗議を強めるとともに撤退を要求。日本軍がこれに従うわけもなかったが、マカオまで公務のほとんどが日本軍の管理下に置かれるなど、事実上の占領状態に近い中立というところまで追い詰められた。そのため、英政府との間で「東ティモール奪還のための英極東軍への協力」の密約が一九四三年六月に締結された。

日本軍のマカオへの軍事的接近は日中戦争が激化した一九三七年にははじめられていたが（領空侵犯、船舶の航路妨害など）、日本軍は「戦いの相手は中国軍であり、ポルトガル領内への侵犯行為は過失に過ぎない」と繰り返されてきた。東ティモール島を巡る英軍との取り決めは、長年の恨みが積もって堰が切れたようなものだった。

これと似たような状況だったのが、アゾレス諸島における英軍基地の設置許可だった。アゾレス諸島はポルトガル本国から遠く離れた大西洋上の西経三十度あたりに位置するが、大戦中は往来するポルトガル船舶もUボートや艤装巡洋艦の攻撃に曝されていた。ポルトガルにも防衛力は存在したが、財政の圧縮に厳しかったサラザール政権のこと、軍事力としては非常に貧弱だった。やはり大西洋上の艦艇の航行の安全を確保したい英国と利益が一致し、ここは自国の利益を守るためにアゾレス諸島への英軍展開を認めることになった。

ポルトガルのこの措置に対して枢軸国が抗議するのはもっともだったが（東ティモール関連の英軍との密約は戦後まで秘匿され続けた）、中立国ポルトガルにしてみれば「中立国船舶への武力攻撃禁止が守られないための自衛措置」ということだった。

両立が難しい中立政策の堅持と自国の利益の保護、戦災の軽減を図ったのはサラザールの外交の妙でもあった。だが第二次大戦における連合国側の勝利は、サラザールが続けてきた「独裁」「中立」（それに秘密警察）を否定する国々の勝利でもあった。

スペインと同様、共産主義を毛嫌いする政治方針は冷戦構造下でソ連を敵に回すことになり、国際連合への加盟もなかなか認めてもらえなかった。政権の長期化により、国政を頼みきっていた大統領のカルモナとの仲も冷え切っていた。硬直した国政は、戦後のポルトガル経済の成長を妨げることになった。サラザール自身は一九七〇年に亡くなるが、その政治体制は一九七四年の「ポルトガル四月革命」まで継続された。

その後の長すぎた政権による硬直まで入れると、マイナス面も大きくならざるを得なくなる。しかしながら、ポルトガルのような規模の小さな国が大戦争の時代に中立政策を維持し続けるには、やはり強烈なリーダーシップを必要とすると示したのがサラザールだったのであろう。

英連邦の異能、アイルランド

英国とアイルランドの根底には、紀元前三世紀に大ブリテン島、アイルランドに渡ったものの、八世紀に侵入してきたアングロサクソン（英）によって封じ込められたケルト民族の国（アイルランド）というマイナスの関係があった。そして十九世紀中の大飢饉で英国がアイルランドに救いの手を伸ばさなかったことも、両者の関係を悪化させた。アメリカ合衆国にはアイルランドからの移民が少なくないが、この大飢饉に際して大西洋を渡ったひとたちが約百万人にも及んだからとされている。

北米に渡ったアイルランド系は英国の植民地となっていたカナダに移る一団、それに、武力闘争により英王制を廃止させようとする共和主義の秘密結社（アイルランド共和主義同盟＝IRB）に分かれ、アイルランドの独立をめざすこととされた。以降、軍組織に当たるIRA（アイルランド共和国軍）が英国でテロ活動を行なって脅威となる一方「英国の窮状はアイルランドにとっての好機」を標語として、蜂起の機会をうかがった。

第一次大戦当時の一九一六年四月にイースターに合わせて市民が蜂起したが、ダブリン周辺の活動の段階で制圧された。英国側も不当な弾圧やアイルランド人の徴兵など行き過ぎた圧政を行ない、これにより「アイルランド共和国」の独立が推進派のシン・フェン党によって宣言されて、対英独立戦争（一九一九～二一年のテロ、暗殺が横行する内戦）に突入した。

この紛争の長期化を避けるための落としどころは、英連邦下にありながら自治領とする「アイルランド自由国」の成立を認めることだった（一九二二年）。ところが、新たな自治領にはいったのは、南部の二十六州（カトリック中心）にとどめられ、英本島から入植したプロテスタントが多い、北部の六州は英国による統治下のままだった。英国の正式の国名は「グレイト・ブリテンおよび北アイルランド連合王国」と長い。「北アイルランド」が、アイルランド自由国が成立した際に英統治下に残った六州の地域である。このアイルランドの南北分割は、二十一世紀にまで引きずる両国間のひずみ、うらみとなる。

アイルランドがめざすところは主権国家としての独立。一九三二年にアイルランド自治領となったアイルランドの首相となったエイモン・デ・ヴァレラは英国に反発する政策を採り、アイルランド域内の産業を優遇したことから、一九三三〜三八年は「関税経済戦争」と言われる状況になった。一九三〇年代後半になると、ナチスドイツとの大戦争突入に備える英国側としては内憂の解決を急ぎ、防衛面での協力関係も築くべきとした。そこで「関税を無税、英国が使用していたアイルランド領内の港を返還」ということで関税経済戦争の終わりをみることとされた。

一九三七年には新憲法が制定された（ゲール語が公用語になり、正式国名は「エール」となった）が、関税戦争の終わらせ方は双方に良い結果をもたらさなかった。これに満足できなかったIRAは北アイルランドからの英軍撤退を求めて、一九三九年初頭から英本土で爆弾テロを繰り返した。英国では「国家犯罪法」「暴力阻止法」を成立させて疑わしいアイルランド人を強制送還できるようにし、その年一杯で爆弾テロは何とか鎮められた。

一方、英国にとってもアイルランドの港湾を使用できなくなったことは、この海域でのUボートの活動の自由を与えてしまい、英国西方の海域の防衛に大穴をあけることになった。良い点があったとしたら、英海軍がここの港を使えなかったため、アイルランドが大戦に巻き込まれる可能性が考えられなくなったことであろう。

一九三九年九月に英国はドイツに宣戦布告して第二次世界大戦に突入。ヨーロッパ大陸西部がナチスドイツに制圧される直前の一九四〇年五月に英首相に就任したウィンストン・チャーチルはバトル・オブ・ブリテンを目前に控える六月に、アイルランドのデ・ヴァレラ首相に対して「アイルランド統一を原則的に英政府が受け入れる」「アイルランドは英国とともに連合軍側で参戦する」など六項目を提案したとも言われる。

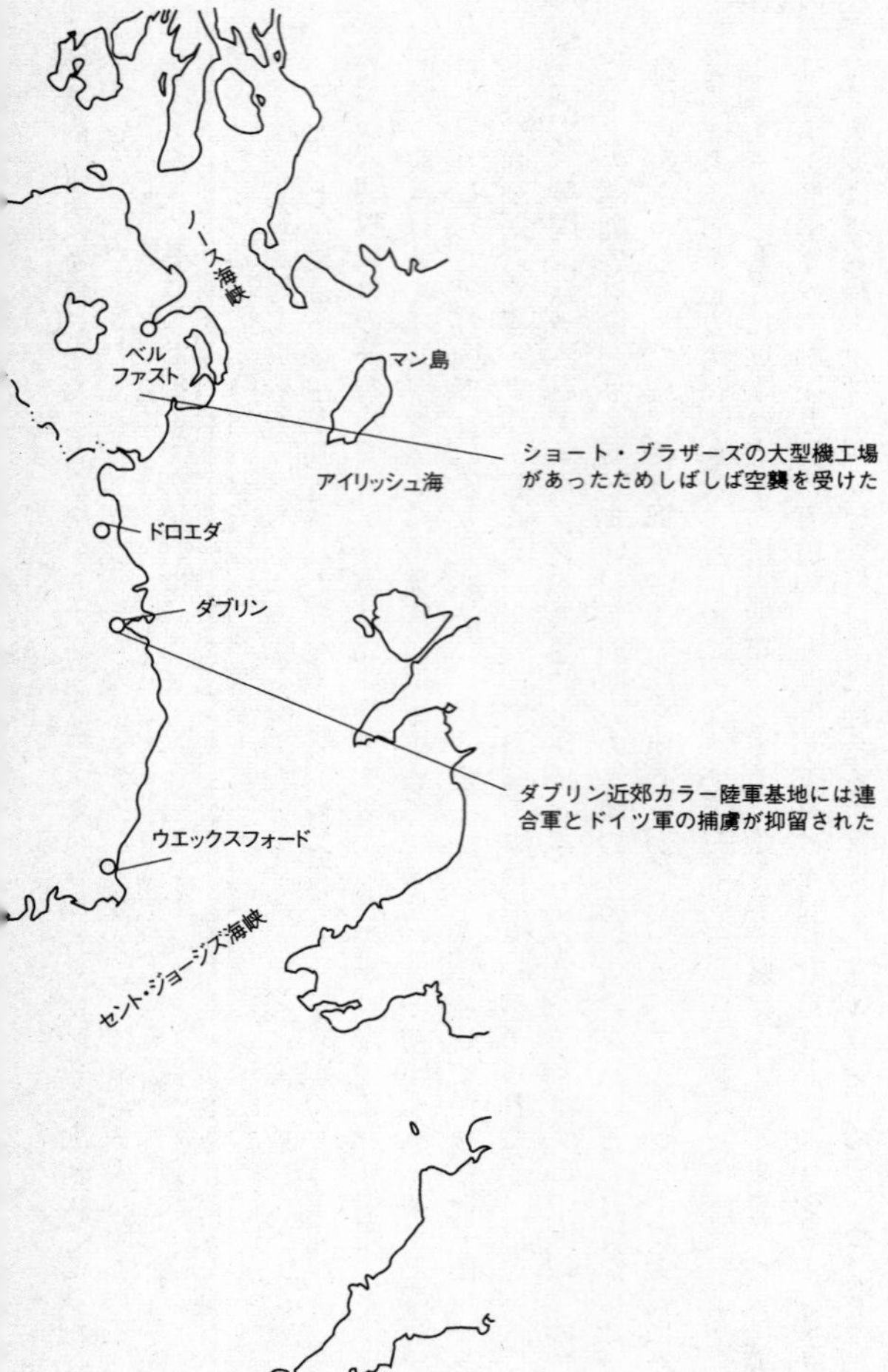

ノース海峡
ベルファスト
マン島
ショート・ブラザーズの大型機工場があったためしばしば空襲を受けた
アイリッシュ海
ドロエダ
ダブリン
ダブリン近郊カラー陸軍基地には連合軍とドイツ軍の捕虜が抑留された
ウエックスフォード
セント・ジョージズ海峡

第2次大戦下のアイルランド

英国との史的確執および北アイルランドの大英帝国帰属により、アイルランド（エール）は英連邦に属しながら厳正中立の方針を採る。
しかし、ダブリン、ドロエダなどアイリッシュ海沿岸の数ヵ所がドイツ空軍機による誤爆を受けている

エイモン・デ・ヴァレラは今もって「権謀術数を弄するマキャベリスト」とされる一方「アイルランドの伝統主義を重んじる理想家」とも伝えられ、大きく評価が分かれている。チャーチルからのこの提案というのが真実で、また、デ・ヴァレラがそれを受け入れていたなら歴史は変わっていたであろう。けれども間違いのない史実は、戦渦に巻き込まれることを避けて「中立」を宣言という、ほかの英連邦諸国では採られなかった途が採られたということだった。

このあたりの両国首脳のやり取りについてはもっと知られるべきであろうが、①デ・ヴァレラはIRAに対して弾圧に近い取り締まりを実施、②チャーチルの前任のチェンバレン首相とデ・ヴァレラは良好な関係にあったもののIRAの爆弾テロにより悪化した、③チェンバレンは、デ・ヴァレラは心情的に英側で参戦するに違いないと楽観もしくは誤解していた、④デ・ヴァレラは強硬な政策を採り続けるチャーチルを著しく嫌悪していた——といった事情もあったようである。いずれにせよ、アイルランド（およびインドなど）の独立・自治をなかなか認めなかった大英帝国が、ナチス支配下の国々を解放する戦いを挑むという矛盾もはらんだ、奇妙な戦争が「第二次世界大戦」だったということである。

もっともアイルランドの中立宣言には「北アイルランドの分裂状態が続くならば」というただし書きがあり、その趣旨は大英帝国への反抗であった。独ソ間で戦闘状態になったとき、共産主義を嫌うチャーチルは「敵の敵は味方」と解し、ソ連への支援物資供給（レンド・リース）に努めた。同様の考え方がなされていたなら、アイルランドは英連邦内の潜在的不平分子の中立国どころか「悪性の体内物資」になりかねないところだった。そうはならなかったのは、アイルランドにとってもファシズムは忌避すべき相手だったということであろう。事実、ドイツにおいてもアイルランドに侵攻する作戦の研究は行なわれていたという。また、北アイルランド・ベルファストのショート・ブラザーズの航空機工場は、ドイツ空軍機の爆撃機に曝されていた。

英連邦の一国が英軍の兵士を捕虜にするというのも奇妙なはなしではあるが、中立を宣言した以上、アイルランドの領空、領海にはいり込んだ英独の軍用機に対しては等しく対領空侵犯措置を行なった（防衛力は至って貧弱だったが）。最初の抑留はバトル・オブ・ブリテンの時期に行なわれた。以降、戦争の激化にともなって航法を誤った航空機がアイルランドに迷い込んでは逮捕され、航空戦で損傷を受け不時着しては抑留された。

独立に向けての苦闘が続けられてはいたものの、交戦国の捕虜の扱いには至って疎かった。そのためアイルランドでの抑留者の扱われ方は、かなりエキセントリックだった。両陣営の抑留者たちは有刺鉄線付きのフェンス越しに顔を合わせれば、ラジオも聞かせてもらえた。許可されれば、脱走の恐れがない範囲での外出まで認められた（実際には抑留者の脱走事件も発生。このあたりの英米独軍の捕虜の奇妙な交流や管理するアイルランド軍の難しい立場は、一九九六年に封切られた「友情の翼」＝両陣営の抑留者の中立国アイルランドからの脱走を扱った珍しい映画＝に描かれている）。

ほかの中立国の抑留者にもみられなかったような奇異な扱いだったが（スウェーデンでは英軍兵がかなり優遇されたというが）、やはりアイルランドにとっても戦争の長期化は望ましからぬことであったのだろう。戦争に対する考え方の根底にはやはり反ファシズムの考えがあった。北アイルランドとの統一を望んだ過激派がドイツ軍間諜とともに英国の混乱を企図した際にはこれを阻止した。また一九四三年秋以後、戦争の趨勢から枢軸国の勝利が考えられなくなると連合軍側の抑留者の収容期間が短縮された。

余談の領域だが映画「メンフィス・ベル」においてエリック・シュトルツ演ずるアイルランド移民の子孫である文学青年、ダニー・デイリーが「アイルランドの飛行士、死を予見する」を出撃前のいらだつ同僚クルーたちに詠んで聞かせるところはこの映画の最高の見せ場のひとつであろう（映画のテーマソングもアイルランド民謡の「ダニー・ボーイ」）。この詩の作者であるウィリアム・バトラー・イェーツは、ダブリン、ロンドンを往来して青少年期を過ごしたのち、詩作に励んだという。

トルコへの両陣営からの働きかけ

アゼルバイジャンからモロッコ、ウクライナからイエメンという広大な地域を支配したかつての大国オスマン帝国も、十九世紀にはいって諸民族が独立しはじめると、凋落は早かった。ドイツの軍事力をあてにして第一次世界大戦では同盟国側に与して参戦したものの、もはやオスマン帝国の滅亡は避けられなかった。

第一次大戦の和平協定によりオスマン帝国は解体されたが、戦勝国による占領支配は受け入れられなかった。そこで、黒海、エーゲ海、地中海に囲まれるアナトリア半島に位置する新体制の国家として、一九二三年にはアンカラ政権が共和政を宣言して、イスラム圏では最初の政教分離の「トルコ共和国」となった。翌年にはイスタンブールからオスマン家を追放して、西洋の文化や技術の導入による近代化をめざすことになった。

世界大恐慌は経済発展、産業振興を急ぐ新生トルコ共和国も飲み込んだが、民族として産業発展を支える「国家資本主義」政策が採られた（通商協定を結んだソ連の計画経済の影響もあった）。一九三四年には第一次五ヵ年計画がスタートし、国営工場の設置後、民間の経営参加というかたちでこの国の工業化を推進させたほか、農業生産量の拡大にも努めた。ただし指導者たちの考え方は、国家主導を一時的にとどめるか永続させるかで意見が分かれていた。

経済政策が積極的だった一方、第一次大戦の敗戦後、国家の解体という危機を乗り越えて共和制に改めて再出発しただけに、国土を維持するためにも外交に関しては慎重を期するようになっていた。一九三二年には国際連盟への加盟も成って、シリアとの国境問題は国際連盟や大戦後に関係を改善させた英国の仲裁により解決。海峡問題の解決にも英国の助力があったが、英国にはきたる二度目の世界大戦争を考慮してトルコ共和国を友軍陣営に取り込もうという狙いもあった。

外交政策を手助けした英国に対して、独伊の両国は異なる接し方をした。イタリアが地中海沿岸での権益を確保するためデモンストレーションと高圧的な態度をとる一方、ドイツによる有利な条件での貿易支援、また、先進的な軍備の支援は、軍需工場の操業がはじまったばかりのトルコ工業にとっては悪くないはなしだった。

しかしながら大戦争の時代を前にしたトルコの外交政策の基本は、どちらの陣営にも加担しない中立政策が採られた。そのためには、自ら国土を侵攻から守れるだけの防衛力を有し

黒 海
カスピ海
イスタンブール
バグダッド
カイロ
メッカ
アデン

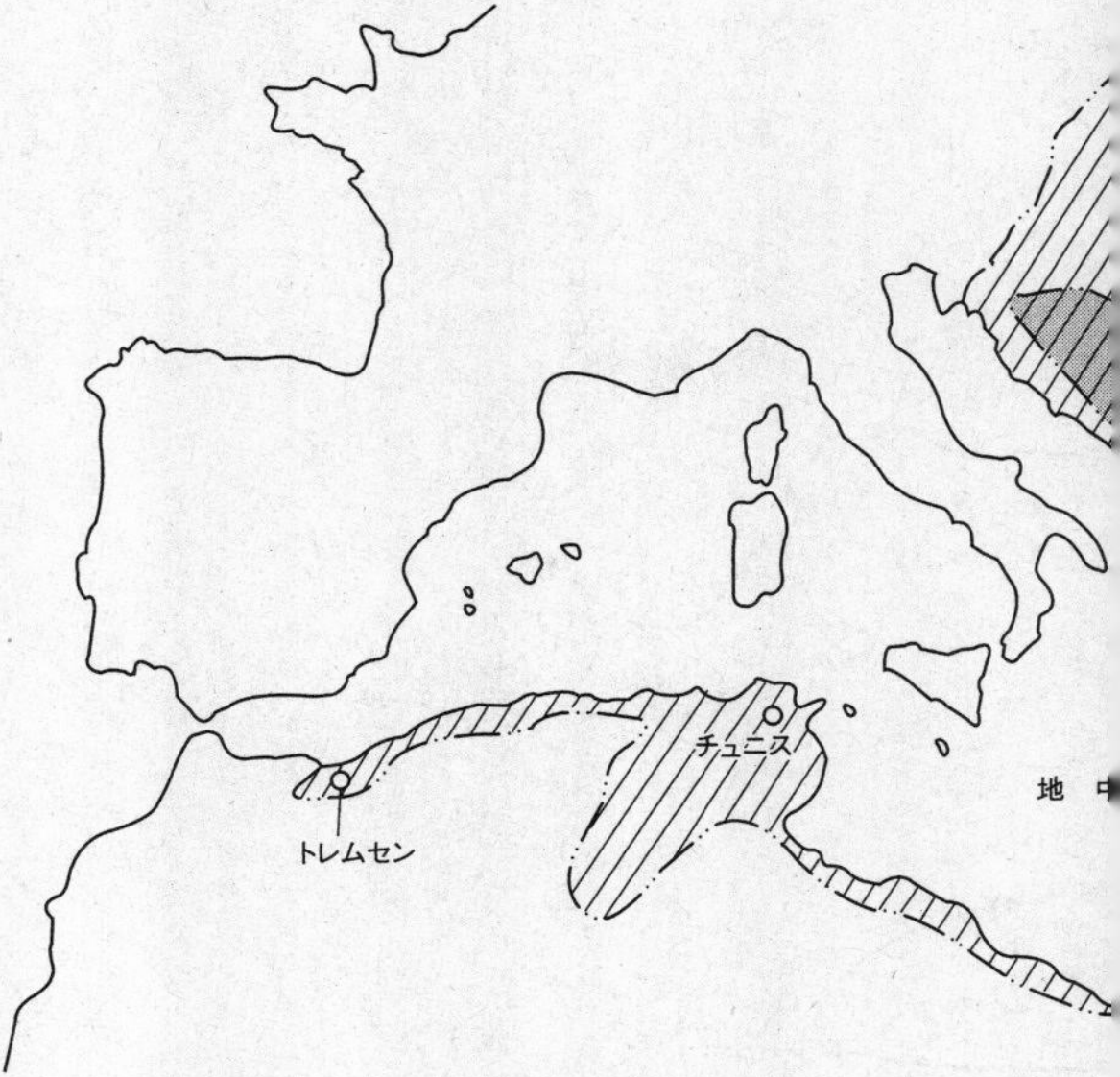

オスマントルコ帝国勢力圏の推移

「理想の時代」と呼ばれた
スレイマン1世治世下の
オスマン帝国（16世紀）

19〜20世紀に手放された
ヨーロッパにおけるトルコ領土

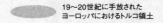

親枢軸国のラシド・アリ首相のイラク、ヴィシー政権下のシリアが英軍に抵抗するほど中東でも戦火が拡大した（1941年4〜7月）。チャーチルは北の隣国・トルコに、再三連合軍への参加を要請した

第2次大戦下のトルコ周辺図

米・第8、9空軍のB-24・179機は地中海を渡ってルーマニアのプロイエシュテ油田への大規模爆撃作戦を実施するが、枢軸軍側の迎撃はすさまじく、損害を受けながらも帰還できたのは99機。帰路を誤った8機はトルコ領内に不時着した。（1943年8月）

ていなければならなかったが、英仏、ドイツ側とも、ほかの国々が欲しがっても販売を渋っていた新型の軍備をトルコには、かなり気前よく売ってくれた。よって、トルコ空軍機を見た場合、赤い長方形に白い星と月のインシグニアのＦｗ190とスピットファイアが編隊飛行という光景は、この国においては珍しいことではなくなった。

どちらの陣営にとっても重要な位置にあり、戦略物資の産出国であるというのならノルウェーも同じだったが、トルコの場合は戦略上、非常に重要なところにありながら、容易に武力侵攻ができないところにあった。トルコ領内からならば、ソ連のクリミア半島やオデッサにも近く、地中海の東側の出入り口となるスエズ運河にも接近できるはずだった（ドイツ軍で計画された英領ジブラルタル侵攻作戦は、スエズ運河の制圧がままならないことから断念された＝第五章の幻のジブラルタル侵攻作戦で言及）。

それ以前の、ドイツ軍にとってのもっと切実なトルコに対する危惧は、枢軸国の戦闘用ビークル全体の燃料の約六割相当を産出するのがルーマニアのプロエシュテ油田で、トルコ領内からならばかなり容易に航空攻撃が実施可能という点だった。その裏返しが、チャーチルにとっても、極力早く友軍陣営に引き込みたいのがトルコということだった。英国からは武器輸出を積極化しただけでなく、チャーチル自身がトルコに赴いては連合軍の一員としての参戦を交渉している。

にもかかわらず、大戦の最終局面までトルコが中立国であったのは、第一次大戦当時の友邦ドイツが、やはり最大の潜在的脅威だったからとされている。そのドイツも大戦後半には戦局が厳しくなって以前ほどは新型の武器を売ってくれなくなっていた。中立を維持するための防衛力整備というのも、工業化、近代化がはじまってから日が浅かったトルコにとって大きな負担になっていた。防衛予算が国家予算の相当割合を占めるようになり、増税および貨幣供給増によるインフレが国内経済を悪化させたのである。

その対策としてトルコ政府は「国民防衛法」（＝価格の統制、物資の供出と労働の強制）「富裕税」および「農産物税」（＝輸入業者、大農場主などの戦争成金対策）を課したが、必ずしも良い結果は得られなかった（事業者の海外流出や税の不公平感など）。どのような場合においても、戦争は当事者になるのを避けようとする中立国、非交戦国への悪影響を及ぼすものなのである。

だが、そのトルコもドイツ軍の劣勢が極まった戦争の終盤には連合軍機によるトルコ国内の飛行場使用を認め、終戦目前の一九四五年二月に降伏前の枢軸国に対して「紙面の上での」断交、宣戦布告がなされた。したがって中立政策が終戦まで継続されたわけではなかったが、非交戦状態は全期間にわたって続けられた。文書の上での宣戦布告というのは、戦後の国際連合設立、加盟のための手続き上の外交処理で、同様のことはアルゼンチンにおいてもなされている。

ペロンが席捲したアルゼンチン

アルゼンチンにおいては、一九三〇年代はしばしば「忌まわしき十年」と呼ばれている。一九三〇年九月の軍事クーデターにより軍事政権にはなったものの、ファシズムの影響を受けた国粋主義派（J・F・ウリブル臨時大統領）と、民政の復活を目標とする国際協調主義のグループ（A・P・フスト将軍）のグループに二分された。翌一九三一年の選挙（四月に議員選挙、十一月に大統領選挙）では、民族主義、排他主義が強く、イタリアン・ファシスト並みの「協調組合国家」の実現をめざした臨時大統領の政府側は早くも敗れ、フスト政府が成立した。

けれども世界大恐慌の影響は南米にも及んできた。その頃のアルゼンチンの輸出総額のうち三十六・五パーセントは対英輸出。大恐慌後の域内経済立て直し政策（ブロック経済）により、一九三二年後半には英連邦諸邦に特恵待遇が与えられることになったのである。アルゼンチンの輸出産業は致命的打撃を被りかねなかったが、回避するために対英輸出を一定割合確保してもらう代わりに英資本の産業に特恵待遇が与えられる「ロカ・ランシマン条約」が結ばれた（一九三三年五月）。

これを契機にアルゼンチン国内で権益を大幅に拡大した英資本は、事業活動を有利に進められるような法律も制定させ、事実上の英国の属国化を推進させることになった。フスト政権は民政の復活どころか不公正な選挙まで行ない、これに反抗した市民は忌まわしき一〇年を引き起こしたフスト政権を批判し、かつて否定した（ファシズムに近い）民族主義を強めることになった。

一九三〇年代の終わりには第二次世界大戦に突入したが、早くも一年目には南米の各国にヨーロッパで起こった戦渦が大西洋を南北に隔てるこちら側にも飛び火するものと実感させたのが一九三九年十二月十三日に起こったラプラタ河口沖海戦だった。九月の開戦からわずか三ヵ月あまりという短期間に英連邦の艦船を相手に多大な戦果を挙げたドイツ海軍のポケット戦艦グラーフ・シュペーに対する包囲網も、ようやく縮められつつあった。ラプラタ河口沖で捕捉されて砲撃を受け、損傷したグラーフ・シュペーが逃げ込んだところはウルグアイ（当時、中立国）のモンテビデオだった。中立国の港には二十四時間しか滞在が認められず、英艦隊が待ち受ける河口沖に出港するしかない。その窮地に際してグラーフ・シュペーは自沈という途を選んだ。

南米の艦船もUボートに沈められるという事態に及び、一九四二年八月に参戦して連合軍側に積極的に加わったブラジルでは、安全に航行できる航路を確保するためにアメリカ製のカタリナ飛行艇での対潜戦も実施した。さらに後にはヨーロッパの戦場にも、ブラジル軍の兵力が派遣されている。

南米各国を連合軍側についての参戦に踏み切らせていったのは、合衆国が提唱した「汎アメリカ運動」に「南北アメリカ圏防衛（半球防御）」の政策。太平洋、大西洋からのファシズムの侵攻を防ぐという考え方だったが、アルゼンチンは伝統的に英国を主要貿易相手国としてきたうえ、一九三〇年代後半には（ファシズムの影響を受けた）民族主義に傾倒していた（移民ではイタリア出身者が多かった）。よって合衆国の「汎南北アメリカ運動」には容易には同意できなかった。太平洋戦争開戦時には、ラモン・カスティーヨ大統領もアメリカからの枢軸国との断交要求に従うことができず、中立外交が継続された。

ところが一九四三年にはチリも枢軸国との関係を断交して、南米での対枢軸国非断交国はアルゼンチンだけになった。またこの年は枢軸国の劣勢がはっきりしてきた年でもあった。カスティーヨ大統領の後任として断交支持派のR・パトロン・コスタスが確実になったとこ

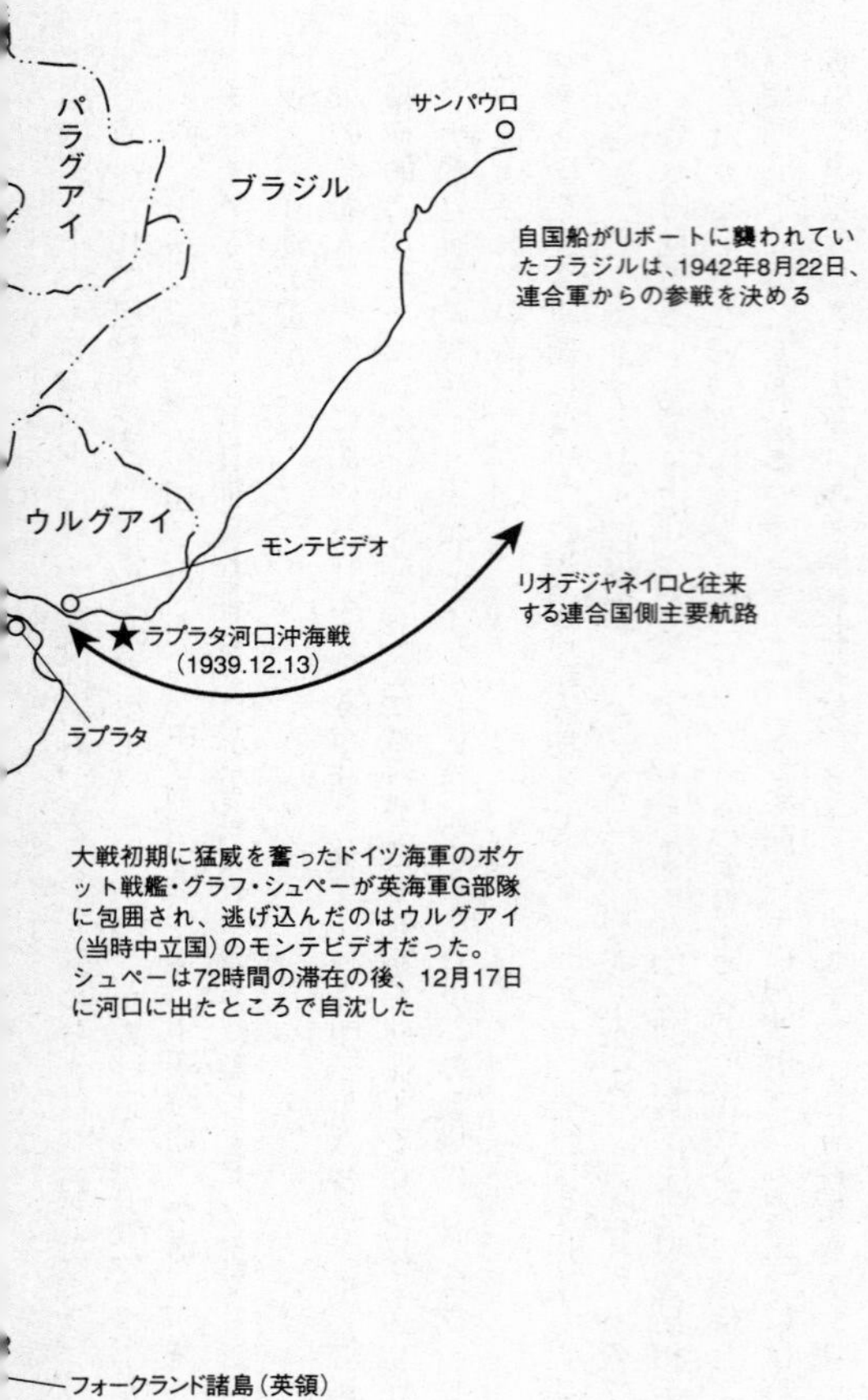
パラグアイ
サンパウロ
ブラジル
自国船がUボートに襲われていたブラジルは、1942年8月22日、連合軍からの参戦を決める
ウルグアイ
モンテビデオ
リオデジャネイロと往来する連合国側主要航路
ラプラタ河口沖海戦
(1939.12.13)
ラプラタ
大戦初期に猛威を奮ったドイツ海軍のポケット戦艦・グラフ・シュペーが英海軍G部隊に包囲され、逃げ込んだのはウルグアイ(当時中立国)のモンテビデオだった。シュペーは72時間の滞在の後、12月17日に河口に出たところで自沈した
フォークランド諸島(英領)

第2次大戦下のアルゼンチン

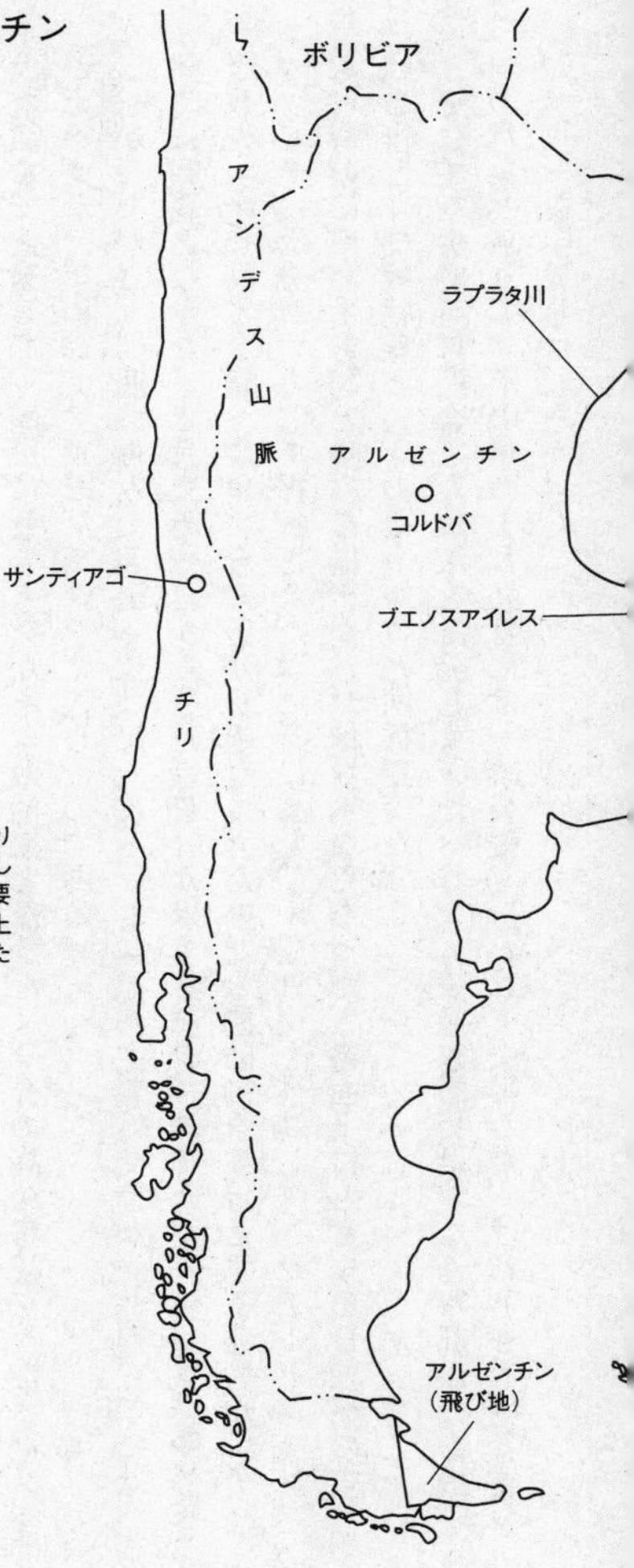

汎米(パン・アメリカン)運動により周辺各国は連合国側から宣戦布告していたが、親ファシズムのペロンが要職に就いたアルゼンチンでは書類上の宣戦布告(非交戦)にとどめられた

ろで起こったのが、アルゼンチン軍の秘密組織「統一将校団（GOU）」による軍事クーデターだった。アルゼンチン軍では、ブラジル軍と比べてアメリカから軍事支援を受けられなかったカスティーヨ大統領の政策に不満を抱いており、腐敗が目立ちはじめた保守党による文民政治にも否定的になっていた。

突然の軍事クーデターだっただけに民意を味方につける必要もあり、陸軍省次官に着任したファン・ドミンゴ・ペロン大佐は国家福祉庁長官となるや労働者、市民に喜ばれる政策を相次いで行なった。農村から都市に移り労組活動に慣れていない労働者が多かったこと、保守党が労働者に抑圧的な政策をとり続けてきたこともあり、翌一九四四年には陸軍大臣、副大統領まで兼務して、国民に最も人気がある政治家となった。一介の高級将校だったペロンが、わずか一年にしてアルゼンチンを席捲したのである。

しかしながら、周囲からみた「出る杭は打たれる」と「孤立主義外交」が一九四五年には同時に問題となった。二月二十一日から三月三日にかけてメキシコのチャプルテペクで開催された「米州特別会議」では、合衆国が提唱してきた南北米圏防御を趣旨とする条約が「チャプルテペク憲章」として採択された。これにより、中立外交を継続してきたアルゼンチンも、ついに南北米各国と歩みを揃えなければならなくなった。書面上にとどまる日独への宣戦布告と非交戦状態というのはトルコと同様だった。

そして、労働者に迎合した政策を乱発しすぎたペロンも資産家層だけでなく軍部からも批判の対象とされて、その年の十月九日には一時公職を追われて失脚した。けれども労働者層がペロンを手放しはしなかった。

ペロンの一時失脚は逆に大衆運動に火をつけることになり、幽閉状態にされたペロンを解放。ペロンを指導者に求める「ペロニズム」となって翌一九四六年にペロンが、戦後長期にわたってその座にとどまる、アルゼンチン大統領に就任するのだった。

連合軍に踏み込まれた中立国、イラン

中立宣言をした国々への武力侵攻を行なったのは必ずしも枢軸国だけではなかった例を、これまでも挙げてきた。第一次大戦が終わる頃まで英国およびソビエト・ロシアとの関係を結んでも国内が安定しなかったイランの政治と社会が混乱から抜け出すのは、一九二一年のクーデターを経てからのことだった。ところが英ソ両国は、それから二十年後の第二次大戦の時代になってから、再びイランに重苦しく関わることになる。

混乱の基になった地方分離主義運動を抑えるために強力な中央政府の樹立を考えたセイエド・ズィヤーオッディーンの革命は、レザー・ハーン准将率いるガッザーク師団がテヘランに無血入城して無事に遂行された（一九二一年二月）。ガッザーク師団は地方の部隊を吸収、併合して国軍の基になったが、レザー・ハーンも師団の軍事力をバックにして地方の権力を解体させ、自身も一九二三年に首相に就任し、レザー・シャー・パフラヴィーとして帝位に就いた。

レザー・シャーとなってからは西洋社会を模して行政府および司法府を整備し、工業化を急ごうとした。しかしながら一九二〇年代においては、工業化に費やすべき政府の資金が、その時代にあってはイランではまだ機能し得ない、ペルシア湾とカスピ海を結ぶ鉄道事業の

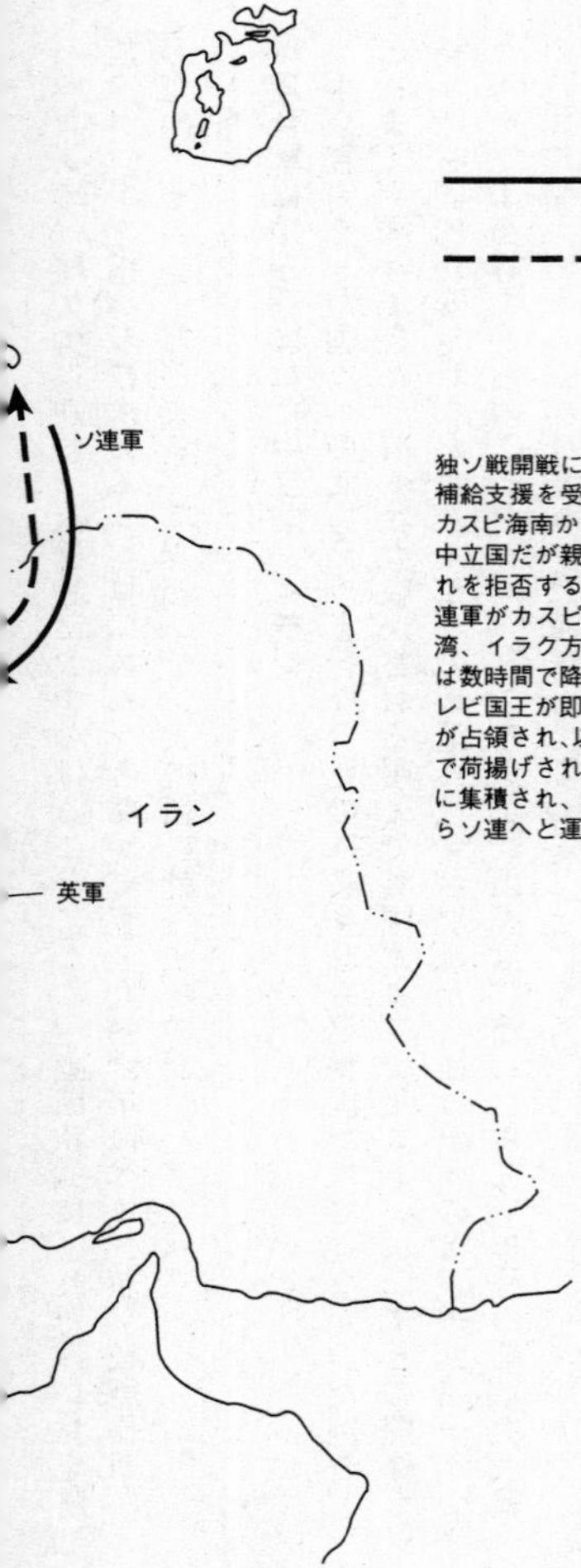

独ソ戦開戦により連合国側から物資の補給支援を受けることになったソ連はカスピ海南からの供給ルートを望んだ。中立国だが親枢軸国のイラン国王がこれを拒否すると、1941年8月24日にソ連軍がカスピ海方面、英軍がペルシャ湾、イラク方面から侵攻した。イランは数時間で降伏して国王も退位（パーレビ国王が即位）。9月17日にテヘランが占領され、以降、バンダル、ブーシェルで荷揚げされた補給物資が、テヘランに集積され、カスピ海沿岸また海上からソ連へと運搬されることになった。

第2次大戦下のイラン

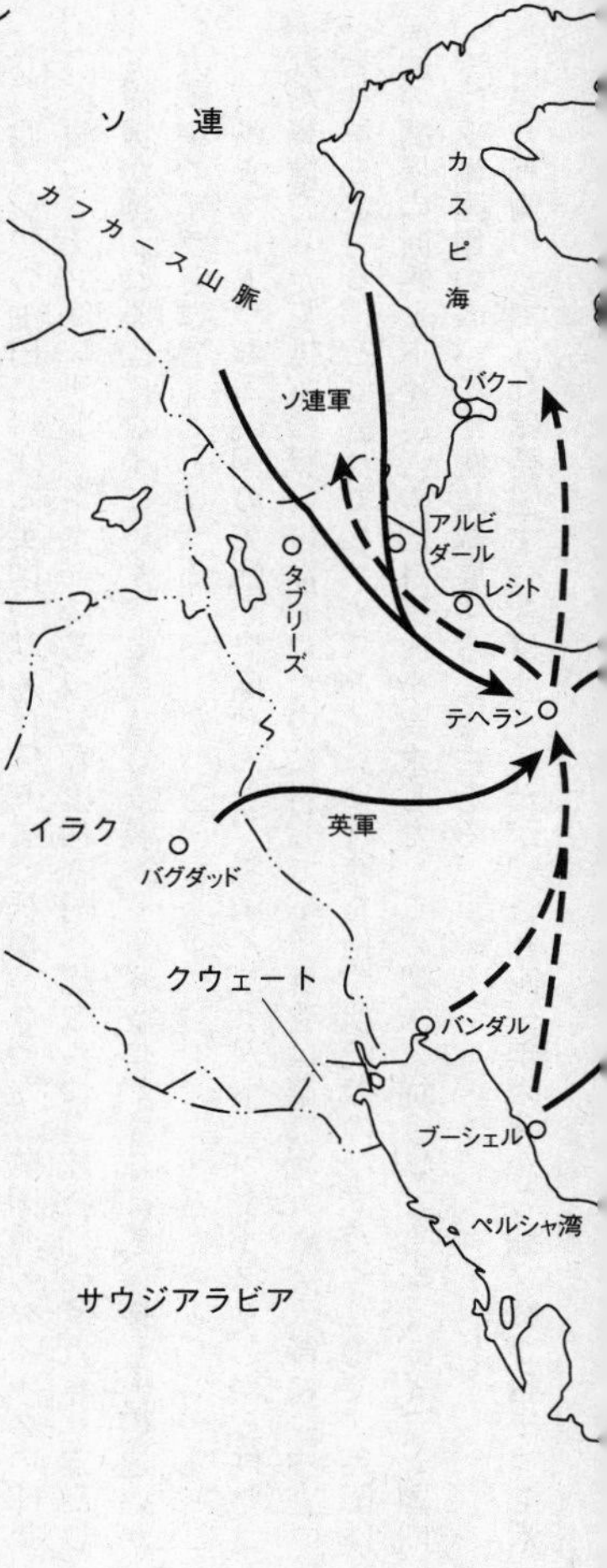

ソ連
カフカース山脈
カスピ海
バクー
ソ連軍
アルビダール
レシト
タブリーズ
テヘラン
英軍
イラク
バグダッド
クウェート
バンダル
ブーシェル
ペルシャ湾
サウジアラビア

開設に投資されてしまったため（この鉄道の敷設はレザー・シャー自身の念願でもあった）、全体としての工業化を遅らせることになった。なおその後、英国はイランの軍備の充実および工業発展のためにと航空機工場を設置し、英国で開発された小型機のライセンス生産権を売っている。

一九三五年の三月二十二日（イラン太陽暦の一月一日）、イラン外務省からはその頃なされていた「ペルシア」という呼び方を、民族として由緒正しい「イラン」に改めるよう、内外に通達した。よって第二次大戦期の国軍は、正しくは「イラン軍」ということになる。

イランにおいて潜在的脅威とされたのは、第一次大戦に際して「中立」を宣言したのにもかかわらず北部から武力侵攻してきたロシア（ソ連）と南部の油田地帯を制圧した英国であり、西アジアの油田に対する英国の執着は後々まで禍根となった。英国へのマイナスの印象の反面、ドイツはレザー・シャーにとっても頼れる国と認識され、社会、経済のあり方として憧憬が抱かれる国になっていた。このような英ソ、ドイツに対する印象、接し方の違いが大戦中のイランに響くことになる。

石油資本にまつわる英国の支配を排除せんと、隣国イラクがドイツやイタリアから供給された軍備をもって抵抗の戦いにはいったのに対して、イランは第二次大戦突入後に「中立」を宣言している。とは言ってもナチスドイツに好意を抱く状況での中立だったので、英国はその関係の断絶とドイツ人の国外追放を要求した。この要求に従うこともなく、イラン国内では枢軸国側のスパイが跳梁跋扈することになる。

連合軍側にしてみれば憂慮すべき事態だったが、一九四一年六月から独ソ戦が始まって米英からソ連に支援の軍需物資を提供するレンド・リース協定が結ばれると、イランを中立国としては扱えない状況になった。レンド・リース物資の輸送路には、①英国から輸送船団で北海、ノルウェー海を通過してムルマンスク港に運搬、②地中海を通過してイランに集積し、カスピ海を縦断、③アラスカから北部太平洋を横断して空輸、といったルートがあったが、ふたつめのケースではイランを連合軍側の協力国にさせなければならない。

中立を表明しつつも実質的にはドイツと友好的なイランは、領内の通過を認めようとはしなかった。その結果、英ソ両国は一九四一年八月二十五日に武力侵攻して、一日だけ戦闘状態になり、イランはレンド・リース物資の集積、通過をやむなく認めた。このトラブルのさなかにイラン内に潜んでいたスパイたちはこの国を後にした。

この武力侵攻という事態はイランにとってはやはり大事には違いなく、侵攻する英ソ両軍がテヘランに迫ったこともあってレザー・シャーは帝位を皇太子（モハンマド・レザー）に譲って退去。英ソ両国とは、経済支援および終戦後六ヵ月以内の退去を条件に同盟関係を結び、ドイツに対しては一九四三年九月九日に宣戦布告を交わした（日本に対しては一九四五年三月一日に）。

中立を表明しつつドイツ擁護をしたイラン、有利に展開させるため武力侵攻した英ソ、ともに問題があるというのが戦争であろう。だが、戦時経済体制下、食糧が供給難になっただけでなく、輸入物資過剰で経済が戦後まで混乱し続けたのはイランだった。やはり軍事大国の横暴によって巻き込まれた戦争のもとでしわ寄せを受けるのは規模が小さい国ということになるのだろう。

学ぶところが多い、中立国の不戦の歴史

これまでみてきたとおり、第二次世界大戦においては、中立政策を維持、もしくは非交戦の状態を守ることができた国々の多くは、国土や国民生活を大戦争の戦渦から免れることができた。しかしながらその状態を貫くには、周辺諸国や交戦国との間で大変な軋轢に耐えなければならなかった。国政の責任者や外交担当者をみても、間近に迫る戦禍から国を守るためにと、命懸けともいえるような働きをしてきた。

大戦に突入したばかりの一九四〇年一月にスイスの外相として二十年にわたって重責にあったG・モッタが亡くなり、スペインのフランコ独裁体制下で両陣営の間での中立維持と食糧、燃料輸入問題の克服に努め続けてきたフランシスコ・ホルダーナ外相も終戦を待つことなく一九四四年八月に急死した。スウェーデンの主権など眼中にあるのかないのか、相次いで中立国にとっての無理難題を吹っかけるナチスドイツを相手に、譲歩外交で交戦状態への突入の危機から守ったペール・アルヴィン・ハンソン首相も、終戦の翌年、一九四六年十月に急性心不全で死去した。こういったひとたちも、窮状から国家、国民を守るために戦った、別の種類の「戦死者」と言えるのではないだろうか。

今から六十年から一世紀近く前の、第一次、第二次世界大戦の時代においてさえ「中立宣言をすれば戦争から免れられる」とみるのは、いささか考え方がイージー過ぎた。隣で戦火を撒き散らしている交戦国は「戦争に巻き込まれるのが怖いのなら『保護（占領）』してやろう」と舌なめずりしていた。

近隣の国に火の粉が降りかかった際に、手助けしようとするなら「巻き込まれ」かけ、不介入を通すと「見棄てられた」と誇りを受ける。フィンランドとソ連の「冬戦争」で巻き込まれかけた一方、ドイツ軍の「ヴェーゼル演習作戦」に際してノルウェーを見捨てざるを得なかったのが、スウェーデンの中立外交であった。

これらヨーロッパの中立国を取り巻いたのは、一九四〇年春以降、約四年にもわたってヨーロッパの大部分をほぼ占領状態にしたのが、ナチスドイツ。国際法は中立国に対して両陣営の交戦国との等距離外交を求めたが、ドイツの交戦国の最後の砦となった大英帝国は海峡の向こう側。「等しく貿易をせよ」というのが無理難題に近かった。

だがそれでも、巧みにかつ辛抱強く外交交渉を続けて、英国ほか自由圏の国々との関係修復に努めた……。にもかかわらず、「ナチス協力許すまじ」と合衆国の爆撃機はスイスの精密機械工場、スウェーデンのボールベアリング工場に爆弾をお見舞いした。「間違えてのこと」として。

その合衆国ほか連合軍の爆撃機も、英国を基地に対枢軸国爆撃作戦を激化させるが、ドイツ空軍の抵抗にあって深手を負い、英国まで帰り着けそうもなくなるとめざす先は中立国の領空だった。

戦争の局外にいると誤解されながら、実際は苦渋の連続にならざるを得ない中立外交のよいところは、やはり国土の荒廃を免れられること。それゆえ、強大な軍事力を持たない多くの国々は平和の継続にわずかながらの希望を賭けて「中立」を宣言するが、交戦国の勝利のための戦略というエゴにより戦渦に巻き込まれた。

結果的に中立状態を維持できたのは、国土の大半が攻め込む方が大変なアルプス山系に位置していたスイスと、戦争の偶然の成り行きおよび忍耐と巧みな外交努力によって交戦国のエゴを交わすことができたスウェーデン、スペインくらいだった。そういった意味においては、中立政策は維持することも至難だが、運にも国土の地勢にも恵まれていなければ守れないということになるだろう。

だがこれらのことは、第二次大戦期までのこと。二十一世紀を迎えた今日は、東西冷戦半世紀の時代を経て、外交、安全保障、経済の面で各国の関係はさらに複雑化している。第一次大戦後に国際連盟が成立した際には「もう中立政策は意味をなさなくなる」というレベルの議論だったところ、今日ではスウェーデン流の防衛力を相当規模まで充実させた武装中立、スイスやオーストリアのような永世中立と、個別に内容が変容しつつある。

大規模な戦争が考えられないところでの中立外交は、一歩間違えると孤立主義に陥りかねない。ヨーロッパの各国は新体制のEUに組み入れられ、経済や安全保障の仕組みも再構築されつつあるが、長く加盟を見合わせていた国際連合への加盟に、スイス連邦が二〇〇二年にようやく踏み切ったのはそんな時代背景があったからであろう。もっとも、新たな経済体制への参加が、スイスで重視されてきた独自性と両立するか、両立できないならば独自性をどこまで譲歩するべきか、そのこたえを見出すまでにはもうしばらく時間を要するであろう。

本稿においては第二次世界大戦中の中立政策を主要な課題としたため、概してヨーロッパ中心のはなしに終始したが、ヨーロッパは外交、経済、防衛問題の面で、世界中のほかのところよりも先進地域である。本邦が位置するアジア（東アジア）ははるか先を行く欧州諸国を追いかけているどころか、中国の対日政策の逆行や朝鮮半島の核問題、本邦も抱える領土問題などをみると「二十年前なら見えかけていた背中がとうとうみえなくなってしまった」という状況と言えるだろう。

自己の歴史認識の強弁を繰り返すような、また、隣国への恨みと嫌悪感を増幅させて自国を正当化させるばかりの歴史学習よりも、不幸な戦いを続けてきた先進地域の歴史を学んで、使わなくてもよい対立へのエネルギーをもっと別のところに振り向ける方がはるかに有意義と考えられるのだが、いかがなものだろうか。

スペイン	ヨーロッパの動き
市民戦争の最終段階のマドリード攻防戦（1939年3月）で革命軍50万を越える数十万人規模とされるが、外国義勇兵を含むか否かも判然としない非常に曖昧な数字。市民戦争終結の時点での新体制の兵員の役割は「反体制派の取り締り」フランス国境からの「活動家入国阻止」と、ほかの中立国の国防担当要員とかなり異なっていた。	1939年３月、チェコのドイツへの併合、９月、ドイツ軍のポーランド侵攻により英仏が宣戦布告し、第二次世界大戦に突入。10月、バルト三国ソ連の支配下に。11月、ソ連軍、フィンランドに武力侵攻「冬戦争」（1940年３月まで）。
スペイン市民戦争当時のドイツ、イタリア、ソ連から供給された火砲や機関銃、軍用機（諸外国からの供与機やライセンス生産機）、戦車（ドイツ製のＩ号A、ソ連製のＴ－26など）、軍艦（重巡カナリアス、軽巡アルフォンソ級およびメンデス・ヌメズ、駆逐艦11隻、潜水艦９隻など）がある程度残存。 実情は２年９ヵ月におよんだ内戦により国内経済は破産状態になって、戦闘能力は無きに等しかった。機材の近代化は自力では不可能で、戦闘要員、弾薬も不足。燃料不足の状況は特に厳しかったが、新たな燃料供給先としてはアメリカ合衆国を頼るしかなかった。	1940年４月からドイツ軍、西欧、北欧に本格的武力侵攻を開始、６月、イタリアが参戦し、フランスは休戦、７～10月、英本土上陸を前提とした「バトル・オブ・ブリテン」実施＝未達成。北アフリカ、地中海、バルカン半島にも戦火が拡大する。 1941年６月、枢軸軍、ソ連に侵攻し、いわゆる「独ソ戦」に突入。連合軍、ソ連軍への軍備供給支援を開始（レンド・リース協定による）、12月、日本軍の参戦によりアメリカが対枢軸国宣戦布告。ドイツ軍のモスクワ占領ならず。

中立国の兵力・装備

	スイス	スウェーデン
兵　　力 (大戦勃発時)	(平時の兵力) 25000～36000人 (有　事)　450000人 (※ただし武装や戦闘能力は、周辺国の基準では予備役クラス) 9月2日の総動員令により、戦闘員430000人、非戦闘員200000人動員。 主戦力＝20～36歳、予備戦力＝36～48歳、郷土防衛＝48～60歳の男子。このほか、ボランタリーの婦人兵が特殊任務に従事。	当面の必要兵力＝25万人規模。ドイツ軍のスカンディナヴィア半島侵攻を想定して10万人規模を北部（ノルボッテン）に配備。1939年11月末のソ連軍のフィンランド侵攻「冬戦争」突入にともない、8000人強の兵員が義勇兵としてフィンランド入り（中立国の違反行為としてソ連から非難、威嚇される)。
装備品等 (　〃　)	対空火砲＝75㎜砲×8、エリコン20㎜対空機銃×34で飛行場地域を防空。また42門の対空機銃をそのほかの地域に配備。 迎撃戦闘機をドボアチンD27系からD3601（モランソルニエMS406のライセンス生産機）やBf109D、Eに交代。近接支援機をフォッカーC5からEKW・C－35に交代。 野戦用火器として、機関銃×16000、75㎜砲×400、120㎜砲×15。戦車＝カーデン・ロイドM1934×6輛、LTH・Pzw. 27×24輛。 【実際の軍事活動は対領空侵犯措置が大部分だが、まだ初歩的段階だった】	120㎜野戦砲、ボフォース重火器類を対空防御用に配備。 英国から購入したグロスター・グラディエーター戦闘機、ライセンス生産のホーカー・ペガサスハート軽爆、Ju86K中爆が勃発時の主力（フィンランドに派遣して多数機を消耗)。 Strv（ランツベルク）L－60、Strv・m／37、m／38戦車（ともにチェコのCKD／プラガAH－Ⅳ－Svの発展型）を配備。海防戦艦・7000ｔ・スベレージ級＝3隻、3000ｔ級・アラン型＝4隻、オスカー2世／装甲巡洋艦フィルジア、航空巡洋艦ゴトランド／駆逐艦・5タイプ＝計16隻／潜水艦・6タイプ＝計28隻

スペイン	ヨーロッパの動き
陸海空軍ともフランコ総統の独裁政権下での新体制に再編、要員訓練にも取り掛かるが、慢性的かつ深刻な燃料不足により海軍、空軍の要員育成は順調には進められず。その一方で巨大戦力による軍事介入を想定して総動員令に即応可能な兵力維持に努める。また、独ソ戦開戦によりファランへ党員らが義勇兵の参加を募り、結果的に東部戦線に向かうスペイン人義勇兵は50000に人達する（うち6000人戦死）。	1942年秋からスターリングラード戦（翌年2月までにドイツ軍大敗）、11月、連合軍北アフリカ上陸。
軍事産業の再建がはじまり、イスパノ、ＣＡＳＡでは内戦以来需要の多かった練習機の国産化につとめる一方、ベルデファ大尉設計の軽戦車の生産も始まる。軽巡洋艦メンデス・ヌメズは1944年に防空巡洋艦へと改装された。ドイツとの関係は冷え込みつつあったが新大使フォン・モルトケが1943年に「秘密議定書」を結んだことから、Ⅱ号軽戦車、Ⅲ、Ⅳ号中戦車、Ｂｆ109Ｆ、Ｊｕ88、Ｈｅ111Ｈなど新型のドイツの軍備が入手できた。スペインの燃料供給事情の悪さは慢性化し、これらが戦力になることはなかったが、第二次大戦後に向けてのフランコ体制下スペイン軍備の礎になった。	1943年、連合軍の対独爆撃本格化、7月、クルスク機甲戦でドイツ軍大敗、9月、イタリア降伏。1944年6月、ノルマンディー上陸作戦、8月、ソ連軍の大反攻、夏以降ドイツ軍、Ｖ1、Ｖ2、ジェット機を投入するが挽回できず。 1945年初め、アルデンヌでドイツ軍最後の反攻に出るが制圧され、東西からソ連軍、連合軍に侵攻されて5月に降伏。

295　中立国の兵力・装備

	スイス	スウェーデン
兵　　力 (大戦中の推移)	戦闘員は拡大して1943年末までに550000人規模に到達、４個師団で10～12区域の防御を担当する編成。また、19歳の男子が戦闘員として即応できるように訓練を受ける兵役が敷かれる。	1943年までに武装して戦闘可能な兵員数は600000人規模に達する。同年春にはドイツ軍によるスウェーデン南部占領作戦「北狐作戦」が予想され、この兵力の１／３が防御態勢をとった。(祖国解放をめざすノルウェー人、デンマーク人を「警察隊」と名乗らせて、再訓練の便宜を図った)
装備品等 (　〃　)	軍事産業の生産力増強により、火器類、車輛の生産が大きく伸びる（野戦用火砲×1300、要塞用機関銃×700、山砲×160、対空火器×2900)。 航空機のライセンス生産に続き国産の迎撃機（Ｄ－３８０２）や近接支援機（Ｃ－３６０２）の開発、生産にも着手。けれども対領空侵犯措置用の戦闘機として最もあてになったのはやはりBf109Ｅで、戦後、ジェット戦闘機が入手されるまで主力機の地位に置かれ続けた。 【連合軍爆撃機の領空侵入、領内不時着だけでなく、スイス領内＝工業都市への爆弾投下事例も増加する】	軍用機入手難の対策ではじまった国産機の開発、生産が軌道に乗り、対領空侵犯措置用の戦闘機、洋上警戒用の偵察機、近接支援爆撃機などが揃い始める（ＳＡＡＢ17、18、ＦＦＶＳ22など)。領内に近い周辺空域に対するレーダーでの警戒・監視も実施されるようになる。航空防御強化の必要性から軽巡ゴトランドの航空機搭載をやめ対空火器を充実させたほか、トレ・クロノール型軽巡（２隻）の建造も開始。バルト海での撃沈事件が続いたことから、駆逐艦、潜水艦などの海上防衛力も強化される。Ｓtrv・ｍ／41、ｍ／42、ｍ／43など国産戦車の量産も本格化（ｍ／42はチェコのＴNH－Svのライセンス生産型)。

【そのほかの中立国、非交戦国の軍備】

ポルトガル

英仏製の戦車を1930年代はじめに評価目的で１輌もしくはごく少数輌購入。海上防衛力も英海軍頼みの状況（アゾレス諸島に英軍基地の開設を認める）。国営の航空産業（ＯＧＭＡ）で英仏の直協機（ヴィッカース・ヴァルパライソやポテ25)、練習機を大戦間の時期に数十機ずつライセンス生産するが、大戦勃発により主に英米から実戦機の供給を受ける（独伊からも数機種購入）。

アイルランド

評価用の英戦車ほかスウェーデンのＬ－60戦車３輌購入という程度の陸軍力（洋上の安全も英海軍に護られる状態)。軍事産業は実質的に皆無の状態で、航空機も英国機を少数供与される。

トルコ

戦車、装甲車輌としてはヴィッカースＭｋⅣＢ軽戦車（英)、ルノーＲ－35軽戦車（仏)、Ⅲ号戦車およびⅣ号戦車Ｈ（ともにドイツ製）が供給された。小規模中立国の海軍力としては贅沢とも言える巡洋戦艦ヤウズ・スルタン・セリム（1960年まで運用）ほか英伊で建造された駆逐艦４隻と３タイプの潜水艦計６隻を保有。英国のマイルズ・ホーク練習機やポーランドで設計されたＰＺＬ・Ｐ.24戦闘機をライセンス生産して（全金属製）航空機の製造技術を習得し、トルコ航空連盟でＴＨＫ１練習機、ＴＨＫ５輸送機を国産開発、生産するが、自陣営にトルコを引き込もうとする英仏米独の働きかけにより実戦機を多種、相当機数供与される(スピットファイアやＦｗ190、Ｐ－40、ハリケーンほか)。

アルゼンチン

英国製のカーデン・ロイドM1934・12輌を購入して1938年に配備したほか、1942年からは75㎜砲を備えた国産の中戦車ナヒュール16輌を導入。海軍力は隣国のブラジル、チリと軍拡を競ったこともあって、リバダビア級戦艦を２隻、ヴェインティチンコ・デ・マヨ級重巡２隻、軽巡ラ・アルゼンチナを保有。そのほか駆逐艦を２種９隻、潜水艦も３隻擁していたが、中立外交の姿勢を大戦終盤まで維持したため軍事活動は行なわれず。空軍力も1927年に国営軍事工場（ＦＭＡ）が設立されて以来、練習機や輸送機、近接支援機（ＭＢ.２ボンビ）を開発生産。実戦機はドボアチンのパラソル翼戦闘機やカーチス75ホークのライセンス生産から経験を深めＤＬ22多用途攻撃機の生産もはじまっていたが、新技術による国産機が現れるのは戦後からだった。

イラン

アメリカ製のＣＤＬ－１戦車を評価目的で１輌購入したことがあったが、部隊配備されたのはチェコ・プラガ製のＡＨ－Ⅳ－Ｐ、ＴＮＨ－Ｐといった小型戦車、軽戦車（各50輌）だった。航空軍事力として英仏ソ独から大戦間の時期に航空機を供給されていたがイラン航空機製作所が設立されて、ホーカー・オーダックス、ハインドやタイガーモスをライセンス生産。ただし、陸空の戦力とも英ソの武力介入に抗し得る規模のものではなかった。

あとがき

十代前半を指して「多感な年ごろ」というが、その年代をかなりボーっと過ごしたせいかその後に自分を左右することはもう少し後の時期に訪れた（それでも、母校の中学の校長が沖縄特攻作戦に向かう直前の戦艦「大和」から退艦を命じられた師範学校出身者のひとりだったためか、この校長先生のはなしの節々の印象はそれなりに記憶に残った）。

足がアタマよりも上になる運動はおよそダメダメ。社会人になってからも出入する役所に提出した自己紹介書に「弱点＝自転車」と正直に書いて（役所内移動用に自転車を用意されて往生したことがあったので）失笑を買ったことがあったが、高校二年生のとき、読売巨人軍最初で最後の最下位の年、広島東洋カープ初優勝時に活躍したゲイル・ホプキンス選手の存在は自身の考えを改めさせるものがあった。その以前はロサンゼルス・ドジャースでプレイし、整形外科医志望。アメリカでは学部卒業後に大学院レベルのメディカル・スクールで医師資格を取るが来日直前に生物学の学位論文を提出し、カープでは時間を見つけては広島大学医学部に通ってメディカル・スクールの受験準備に勤しんでいたという。それだけなら変わり種の外国人選手というところだが、百打点以上を挙げてカープの初優勝に貢献し、同僚が負傷するとトレイナーに治療方法を指示していた。

運動全般およそ絶望的で受験勉強も大っ嫌いというわが身には、ホプキンス選手の存在は非常にインパクトが大きかった。世の中、才能と富は不公平とはいえ、それまで過ぎゆく時間を見送るままだっただけに、なにもホプキンス選手の才能のどちらかに近づこうとまでは思わないまでも、とりあえず好きで頑張れるものを捜してみようかと重い腰を上げるきっかけにはなった。

それから二年後には、月一回のペースで放映されたNHKのドキュメンタリー「日本の戦後」に入れ込んだ。江守徹さんはトーク番組などで今も人気が高いが、やはり「日本の戦後」＝日本分割統治の危機、新憲法制定、財閥解体、極東軍事裁判……にまつわる話題を淡々と説きすすめる語り方が忘れられない。ちょうど日大の英文科に入学した一年目の年だったが、この番組がきっかけになってヒコーキだけでなく戦後史にまつわる資料も集めはじめて、卒論はわがままを通させてもらい「菊と刀～日米外交史」について書かせていただいた。

この数年間、縁があった光人社さんほか数社でヒコーキを扱った本を出してもらってきたが（著者表示がないものも含めるとこの本が十冊目にあたる）、ようやくかつて二十歳前後の時期に夢中になっていた現代政治史、外交史に戻ってきたことになる。それまでの間に東西冷戦は歴史として扱われるようになった一方、新たな混迷を迎え、もう二十年もすれば機密文書も公開されて「開けてみたらもっとびっくり」となるだろう。

経験的に「好きなもの」＝「頑張れるもの」ではないとも認識してきた。今日、整形外科医として働くホプキンス氏がその道を志したのは、幼少時の大怪我を救ってくれた医師への感謝の念からで、少年期に野球やバスケットボールにも嗜み、野球で大リーガーとしての途が開かれたため、医師になるまでの途中段階で野球の世界にも接した。その結果、医学以外にも世界を広げられたという（今も始球式などでときおり来日）。

ホプキンス選手のはなしとはいささか次元が異なるが、第二次大戦下の軍用機、大戦争にまつわる外交史とも、筆者にとっては大切にしたい世界であり、多くの人たちに関心を持ってもらいたい分野と考えている（世界を限定すべきか否かの問題も無きにしも非ずではあるが）。まえがきにおいても触れたが、特に外交問題は極東の島国に生きる人たちにとっては常に微妙で、一筋縄ではゆかない難しさをはらんでいるだけに誤解をなくしたい課題であろう。

第二次大戦下の中立国の苦難というテーマを文庫出版部の藤井部長からいただいた際に、正直のところヒコーキなしでは「怪獣が出ないウルトラマン」になりかねないような気もした。ところが、実際に取り組んでみると二十歳前後の時期にテレビにかじりついて見ていた「日本の戦後」のような現代史を自分流に著しているような気になってきて、関心は戦争に巻き込まれた被占領国や英連邦、枢軸国へと拡散しかねない状態に陥りかけた。フランス、イタリアでの第二次大戦についても、本邦ではもっと解き明かされなければならないだろう。

本心からいえば、政治外交史や歴史学での取り組み方に関してもう少し勉強させてもらえる機会が開かれることを望んでいるのだが（結構いい歳でもあるので）、日本でも知られるべき諸外国の大戦下の苦難を記述してゆきたいものと考えているところでもある。

平成十七年六月

飯山幸伸

解説

杉山徹宗

本書は二〇〇五年に上梓されたが、二〇二二年の現在、大国ロシアによるウクライナへの一方的な軍事侵攻を見るにつけ、中立国について考えさせられる書である。ウクライナは防衛力を保持しているとは言え、大国ロシアの軍事力とは比較にならない程弱小である。その上、ウクライナは国連憲章に言う「中立国」ではない上に、国家の安全保障を支える同盟国を持っていない。このため、国民は悲惨な状況に追い込まれているが、ロシアの一方的な軍事侵攻を目の当たりに見て、「中立国」とは如何なる立場を言うのか、改めて考えさせられる本である。

本書は、主に第二次大戦において「中立国」の立場を取った〔スイス、スウェーデン、スペイン〕を主要課題として時系列的に取り上げた他に、同じく中立の立場を取った〔ポルトガル、アイルランド、トルコ、アルゼンチン、イラン〕についても説明をしている。

著者も指摘しているように、中立は不戦でもあるので、中立宣言をすれば戦争から免れられると見るのは、いささかイージー過ぎる考えである。また中立国を標榜した場合、近隣の国に戦火が降りかかった時に、手助けしなければ、見捨てられたと誹りを受け、逆に手助けしようとすると戦乱に巻き込まれて悲惨な結果を被る。そのため隣国の火の粉を見ても、これを見捨てざるを得ないのが中立外交である。

第二次大戦の時代に中立を通して戦争の局外にいても、交戦国の軍隊が中立国の隣国へ向かう際に、中立国内を強引に通過しようとしたり、戦いに敗れた交戦国の戦闘機が中立国の領空に逃げ込む結果、中立国領空で空中戦が行なわれて中立国に被害が出るなど、戦争の局外にいてもトバッチリを受ける事がしばしば発生した。とは言え、中立を通した結果、国土の荒廃や国民の死傷を免れられる事は、大きなメリットである事は確かである。

そして中立政策を遂行すると言う意味は、中立の『外交』を行なう事である。では、外交とは何かと言うと、それは簡単に言えば「最少のリスクで最大の効果を獲得する政治技術」である。と言う事は、中立が犯される事態に立ち至った時、政治的リーダーの外交力が問われると言う事でもある。

さて、そこで主に第二次大戦において、隣国と戦火を交えたり、他国と同盟をせず、あくまでも「中立」を貫いて来たと考えられる右記の国々に共通する一般的な点を、挙げて見ることにする。

第一に、中立国は〔地政学的に複雑な位置〕にある場合が多い事である。特に大陸国家の中にあって隣国や周辺に強大な国家が存在し、過去の歴史においても侵略などの被害を受けて来た経緯がある場合には、中立政策を採る場合が多い。つまり国境のすぐ隣が地続きで、強大な軍事力を持つ国と接しているために、隣国の軍事力が直接自国に降りかかる位置にあるからである。勿論、島嶼国であっても中立政策を採る事は出来るが、隣国からの陸上や海上からの攻撃を直接的には受け難い。

ただ二十一世紀の現代では、核兵器を運搬する空軍もあるし弾道ミサイルもあるので、海や湖のために隣国と国境を接していなくても、軍事的脅威は大陸国家・海洋国家に関わらず存在している。

第二に、中立国は〔軍事力も経済力も弱小か中規模しか保有していない国家〕である事。このため紛争発生に際して一方の側に加担して、幸い勝利者側の立場に立っても、直接当時者ではなく間接者のために、得る利益は期待するほど多くはない。さらに紛争当事国の一方に与して勝利を得た場合であっても、敗戦をした側からは恨みを受ける事になる。

逆に不幸にして加担した国家が敗戦となった時、同盟した側も敗戦の憂き目に会うと共に不利益も被る事になるので、勝敗の如何に関わらず、中立国はどちらの側に属しても利益はあまり見込めない立場になる可能性が大きい。

第三に、中立国は〔国民が複数の民族から成って〕いる場合が多く、従って言語や文化、習慣なども異なっているため、過去において何度も国内で民族紛争が発生したり、同じ民族から構成する隣国から、干渉を受けて戦乱に発展して来た経緯がある事。

第四に、中立国は中立政策の履行に当たり、紛争発生時から終了時までの**〔全期間を通し**

て中立を貫いていたか否か〕の問題がある。即ち、紛争発生の当初から、完全なる中立政策を貫く場合を『**絶対中立**』と言うが、それは例えば、「国際連盟の軍事活動には不参加」「外国軍隊の自国内通過を認めず」「自国領域内での戦争準備を不許可」とする等である。

これに対して、「経済制裁の義務を履行」したり、「集団安全保障の連帯責任を取る」等といった場合の中立は『**制限中立**』と呼んでいる。さらに、紛争が数ヵ月から数年間にわたる中で、年月の経過とともに『**絶対中立**』から『**制限中立**』へ移行する中立国もある。

第五に、中立国は中立政策を遂行する上において、〔**優れた政治的リーダーが存在**〕したか否かである。優れた政治的リーダーは、当然ながら「外交的能力」も備わっていると思われるが、その為に備わっていなければならない資質は、①国際情勢を見る目と国際法に明るい事、②自国と当事国との国力差を冷静に判断できる事、③創造力、指導力、決断力〔創指決パワーと言う〕と、責任感を強く保持している事、④愛国心を強く保持している事、⑤自国軍事力の強点、弱点を把握している事、などである。

ただし、中立政策を行なうに当たっては、必ずしも優れた政治的リーダーが存在しなくても、かろうじて中立が維持される場合もある。しかし、その場合は国民が政治的・経済的・軍事的に大きな犠牲を強いられる事になる。

尚、現代の国際法上の中立国には、「永世中立」と「戦時中立」がある。中立化に参加した諸国は、「永世中立国」の独立と領土の保全を保障する義務がある。同時に永世中立国には、以下の条件が課されている。

①永世中立国は、自衛の他は戦争をする権利がない。
②永世中立国は、他国が戦争状態にある時は中立を守る義務がある。
③永世中立国は非軍事的な国際条約や国際組織には参加できると共に、思想的中立を守る義務、出版・言論の自由を制限する義務はない。
④永世中立国は、自国の領土を他国の侵害から守る義務がある。それ故、常設的な武装が求められる。
⑤永世中立国は、平時においても戦争に巻き込まれないような外交を行なう義務がある。
⑥永世中立国は、軍事同盟や軍事援助条約、安全保障条約の締結を行なわず、他国に基地を提供してはならない。また、戦時においては、他国軍隊の国内の通過や、領空の飛行、船舶の寄港も認めてはならない。
⑦永世中立国は、保障国の同意または許諾なしに、領域の割譲や併合などの変更を行なってはならない。

一方、**『戦時中立国』**とは、国際法上における中立の原則に基づいて、紛争のいずれの側にも加わらず、双方に対して公平な態度を取らねばならない。従って、交戦国に対して軍隊や武器あるいは資金など、戦争に使用される物資の提供はもとより、自国領内に交戦国の軍事基地や軍隊の移動経路などを提供してはならない。

以上の観点に立って、スイス、スウェーデン、そしてスペインを見てみよう。

〔スイスの中立政策〕

この国は、他の国にない特徴がいくつかある。それは「海岸線がない」「急峻なアルプス山脈が大部分の国土を占めている」「多民族で多文化、かつ四言語が公用語となっている」「中央集権制ではなく分権制」「直接民主制の下、国民投票で重要事項が決定される」などである。

スイスの歴史は、ローマ帝国の支配やゲルマン民族の侵入、さらにハプスブルク家やサヴォイア家などとの闘争を経て一三一五年には原初三邦の同盟軍が、ハプスブルク家に勝利して周辺国に認識された。農業技術が緩やかだった一五〇〇年頃の人口は八十万人であり、相当数の国民が生活の場を求めて周辺国へと流出し、特に傭兵としてフランスなどの周辺国で雇用されていた。

しかし一六四八年に三十年間続いた「宗教戦争」の結果、ウエストファリア条約でスイスは国際法上の独立国家として認められる事になった。

第一次大戦はドイツ軍とフランス軍との戦いが繰り返されたが、スイスは中立国として認められていたため、国土が戦場になる事は避けられた。ただ国民の大部分がドイツ語圏、フランス語圏から成っていたため、国内政治面では深刻な影響を被った。

一九三九年九月、ドイツ軍がポーランドに侵攻すると、スイスでは、翌日総動員令によって六十三万人が召集された。さらに戦局がドイツに不利になるに従って、ナチスによるユダヤ人迫害が進むと、多くのユダヤ人がスイスへと流れ込む事態を招来した。スイスではユダヤ難民の流入を防ぐため、ユダヤ人の旅券に「赤いＪマーク」を刻印して、入国制限を強化した。

ユダヤ難民の流入を防ごうとした背景には、食糧確保の問題もあったが、ナチスを恐れての入国制限であった。このユダヤ人入国制限が公的に「非」と認めたのは、一九九五年になってからであった。

一方、ドイツ軍と連合軍との戦闘は、スイスの領空域でも行なわれたが、スイス領内へ逃れて来た米軍機は百六十六機、撃墜したドイツ機は十二機、連合国機は十三機などであった。そしてドイツ軍の降伏の翌日には、スイス防衛軍の総動員令も解除された。

第一次世界大戦、第二次世界大戦を通して、スイスは先ほどの条件である①~⑥までの条件を全て包含していると見て良いであろう。

スイスは憲法で軍隊の保有と国民皆兵制度を規定している。二〇一三年に市民運動団体が、スイス軍の廃止に関する国民投票が行なわれたが、結果は七十三パーセントが軍隊の存続を支持し、徴兵制が存続する事となった。

スイスは又二〇〇二年に国連に加盟した事で、国連安全保障理事会による軍事作戦への参加といった「集団的自衛権」が義務付けられている。それ故、スイスは現在では「永世中立」は放棄している。

〔スウェーデンの中立政策〕

八世紀頃から北欧に居住していたヴァイキングは、スウェーデンヴァイキング、ノルウェーヴァイキング、デンマークヴァイキングと類別されるが、彼等の活動は十一世紀頃まで続けられ、ヨーロッパ各地に足跡を残した。彼等の活動は略奪や占領など蛮行に類するものが強調されるが、実態は商取引（貿易）や外国沿岸部の漁業基地化が多かったと言われている。スウェーデンヴァイキングは、バルト海を横断してモスクワ、キエフ、カスピ海、トルコ、バクダード方面に向かった。ただ、彼等は占領し植民した地域から元のスカンジナビア半島へ帰ることなく、十二世紀頃には完全に欧州各地に溶け込んでいった。

そしてヴァイキング活動が鎮められた要因として「キリスト教」や「聖書」の影響が大きかったと言われている。

その後、スウェーデン、ノルウェー、デンマークでは王制が確立されて、争いも続いていたが、一五二三年にスウェーデンの騎士グスタフ・ヴァーサがスウェーデンを建国した。その後、グスタフ二世は、三十年戦争に突入したが、最終的にスウェーデンはバルト沿岸だけでなくドイツ領内の一部の支配権も獲得し、「バルト帝国」を築いた。

スウェーデンにとってバルト帝国の最盛期は一六五八年であったが、その後十八世紀初頭、ロシアの「ピョートル大帝」に敗れ領土は次第に縮小していった。その結果、絶対王政は廃止されて王権は大幅に縮小され、元老院による議会によって民主化が進められた。さらにフィンランド地域は、五百年以上も昔からスウェーデン領であったが、ロシアの戦争で割譲を余儀なくされた。

フィンランドを失って以来、スウェーデンは軍備の充実よりも外交交渉の充実と、国内産業の充実に転換し貿易立国をめざす方向に向かった。〔外交としての中立政策〕は、ナポレオン戦争の時代になってからである。

第一次大戦後の戦後処理を決めたヴェルサイユ条約によって、スカンジナビア諸国には平和が訪れたが、スウェーデンは中立を守るためには、氷のように冷血で利己的、かつ生存のための可能性の政策であるとされた。この事は、第一次大戦が終了して二年後の一九二一年に、スウェーデンでは、最初に戦車が製造された。その後、スウェーデンでは機関砲類、戦艦、対空機関砲や戦車部隊が出来るなど、武装が着実に進められていった。

しかも一九二九年に世界恐慌の発生によって、保護貿易体制が敷かれると全体主義国との対峙がはじまった。一九三〇年代後半になってドイツにヒトラーが現われると、欧州各国は軍備増強政策を始めたが、スウェーデンにおいても福祉重視よりも、軍備増強政策へと傾いていった。

ヴェルサイユ会議で、ドイツは軍備が大幅に縮小され兵器類の開発が止められたが、ドイツの兵器製造会社はソ連やスウェーデンに兵器開発のためのライセンスを譲渡し、技術指導も行なっていた。その結果、スウェーデンでも航空工業が立ち上がり、戦闘機や水上機などの開発も進んでいった。即ち、〔武装中立政策〕の推進である。

ドイツによるポーランド侵攻が始まると、英仏などの連合軍は対独宣戦布告を行なったが、同時にソ連もポーランドに侵攻するなど、スウェーデンにとっても危機的状況が招来した。その一つがソ連軍によるフィンランドへの空爆であった。これに対してスウェーデンは、義勇兵八千名とともに対戦車砲、軽爆撃機などをフィンランドに派遣した。結局、ソ連との間に休戦協定が成立し、カレリア地峡やオラヤルビ地方がソ連に割譲されたが、フィンランドの主権は蹂躙されなかった。

一方で、一九四〇年初頭、ドイツ軍に対して英仏はスウェーデンを通過して義勇軍の派遣を企画し、スウェーデンに申し込みをしたがスウェーデン政府は、これを拒否した。しかしながら、一九四〇年六月に英仏軍はノルウェーから撤退し、九月にはバルト海がUボートに制圧されると、ドイツ軍はノルウェーの北海に面するトロンヘイムやナルヴィクへ、部隊や兵器類を輸送するために、スウェーデンの領内を通過したいと申し入れて来た。ノルウェーは既に降伏していたため、スウェーデン政府はドイツ軍の領内通過を認めた。

結局、スウェーデンは中立政策を逸脱するほどの譲歩も強いられながらも、あくまでも戦争を回避し続けた事で、むしろ「参戦すべきだった」との批判を受けた。だがスウェーデンのハンソン首相は、「戦争の局外に居続ける事こそが最善の道で、これまで続けて来た譲歩的な政策は、次なる可能性を残すための政策」であったとした。

以上をまとめると、スウェーデンは一八四三年に中立政策を表明し、これに基づく外交を以降百八十年間にわたって展開して来たが、二十世紀に入ると武装中立政策を行なっていた。第二次大戦時代には中立義務違反を犯している。

冷戦後のスウェーデンは、武装中立政策を放棄しているが、完全に中立主義を放棄してもいない。ロシアによるウクライナへの軍事侵攻に対して、スウェーデン世論はＮＡＴＯへの加盟を求めている。

〔スペインの中立政策〕

十八世紀の終わりに、スペインの王位を巡ってハプスブルク家とブルボン家が争ったスペイン王位継承戦争は一七〇一年から一七一四年まで続いたが、一七一三年のユトレヒト条約によって、ジブラルタル海峡を抑える拠点としてジブラルタルが英領と定められた。ジブラルタルは二十一世紀の現在においても英領となっている。

ところで、スペインは一九一二年に対岸のモロッコ北部を保護領としていたが、第一次大戦終了直後にベルベル人によるモロッコ解放運動が起こり、派遣されたスペイン兵一万二千人のうち、八千人の戦死者を出した。モロッコ支配を巡る紛争については、リベラ将軍は譲歩をしてでも早期の収拾を望んだが、再支配を強硬に主張したのが、派遣軍幹部のフランシスコ・フランコ中佐だった。

結局、モロッコ南部を支配するフランス派遣軍と共に、解放軍を鎮圧しスペイン領モロッコは平定され、フランコは将軍となった。しかしながら、一九三〇年代のスペインは財政が破綻状態となっており、王政を否定する流れが激しくなった。一九三一年六月の総選挙で共和派が勝利して第二共和国憲法が公布された。ただその政策として軍隊兵員の数を半分にするとされた事で、軍人の間に共和政打倒、ファッシズム国家の軍隊の研究を進める有様であった。

一九三六年七月、軍事クーデターを切掛けとして、スペイン市民戦争へと発展した。この時、フランコ将軍と親交を深めていたナチスドイツから一万五千人、イタリアのムッソリーニからは七万四千人と空軍六千人が派遣されて介入した。一方で、ソ連も人民戦線政府（共和国政府）を支援したため、スペインは「内戦」に発展して長期化した。

この内戦の結果、スペイン人の犠牲者は戦死者が十万人、テロ及び処刑で二十二万人、他に空爆による死者数二十数万人となった。そしてこの長期の内戦の結果、フランコ将軍を総統とする全体主義政権が樹立された。

そして内戦が終焉から半年後に第二次世界大戦が勃発した。ナチスドイツがフランコを支援したのは、スペインが抱える英領ジブラルタルを攻撃し奪取することを期待したからであった。ドイツの地中海作戦にとって英領の存在は大きな棘だったからである。

ところが、ドイツ本国ではナチスがカトリック教会を迫害した事で、スペインのカトリック教会は反発した上、ドイツがポーランド侵攻直前に、独ソ不可侵条約を締結した事で、フランコ政権は第二次大戦に対して「厳正中立」の声明を発した。

それでも、内戦時代にドイツから恩義を受けていたフランコ政権は、スペイン領内の港湾をUボート用補給基地に提供した。もっとも、これは中立国宣言の違反行為となるので実施は極秘とされた。

第二次大戦後戦争中は中立国としてきたスペインではあったが、新たに結成された「国際連合」は、スペインを除外した。

参考文献＊森田安一編「スイス・ベネルクス史」山川出版社 一九九八年＊矢田俊隆、田口晃「オーストリア・スイス現代史」山川出版社 一九九五年＊森田安一「物語スイスの歴史」中央公論新社 二〇〇〇年＊木畑洋一「国際体制の展開」山川出版社 二〇〇四年＊植村英一「将軍アンリ・ギザン」原書房 一九八五年＊福原直樹「黒いスイス」二〇〇四年 新潮社＊Halbrook, Stephen P. "Target Switzerland" Da Capo Press 2003 ＊ Prince, Cathryn J "Shot from the Sky" Naval Institute Press c2003 ＊ "The Messerscmitt Bf109 in Swiss Service" Lela Presse 1996 ＊ Stapfer, Hans-Heiri & Künzle, Gino "Strangers in a strange land" Squadron/Signal Pub. c1992 ＊ Trevor-Roper, Hugh R「ヒトラーの作戦指令書」東洋書林 二〇〇〇年＊百瀬宏ほか編「北欧史」山川出版社 二〇〇二年＊百瀬宏「北欧現代史」山川出版社 二〇〇〇年＊武田龍夫「物語北欧の歴史」中央公論新社 一九九三年＊武田龍夫「北欧の外交」東海大学出版会 一九九八年＊武田龍夫「戦う北欧」高木書房 一九八一年＊藤井威「スウェーデン・スペシャルⅡ」新評論 二〇〇二年＊中山雅洋「北欧空戦史」朝日ソノラマ 一九八二年＊Andenaes, J ほか「ノルウェーと第二次世界大戦」東海大学出版会 二〇〇三年＊志摩園子「物語バルト三国の歴史」中央公論新社 二〇〇四年＊Andersson, Hans G "SAAB aircraft since 1937" Putnam c1997 ＊ Widfeldt, Bo "The Luftwaffe in Sweden, 1939-1945" Monogram Aviation Pub. c1983 ＊長谷川公昭「世界ファシスト列伝」中央公論新社 二〇〇四年＊木畑洋一「日独伊三国同盟と第二次大戦」岩波書店 一九八八年＊Vilar, Pierre「スペイン内戦」白水社 一九九八年＊斉藤孝編「スペイン・ポルトガル現代史」山川出版社 一九九八年＊色摩力夫「フランコ・スペイン現代史の迷路」中央公論新社 二〇〇〇年＊広田厚司「恐るべき欧州戦」光人社 二〇〇五年＊阿部良男「ヒトラー全記録」柏書房 二〇〇一年＊森島守人「真珠湾・リスボン・東京」岩波書店 一九九八年＊斎木伸生「〝バトル・オブ・ブリテン〟下の中立国・アイルランド」（グラフィックアクション 47「英国本土上空の死闘」文林堂 一九九八年）＊Johnston, Norman "Peace, War and Neutrality" Colourpoint c1997 ＊永田雄三編「西アジア史Ⅱ・イラン・トルコ」山川出版社 二〇〇二年＊増田義郎編「ラテン・アメリカ史Ⅱ南アメリカ」山川出版社 二〇〇〇年＊Keegan, John 編「タイムズ・アトラス第二次世界大戦歴史地図」原書房 二〇〇一年＊猿谷要「物語アメリカの歴史」中央公論新社 二〇〇三年＊「ヒトラーの野望 上、下」世界文化社 一九九九、二〇〇〇年＊Pimlott, John「第二次世界大戦 地図で読む世界の歴史」河出書房新社 二〇〇〇年＊ "Air Enthusiast" 各号 Key Pub. ＊「週刊ワールド・ウエポン No.76」デアゴスティーニ 二〇〇四年＊秦郁彦ほか「第2次世界大戦世界の戦闘機隊」酣燈社 一九八七年＊「戦艦名鑑1891〜1949」光栄 一九九八年＊Chamberlain, Peter ほか「世界の戦車 1915〜1945」大日本絵画 二〇〇三年＊「大西洋戦争」（歴史群像欧州戦史シリーズ6）学習研究社 一九九八年＊青木茂「第二次世界大戦欧州海戦ガイド」新紀元社 一九九六年＊楠貞義ほか「スペイン現代史」大修館書店 一九九九年＊斉藤孝編「スペイン内戦の研究」中央公論社 一九七九年＊Codevilla, Angelo M "Between the Alps and a Hard Place" Regnery Pub. c2000

ＮＦ文庫

中立国の戦い　新装解説版

二〇二二年六月二十三日　第一刷発行

著　者　飯山幸伸

発行者　皆川豪志

発行所　株式会社　潮書房光人新社

〒100-8077　東京都千代田区大手町一-七-二

電話／〇三-六二八一-九八九一(代)

印刷・製本　凸版印刷株式会社

定価はカバーに表示してあります

乱丁・落丁のものはお取りかえ致します。本文は中性紙を使用

ISBN978-4-7698-3268-3　C0195

http://www.kojinsha.co.jp

NF文庫

刊行のことば

第二次世界大戦の戦火が熄《や》んで五〇年――その間、小社は夥しい数の戦争の記録を渉猟し、発掘し、常に公正なる立場を貫いて書誌とし、大方の絶讃を博して今日に及ぶが、その源は、散華された世代への熱き思い入れであり、同時に、その記録を誌して平和の礎とし、後世に伝えんとするにある。

小社の出版物は、戦記、伝記、文学、エッセイ、写真集、その他、すでに一、〇〇〇点を越え、加えて戦後五〇年になんなんとするを契機として、「光人社NF（ノンフィクション）文庫」を創刊して、読者諸賢の熱烈要望におこたえする次第である。人生のバイブルとして、心弱きときの活性の糧《かて》として、散華の世代からの感動の肉声に、あなたもぜひ、耳を傾けて下さい。